Roman Lesmeister
Selbst-Schicksale

Das Anliegen der Buchreihe Bibliothek der Psychoanalyse besteht darin, ein Forum der Auseinandersetzung zu schaffen, das der Psychoanalyse als Grundlagenwissenschaft, als Human- und Kulturwissenschaft sowie als klinische Theorie und Praxis neue Impulse verleiht. Die verschiedenen Strömungen innerhalb der Psychoanalyse sollen zu Wort kommen, und der kritische Dialog mit den Nachbarwissenschaften soll intensiviert werden. Bislang haben sich folgende Themenschwerpunkte herauskristallisiert: Die Wiederentdeckung lange vergriffener Klassiker der Psychoanalyse – wie beispielsweise der Werke von Otto Fenichel, Karl Abraham, Siegfried Bernfeld, W. R. D. Fairbairn, Sándor Ferenczi und Otto Rank – soll die gemeinsamen Wurzeln der von Zersplitterung bedrohten psychoanalytischen Bewegung stärken. Einen weiteren Baustein psychoanalytischer Identität bildet die Beschäftigung mit dem Werk und der Person Sigmund Freuds und den Diskussionen und Konflikten in der Frühgeschichte der psychoanalytischen Bewegung.

Im Zuge ihrer Etablierung als medizinisch-psychologisches Heilverfahren hat die Psychoanalyse ihre geisteswissenschaftlichen, kulturanalytischen und politischen Bezüge vernachlässigt. Indem der Dialog mit den Nachbarwissenschaften wiederaufgenommen wird, soll das kultur- und gesellschaftskritische Erbe der Psychoanalyse wiederbelebt und weiterentwickelt werden.

Die Psychoanalyse steht in Konkurrenz zu benachbarten Psychotherapieverfahren und der biologisch-naturwissenschaftlichen Psychiatrie. Als das ambitionierteste unter den psychotherapeutischen Verfahren sollte sich die Psychoanalyse der Überprüfung ihrer Verfahrensweisen und ihrer Therapie-Erfolge durch die empirischen Wissenschaften stellen, aber auch eigene Kriterien und Verfahren zur Erfolgskontrolle entwickeln. In diesen Zusammenhang gehört auch die Wiederaufnahme der Diskussion über den besonderen wissenschaftstheoretischen Status der Psychoanalyse.

Hundert Jahre nach ihrer Schöpfung durch Sigmund Freud sieht sich die Psychoanalyse vor neue Herausforderungen gestellt, die sie nur bewältigen kann, wenn sie sich auf ihr kritisches Potenzial besinnt.

Bibliothek der Psychoanalyse
Herausgegeben von Hans-Jürgen Wirth

Roman Lesmeister

# Selbst-Schicksale

## Psychoanalytische Studien zum beschädigten, leeren und tragischen Selbst

Psychosozial-Verlag

Bibliografische Information der Deutschen Nationalbibliothek
Die Deutsche Nationalbibliothek verzeichnet diese Publikation
in der Deutschen Nationalbibliografie; detaillierte bibliografische Daten
sind im Internet über http://dnb.d-nb.de abrufbar.

Originalausgabe

E-Mail: info@psychosozial-verlag.de
www.psychosozial-verlag.de

Umschlagabbildung: Alexej von Jawlensky, *Das Gebet*, 1922
Umschlaggestaltung und Innenlayout nach Entwürfen von Hanspeter Ludwig, Wetzlar
ISBN 978-3-8379-3068-9 (Print)
ISBN 978-3-8379-7766-0 (E-Book-PDF)

# Inhalt

# Vorwort

Die Psychoanalyse als Theorie und therapeutische Praxis hat seit ihren Anfängen mancherlei Wandlungen durchlaufen. Abgesehen von den vielfältigen Aufspaltungen, die als Modifikationen oder Weiterentwicklung des ursprünglichen freudschen Gedankengutes historisch in Erscheinung getreten sind und überwiegend bis in die Gegenwart ihren Platz innerhalb der Profession behauptet haben, beobachten wir heute den dominierenden Einfluss einer Betrachtungsweise, die wie eine umfassende konzeptionelle Klammer die ansonsten unterschiedlichsten Richtungen psychodynamischen Denkens zu vereinen scheint. Im Zentrum dieser Betrachtungsweise steht ein Bild vom Individuum, das entgegen allen Sicherheits- und Fortschrittsversprechungen, die von einer technologisch hochgerüsteten Zivilisation angeboten werden, als äußerst gefährdet, vulnerabel und dementsprechend schutzbedürftig angesehen wird. Die Grundannahme, dass menschliches Sein einer permanenten Beschädigungsgefahr, ja Vernichtungsdrohung ausgesetzt ist, findet sich heute nicht nur in Manifesten einer illusionslos gewordenen politischen oder ökologischen Weltsicht; sie findet sich ebenso in den Prämissen eines entwicklungspsychologischen und darauf aufbauenden psychotherapeutischen Denkens, das die Ursachen psychischen Leidens längst nicht mehr in angeborenen Defekten oder einer Dynamik endogener Konfliktentfaltung, sondern in einem psychologischen und das heißt menschengemachten »Umweltversagen« verortet, das oft in frühesten Zeiten schon das Werden der Subjekte behindert, deformiert oder gar verunmöglicht. Im Kontext eines damit bezeichneten Paradigmenwechsels ist das *beschädigte* oder *traumatisierte Selbst* zum weithin geteilten, konzeptionellen Leitbild psychoanalytisch-psychotherapeutischer Praxis geworden. Kapitel I des vorliegenden Buches setzt sich mit den zeit- und kulturgeschichtlichen Hintergründen dieser Fokusverschiebung auseinander und ist insbesondere von der Bestrebung geleitet, die weithin verbreiteten Verdinglichungen dieser Problematik in Form von Diagnosegewohnheiten und pathogenetischen Modellen aufzulösen und als Ausdrucksformen eines neuen und unter dem Leitbild des beschädigten Selbst zustande gekommenen Dispositivs transparent zu machen.

Da Strukturbeschädigung, sei es in physischer oder psychischer Hinsicht, stets mit Prozessen von Dissoziation und Auflösung einhergeht, bahnt die Imago des beschädigten Selbst in steigernder Weiterführung die Vorstellung von einem *ausgehöhlten* oder *leeren Selbst*, einem Selbst jedenfalls, in dessen Zentralbereich das Nichts eines Loches sichtbar wird. Die Besonderheit, mit der Kapitel II des Buches die nihilistischen Aspekte des Selbst- und Subjektseins aufgreift, liegt unter anderem darin, dass das Phänomen der Leere im Selbst als Erscheinungsform eines Transzendenz- und Gottesverlustes ausgewiesen wird. Diese interpretatorische Weichenstellung macht Rückgriffe auf die Geschichte philosophischer Ontotheologie und deren Destruktion erforderlich, da nur auf diesem Weg verständlich zu machen ist, welche seelische »Substanz« es gewesen sein mag, deren Abhandenkommen die Sogwirkung einer Abwesenheit erzeugt hat, die nun mittels omnipotent-maniformer Ersatzbildungen – sowohl psychologischer wie technologischer Art – wieder aufgefüllt werden muss. Vor diesem Hintergrund versammelt Kapitel II eine Auswahl von Imaginationen der Leere aus den Bereichen von Literatur, Film und Folklore. Diese wird ergänzt von Analysen nihilistischer Substrukturen psychopathologischer Zustandsbilder wie Psychose, Melancholie und Hysterie. Besondere Aufmerksamkeit fällt dabei auf das blande Leere-Syndrom und dessen Kompensationsformen bei oftmals jüngeren und in psychotherapeutischen Praxen nicht selten gesehenen Menschen: ich-verarmte Persönlichkeiten, deren inneres Leben und Entwicklungspotenziale wie erloschen erscheinen.

In unserer ökonomisch und technologisch durchorganisierten Gesellschaft ist auch das individuelle Selbst zu einem Warenobjekt geworden, das den Geboten der Wachstums- und Effizienzsteigerung unterliegt. Defizitäre Verfasstheiten dieses Selbst, wie sie sich als Schwäche, Insuffizienz, Krankheit oder Scheitern bemerkbar machen, gelten als Sand im Getriebe solchen Funktionierens. Diese Einstellung begünstigt die Genese und Aufrechterhaltung der vielfältigen Spielarten manischer und paranoid-schizoider Abwehr, die in diesem Buch untersucht werden. Kapitel III eröffnet abschließend eine Perspektive, die den Teufelskreis von omnipotenten Ambitionen und Vernichtungsängsten zu durchbrechen hilft. Es zeigt, dass gerade die Anerkennung der *tragischen* Verfasstheit menschlicher Seinsweise die Flucht in illusionäre Welten, die Rettung und Erlösung versprechen, zum Erliegen bringt – und zwar in einer Weise zum Erliegen bringt, die sich als das wahrhaft Rettende herausstellt. Denn im *tragischen Selbst* geht es nicht nur darum, Mangel, Schuld und Begrenzung als faktische Gegebenheiten zur Kenntnis zu nehmen. Tragisches Bewusstsein enthält vielmehr auch das Wissen darum, dass Mangel und Begrenzung notwendige Bedingungen für das Zustandekommen seelischer Bewegung, das heißt des Begehrens und seiner Schicksale darstellen. Und dass Schuld dem Menschen sein *humanum* verleiht. Nicht zuletzt schließt die Wiederbelebung des Tragischen das psychoanalytische Denken an eine alte und schon reichlich verschüttete Tradition an, der es ursprünglich entstammt und aus der es stets seine besten Kräfte bezogen hat.

# I Das beschädigte Selbst der Gegenwart

## Einleitung

Die nachfolgenden Betrachtungen sind von einem Anliegen geleitet, das auf der einen Seite zur besten Tradition psychoanalytischer Reflexion gehört, das auf der anderen Seite aufgrund der ihm innewohnenden methodologischen Probleme immer wieder kritisch infrage gestellt, ja von manchem als undurchführbar erklärt wurde. Es handelt sich dabei um den Versuch, die in der klinischen Praxis gewonnenen individualpsychologischen Befunde mit kulturtheoretischen Erkenntnissen zusammenzuführen, was, da PsychoanalytikerInnen in der Regel nicht als Sozial- und KulturwissenschaftlerInnen ausgewiesen sind, meist darauf hinausläuft, klinische Erkenntnisse auf soziokulturelle Betrachtungsebenen zu übertragen, ohne dabei die Spezifität und Eigendynamik makrosozialer Prozesse angemessen zu berücksichtigen. In der Tat stellt sich in diesem Fall die berechtigte Frage: »Als wer spricht man – als Fachmann, Bürger oder unweigerlich als Privatperson –, wenn man Gesellschaftliches psychoanalytisch kommentiert? Auf welcher Grundlage legitimiert sich dieses Sprechen?« (Treu, 2018, S. 285). Ich bilde mir nicht ein, auf diese Frage eine befriedigende Antwort zu wissen, einmal abgesehen davon, dass ich mir schlecht vorstellen kann, die psychische Funktionsweise und das Verhalten von Individuen folge in makrosozialen Kontexten ganz anderen Regeln als in mikrosozialen und individuellen Kontexten. Aber vielleicht ist dieses Argument nichts anderes als der Versuch, dem über solchen theoretischen Anstrengungen hängenden »Damoklesschwert des Dilettantismus« zu entkommen. Klüger wäre es dann, die Flucht, wenn es denn schon eine solche ist, entschieden nach vorne anzutreten: nämlich zu verlangen, dass zeitgeschichtliche, sozioökonomische, kulturelle Faktoren und Entwicklungen bereits dort ihre Berücksichtigung zu finden hätten, wo es »nur«

um die vielfältigen Schicksale des Einzelnen und deren Determinanten geht. Auf die Notwendigkeit solcher Erweiterungen der klinischen Perspektive scheint man allerdings erst dort zu stoßen, wo Fremdes innerhalb unseres kulturellen Horizontes auftaucht, also vor allem im Zusammenhang mit aktuellen Themen der Interkulturalität und Migration. Wie eine solche Einbeziehung vonstattengehen und an welchen Kriterien sie sich zu orientieren hätte, scheint mir eine weitgehend offene und der Psychoanalyse mehr denn je aufgegebene Frage zu sein. Ich hoffe, die Dringlichkeit dieser Problematik im Laufe meiner Erörterungen nachvollziehbar demonstrieren zu können.

## Zwei Paradigmen

Meine Ausführungen nehmen ihren Ausgang von einer Unterscheidung, die mittlerweile zum nosologischen, diagnostischen und behandlungstechnischen Standardrepertoire der Psychoanalyse und Psychotherapie gehört und deren theoretische Validität und klinische Brauchbarkeit kaum mehr angezweifelt werden. Gemeint ist die Unterscheidung zwischen den neurotischen Störungsbildern einerseits, und den strukturell bedingten andererseits, die heute *grosso modo* unter dem Begriff der Persönlichkeitsstörungen zusammengefasst werden. An diese konzeptionelle Differenzierung knüpft sich seit der Zeit ihrer Einführung und Ausbreitung im psychoanalytischen Diskurs die Auffassung, das Zeitalter der neurotischen Erkrankungen läge im Wesentlichen hinter uns – was natürlich nicht ausschließt, dass solche Symptombilder vereinzelt noch aufträten –, und unsere gegenwärtige Epoche sei von einer Dominanz und Zunahme der ich-strukturellen Störungen gekennzeichnet. Wer danach fragt, woher man von einer solchen Veränderung so genau wisse, wird auf die alltägliche Evidenz verwiesen, die man in den ambulanten und stationären Einrichtungen der psychotherapeutischen und psychiatrischen Versorgung gewinnen könne. Dass diese Evidenz allein noch keine sicheren Rückschlüsse auf das Zustandekommen dieser Veränderung zulässt – und das fragliche Phänomen der Verschiebung von der Neurose zur Strukturpathologie ein Licht auf ganz andere Zusammenhänge werfen könnte – wird weitaus weniger bedacht, gemessen an der professionellen Emphase, mit der Persönlichkeitsstörungen heute beschrieben, beforscht und behandelt werden. Ich werde im Folgenden einige Deutungen zur Diskussion stellen, die den unaufhaltsamen Aufstieg einer Imago des beschädigten Selbst, so wie dieses in der klinischen Symptomatologie der Persönlichkeitsstörungen und partiell auch der posttraumatischen Störungen erscheint, in einen erweiterten theoretischen Kontext stellen, der neben den klinischen Aspekten auch kulturtheoretische Überlegungen miteinbezieht.

Zunächst einige begriffliche Erläuterungen und Einordnungen: Man geht seit den Frühzeiten der Psychoanalyse davon aus, dass den Psychoneurosen ein unbewusstes Konfliktgeschehen zugrunde liege. Das Krankheitsmodell der Neurosen beruht auf der Annahme, dass zwar ein einigermaßen funktionsfähiges Ich vorhanden sei, dieses jedoch nicht in der Lage sei, innerpsychische Konflikte auf dem Wege normaler Kompromissbildungs- und Sublimierungsleistungen ausreichend zu lösen; und dass es vielmehr darauf angewiesen sei, den Konflikt mithilfe eines erhöhten Verdrängungsaufwandes sozusagen provisorisch beiseitezuschaffen – was dann ersatzweise zur Ausbildung neurotischer Symptome führe. Das klassische Krankheitsmodell der Neurose wird daher auch als Konfliktmodell bezeichnet, wobei sich der zugrunde liegende Konflikt nach wie vor am einfachsten mithilfe von Sigmund Freuds zweiter Topik – dem Strukturschema von Ich, Es und Über-Ich – abbilden lässt (vgl. Freud, 1923b, S. 246ff.). Zur Charakteristik dieses Modells gehört die auf Freud zurückgehende Annahme einer in der Hauptsache internen Genese. Damit soll gesagt sein, dass die treibende Kraft bei der Neurosenentstehung im Vorhandensein und in der Wirkung unbewusster und von der Triebdynamik gespeister Fantasien liegt, die den sowohl innerpsychischen wie äußeren sozialen Erfahrungsraum des Subjektes strukturieren. Äußere Faktoren treten hinzu, aber diese sind hinsichtlich der neurotischen Pathogenese eher von auslösender, sekundär fördernder oder hemmender Bedeutung.

Ganz anders liegen die Dinge bei den sogenannten Strukturpathologien. Ihr charakteristisches, pathognomonisches Kennzeichen besteht darin, dass die Ich-Organisation meist von frühen Entwicklungsstadien an so nachhaltig geschädigt ist, dass dieses schlecht ausgerüstete Ich nicht einmal die neurotischen Verdrängungsleistungen bewältigen kann, sondern auf ein Arsenal sogenannter primitiver Abwehrmechanismen zurückgreifen muss, darunter vor allem Spaltung, Verleugnung und projektive Identifizierung. Entscheidend ist hier folglich, dass die meist schon zu einem frühen Zeitpunkt sich manifestierende Pathologie nicht, oder in weitaus geringerem Maß, auf eine unbewusste Konfliktdynamik zurückgeht, sondern ihre eigentliche Ursache in spezifischen oder unspezifischen Einschränkungen,

Entwicklungsmängeln oder Instabilitäten der Ich-Struktur hat, weswegen das Krankheitsmodell der Strukturpathologien auch Defizitmodell genannt wird. Im entsprechenden Gegensatz zum neurotischen Fall verbindet sich mit dem Defizitmodell das grundsätzliche Postulat einer primär extern verursachten Genese. Mit anderen Worten, nicht Triebschicksale und archaische Fantasien disponieren das Individuum zur pathologischen Entgleisung, sondern ausschlaggebend ist vielmehr das mehr oder weniger ausgeprägte Versagen einer personalen Umwelt, das Ausbleiben oder die unzureichende Bereitstellung notwendiger Ressourcen, die das Individuum in den Anfängen seiner Entwicklung benötigt, um diejenigen psychischen Strukturen aufzubauen, die zur Bewältigung innerer oder äußerer Anforderungen erforderlich sind.

Ich muss hier klarstellen, dass ich mich an dieser Stelle nicht mit den zahlreichen metapsychologischen, entwicklungspsychologischen und behandlungstechnischen Problemen befassen werde, die im Zusammenhang mit den skizzierten, ätiologischen Modellvorstellungen auftreten, und die in der gegenwärtigen psychoanalytisch-psychotherapeutischen Diskussion eine oftmals verkürzte Darstellung erfahren. Dazu gehört das Problem der psychologisch validen Unterscheidung von strukturell bedingten und konfliktneurotischen Störungen bzw. Störungsanteilen, und die Frage, inwieweit Störungen, die konventionell in konfliktneurotischen Termini beschrieben wurden, einer strukturpathologischen Erweiterung bedürfen, um als ausreichend erklär- und behandelbar zu gelten.

Ich habe bisher, ohne viel Neues vorzubringen, in groben Umrissen die beiden großen Paradigmen beschrieben, die den gegenwärtigen Diskurs der Psychoanalyse in theoretischer (entwicklungspsychologischer, metapsychologischer) wie behandlungspraktischer Hinsicht prägen. Dazu gehört die bereits erwähnte signifikante Verschiebung, die sich in den letzten Jahrzehnten vom konfliktneurotischen Paradigma zum strukturpathologischen Paradigma hin vollzogen hat. Man kann den Zeitraum des Übergangs relativ gut auf die 70er Jahre des vergangenen Jahrhunderts eingrenzen, jene Jahre also, in denen Christopher Lasch in den USA das *Zeitalter des Narzissmus* (1995 [1977]) ausgerufen hat; in denen die richtungsweisende Monografie von Otto F. Kernberg *Borderline-Störungen und pathologischer Narzissmus* (1983 [1975]) erschienen ist, Heinz Kohut (1991 [1977]) seine Hauptwerke zur Theorie und Behandlung narzisstischer Persönlichkeitsstörungen veröffentlicht und die vielbeachtete Dualität vom »schuldigen« und »tragischen« Menschen in die Diskussion gebracht hat; und in denen so ziemlich alle außer die französischen PsychoanalytikerInnen damit aufgehört haben, die Strukturpathologien, die zunehmend als eigenständige, nosologische Einheiten erkannt wurden, als nur ungenau zu erfassende »Grenzfälle« zu verbuchen. Dass es eine solche paradigmatische Verschiebung gegeben hat und gibt, steht außer Frage. Es ist eine Verschiebung, die den Fokus unserer Aufmerksamkeit und unseres Interesses weg von internen Ursachen der Pathogenese (Triebkonstitution, Fixierungen, unbewusste Fantasien) auf den Aspekt einer vom psychosozialen Außen herrührenden Beschädigung des Subjektes verlagert hat. Zu den Agenten solcher Beschädigung sind im Wesentlichen jene Personen zu rechnen, die die frühe psychologische Umwelt des Subjektes ausmachen, mit anderen Worten jene Eltern und andere signifikante Bezugspersonen, deren auf das Kind bezogenes Verhalten nach professionell begründeten und zunehmend verbreiteten, psychologischen Maßstäben als »nicht gut genug« zu gelten hat. Nahezu alle fachlich relevanten Stimmen sprechen offenkundig dafür, dass wir einer Epoche des beschädigten Selbst oder Subjektes und nicht mehr einer solchen des neurotisch gehemmten Selbst oder Subjektes angehören.

Einer gewissen Klärung bedarf das Verhältnis zwischen dem hier gebrauchten Begriff der Beschädigung und dem des Traumas. Eine traumatische psychische Einwirkung kann zu jedem Zeitpunkt des Lebens auftreten und stellt in jedem Fall eine mehr oder weniger tiefreichende Verletzung der psychischen Textur eines Individuums dar. Eine traumatisch bedingte Störung muss aber nicht mit einem ich-strukturellen Defizit einhergehen, so wie es nach unseren entwicklungspsychologischen Kenntnissen in den frühen Lebensjahren angelegt wird. Umgekehrt wird man aber Denjenigen zustimmen müssen, die behaupten, dass ein ich-strukturelles Defizit im Wesentlichen auf traumatischen, in der Regel kumulativ wirksamen, traumatischen Erfahrungen beruhe – auch wenn damit der oftmals beklagten, inflationären Ausweitung des Trauma-Konzeptes eine gewisse Plausibilität zugesprochen wird. Definiert man das Trauma in herkömmlicher Weise, dann handelt es sich um eine Reizeinwirkung, die die Verarbeitungskapazität des psychischen Organismus überfordert oder aber eben auch unterfordert. Die chronischen psychischen Mangelerfahrungen oder Überstimulierungen, die wir heute für das Zustandekommen einer schweren seelischen Pathologie verantwortlich machen, entsprechen also genau dem Bedeutungsgehalt des Trauma-Begriffs. Aus dieser soeben definierten Übereinstimmung beziehe ich die Berechtigung, das hier zur Diskussion stehende

Paradigma der Beschädigung auch als traumatologisches Paradigma zu bezeichnen. Die Psychotraumatologie im engeren und spezifischen Sinne, die sich seit Ende des vergangenen Jahrhunderts herausgebildet und zu hoch spezialisierten Behandlungskonzepten geführt hat, stellt in diesem Sinne eine Parallelentwicklung zum Aufstieg des Beschädigungsparadigmas innerhalb der Psychoanalyse und der Psychotherapie dar. Ich hoffe damit deutlich gemacht zu haben, dass die hier vorgenommene Parallelisierung von traumatologischem und Beschädigungsparadigma keine unzulässige Vermischung klinischer Begriffe darstellt, sondern hervorheben soll, dass den ich-strukturellen Mangelzuständen ein erweitertes traumatologisches Modell von Pathogenese zugrunde liegt, weshalb es nicht verwunderlich, sondern fast folgerichtig erscheint, dass der Trauma-Begriff die oftmals beklagte Ausweitung erfahren hat.

Der zuvor eingeführte Begriff der psychologischen Umwelt gibt Anlass zu einigen Überlegungen, die die historische Herausbildung des psychoanalytischen Beschädigungsparadigmas und dessen Situierung im kultur- und mentalitätsgeschichtlichen Kontext der Gegenwart und jüngeren Vergangenheit betreffen.

## Beschädigung und Psychoökologie

Wir wissen, dass Freuds Denken anfänglich auch in Bezug auf die Ätiologie der Neurosen traumatologisch geprägt war, was in der Verführungstheorie seinen Ausdruck fand. Er hat diesen Ansatz nicht generell, aber für den Geltungsbereich der Neurosen aufgegeben, die er zunehmend durch unbewusste, infantil-sexuelle Wunschregungen und Fantasien versursacht sah. Das gilt übrigens auch für C. G. Jung, mit dem Unterschied, dass dieser die unbewussten Fantasien als archetypische und nachträglich »zurückprojizierte« deklarierte. Einen entscheidenden Einschnitt bzw. Anstoß für die hier zur Frage stehenden Entwicklungen vermute ich in den Erfahrungen des Ersten Weltkrieges und deren teils bewusster, teils unbewusster Rezeption bei den ProtagonistInnen der psychoanalytischen Bewegung. Die Auswirkungen dieser Erfahrungen scheinen in zwei gegensätzliche Richtungen geführt zu haben: Das bis zu diesem Zeitpunkt nicht vorstellbare Ausmaß an kriegerischer Destruktivität verstärkte bei Freud die schon vorher vorhandene Konzentration auf die internen Quellen von Gewalt und Grausamkeit, und führte ihn zur Ausarbeitung der Theorie des Todestriebes in

*Jenseits des Lustprinzips* (Freud, 1920g). Etwa zeitgleich machte sich eine gegenläufige Bewegung bemerkbar, die sich jedoch nicht kulturtheoretisch ausrichtete, sondern sich als Kritik der kodifizierten, psychoanalytischen Technik artikulierte. In ihrer 1924 erschienen gemeinsamen Publikation *Entwicklungsziele der Psychoanalyse* wagten Sándor Ferenczi und Otto Rank erstmals vorsichtige Kritik am »retraumatisierenden« Charakter der psychoanalytischen Situation und betonten behutsam die Bedeutung der frühen, präödipalen Umwelt für einen förderlichen oder eben schädigenden Verlauf der seelischen Entwicklung sowie die Konsequenzen dieser Erkenntnisse für die psychoanalytische Technik. Die nur noch selten gelesene Schrift stellt so etwas wie ein Geburtsereignis des strukturellen Paradigmas oder Beschädigungsparadigmas dar. Die darin noch eher in Umrissen entworfenen Ideen haben Ferenczi nach und nach zu leidenschaftlich vertretenen Überzeugungen und zur Abkehr von Freud geführt, und er hat diese Ideen an seinen Schüler Michael Balint weitergegeben. Rank publizierte im selben Jahr *Das Trauma der Geburt* (1988 [1924]), schlug dann aber einen ganz anderen Weg als Ferenczi ein. In den ersten Jahrzehnten nach dem Zweiten Weltkrieg – einem wiederum traumatischen Weltereignis – war es dann vor allem Donald W. Winnicott, der das frühe Umweltversagen, das im Wesentlichen das Versagen einer selbstobjekthaft verstandenen »Umweltmutter« meint, in den Mittelpunkt seiner ätiologischen Auffassungen stellte. Trotz eines ganz andersartigen theoretischen Ansatzes folgt auch Kohut diesem Trend und erklärt die narzisstische Persönlichkeit zu einem in der Frühzeit seines Werdens durch ein nicht ausreichend empathisches Primärobjekt verletzten und in seinem Werden behinderten Menschen, den »tragischen« Menschen in seiner Terminologie. Die herausragende Stellung, die in den erwähnten richtungsweisenden Arbeiten die für seelisches Wachstum erforderliche Qualität der frühen personalen Umwelt einnimmt, veranlasst mich, in diesem Zusammenhang von einem psychoökologischen Paradigma zu sprechen, das sich zeitlich mit und in enger inhaltlicher Abhängigkeit aus dem Beschädigungsparadigma heraus entwickelt hat. Ohne gesunde, supportive Umwelt können keine gesunden Menschen gedeihen. Und gleichzeitig sind es die Menschen selbst, die diese Umwelt erschaffen und gestalten. Man kann es nicht für einen Zufall halten, dass die Vorrangstellung der psychologischen Umwelt im psychoanalytischen Diskurs ihrem vorläufigen Höhepunkt in einer Zeit entgegenging – den 1980er/90er Jahren –, in der auch die Ökologie als politische und gesellschaftliche Bewegung Gestalt annahm. In gewisser Weise lässt sich schlussfolgern, dass das Beschädigungsparadigma, das um das durch Versagen der Umweltmutter verunstaltete und vergiftete Selbst des Kindes kreist, einen ökologischen Gehalt aufweist, während die Ökologie als politische und gesellschaftliche Bewegung – psychologisch betrachtet – um die Imagines oder die archetypischen Bilder des gefährdeten und schutzbedürftigen Kindes und der guten Mutter organisiert ist.

## Kind-Archetyp als Zeitsignatur

Hat man in früheren Zeiten metaphorisch von der »Mutter Natur« gesprochen, so scheint im Mensch-Natur-Verhältnis eine Umkehrung hinsichtlich der Mutter-Kind-Rolle eingetreten zu sein. Eine Art Parentifizierung hat sich bemerkbar gemacht: Im Zeitalter der Ökologie ist es nun der Mensch, der mütterliche Funktionen gegenüber der Natur ausübt, wohingegen die Natur in die Position des bedrohten und schutzbedürftigen Kindes geraten ist. Der Mensch sorgt jetzt für das Wohlergehen und das Überleben der Natur. In der Verantwortung des Menschen liegt es jetzt, eine gute, förderliche oder eine schlechte, zerstörerische Umwelt für die Natur darzustellen. In einem kürzlich publizierten Werbespot der *Loki Schmidt Stiftung für Natur und Pflanzen* hieß es: »Mit Ihrer Spende geben Sie der Natur eine Zukunft«. Genau das könnte auch in einer Broschüre stehen, die zu Spenden für notleidende und benachteiligte Kinder aufruft.

Jung hat, gestützt auf umfängliches, mythologisches Material und in enger Zusammenarbeit mit dem Altphilologen Karl Kerényi, den Archetyp des »wunderbaren« oder »göttlichen« Kindes beschrieben (Jung, 1978 [1940]; Jung & Kerényi, 2012 [1941]). Das archetypische Bild des Kindes repräsentiert eine seelische Konstellation und Potenz, die sich in zweierlei Richtungen manifestiert: Das Kind verkörpert einerseits Abhängigkeit, Hilflosigkeit, Schwäche und Schutzbedürftigkeit. Seine Existenz ist in so gut wie allen Erzählungen in der einen oder anderen Weise von lebensfeindlichen Mächten bedroht, die es vernichten wollen. Es verfügt andererseits dank seiner »übernatürlichen« Abstammung über außergewöhnliche Kräfte und Fähigkeiten, die es ihm ermöglichen, Gefahrensituationen zu bestehen oder unüberwindlich erscheinende Hindernisse zu bewältigen. Das archetypische Kind steht, darin – in psychologischer Hinsicht hochbedeutsam – für den Ursprung und Ursprungsimpuls einer Entwicklung, für Anfang und Neubeginn, und zugleich für Zukünftiges, für das Leben, das seine Zukunft noch vor sich hat. Die Symbolik des Kindes erscheint oft in Schwellensituationen und Zeitenwenden, dort also, wo etwas ganz Neues in die Welt kommt. In einer prägnanten Zusammenfassung aller wesentlichen Aspekte des Kind-Archetyps schreibt Jung (1978 [1940], S. 193):

> »Das rings von psychischen Mächten beschützte, getragene oder bedrohte und betrogene Bewusstsein ist Urerfahrung der Menschheit. Diese Erfahrung hat sich projiziert im Archetypus des Kindes, welches die Ganzheit des Menschen ausdrückt. Es ist das Verlassene und Ausgelieferte und zugleich das Göttlich-Mächtige, der unansehnliche zweifelhafte Anfang und das triumphierende Ende. Das ›ewige Kind‹ im Menschen ist eine unbeschreibliche Erfahrung, eine Unangepasstheit, ein Nachteil und eine göttliche Prärogative, ein Imponderabile, das den letzten Wert und Unwert einer Persönlichkeit ausmacht.«

Im Grunde lässt sich sagen, dass die moderne Psychoanalyse überhaupt von Beginn an entscheidend von der Imago des Kindes inspiriert war. Sowohl über ihren maßgeblichen Inhalten und Arbeitsschwerpunkten wie über ihrer Geschichte könnte das Motto stehen »Am Anfang war das Kind«. War es bei Freud zunächst das verführte Kind und dann das mit psychosexuellen Konflikten kämpfende, auf dem Wege in die spätere Neurose befindliche Kind, so ist es heute das durch psychologische Umwelt-Noxen in frühesten Entwicklungsphasen strukturell geschädigte Kind, dem sogar der Ausweg in die Neurose noch verwehrt bleibt. Hinter der Pathologie des beschädigten Selbst, so wie sie hier verstanden wird und in der Klinik der ichstrukturellen Krankheitsbilder zum Ausdruck kommt, ist die Imago des in seinen Anfängen verletzten, deformierten und von Vernichtung bedrohten Kindes wirksam. Dass sich der negative Pol des Kind-Archetyps, das Zustandsbild des ausgesetzten, verlassenen, von destruktiven Mächten überwältigten und traumatisierten Kindes gegenwärtig so in den Vordergrund schiebt, könnte eine Bedeutung aufweisen, die weit über den professionellen Horizont psychoanalytisch-psychotherapeutischer Praxis hinausreicht. Versteht man die Sprache der archetypischen Symbolik richtig, dann könnte darin eine tiefe Verunsicherung, ein tiefer Zweifel an der Überlebenschance, an der Heilbarkeit und Zukunftsfähigkeit des Menschen überhaupt ausgesprochen sein.

Das im Jahre 2015 um die Welt gegangene Foto des kleinen Alan Kurdi, der, ertrunken bei der Flucht über das Mittelmeer, am Ufer der türkischen Küste liegt, verdichtet in hochsymbolischer Weise das Schicksal des ausgesetzten und buchstäblich einem Meer tödlicher Gefahren überantworteten Kindes. Man denke an die entsprechenden Mythen, in denen das Kind oftmals in einem kleinen, leicht sinkbaren Behälter auf dem Wasser ausgesetzt wird. Nun haben die Bilder von Kindern, die Opfer kollektiver Gewalt oder damit verbundenen Unheils geworden sind, das menschliche Mitgefühl immer schon erregt. Es gilt in diesem Zusammenhang darüber hinaus zu verstehen, dass ein Bild wie das des toten Jungen am Meeresstrand auf tiefster Ebene die Imago des Kindes und damit die Gefühle vollständiger Schutzlosigkeit und Verwundbarkeit wachruft, das Trauma des beschädigten oder verlorenen Lebens, kaum dass dieses begonnen hat. Ist das, was auf diesem Foto in nicht unbedenklicher Weise der Öffentlichkeit preisgegeben wird, nicht das fatale, mörderische Gegenbild zu der bei Homer überlieferten Szene vom spielenden Götterkind, das am Meeresstrand Sandburgen baut und wieder zerstört? (Homer, *Ilias*, 15. Gesang, S. 239).

## Veränderte Realität oder veränderte Wahrnehmung?

Im Vorausgegangenen wurde ein tiefgreifender Paradigmenwechsel innerhalb der psychoanalytischen Konzeptualisierung und Behandlung von Psychopathologie beschrieben: Der Übergang vom Paradigma der klassischen Neurosen zu dem der ich-strukturellen Störungen oder, allgemeiner ausgedrückt, die Verschiebung der Aufmerksamkeit vom Konflikthaften aufs Defizitäre. Dass sich ein Wechsel der gekennzeichneten Art ereignet hat, dürfte – ich sagte es mehrfach – außer Zweifel stehen. Die Frage ist nur, worauf sich sein Nachweis eigentlich stützt: auf quantitative Veränderungen in der realen, objektiven Inzidenz und Prävalenz der entsprechenden Krankheitsbilder oder eher auf qualitative Veränderungen unserer Wahrnehmung derselben, auf Veränderungen innerhalb unserer professionellen Sehgewohnheiten, eines soziokulturellen Dispositivs, vor dessen Hintergrund wir psychische Pathologie verstehen, interpretieren und behandeln.

Bereits in einem 1991 erschienenen und in der Folgezeit viel zu wenig beachteten Beitrag hat Reimut Reiche erhebliche Zweifel an der These vorgebracht, die sogenannten Frühstörungen seien gegenüber den klassischen Neurosen stetig im Vormarsch begriffen. Das Problem, in dieser Sache zu sicheren Aussagen zu gelangen, besteht ganz allgemein ja darin, dass die fraglichen Untersuchungen sich immer nur auf jene Gruppe von PatientInnen beziehen, die Institutionen psychotherapeutischer oder psychiatrischer Hilfeleistung aufsuchen (die sogenannte behandelte Prävalenz), und die tatsächliche Häufigkeit der entsprechenden Krankheitsbilder in der Gesamtbevölkerung (die wahre Prävalenz) allenfalls geschätzt werden kann. An diesen Sachverhalt schließt sich das in seiner Bedeutung gar nicht zu überschätzende Argument an, das die scheinbare Progression der Strukturpathologien auf die Zunahme der therapeutischen Angebote zurückführt, die im Gegensatz zu früheren Zeiten und in Verbindung mit einem gesellschaftlichen Klima von Versorgungsanspruch und Heilbarkeitserwartungen nun auch solchen Menschen den Zugang zu psychotherapeutischen Dienstleistungen eröffnet, die vormals davon ausgeschlossen waren. Reiche ist darüber hinaus der Ansicht, dass jede Epoche aufgrund ihrer soziokulturellen Dominanten und Dispositionen nicht nur wechselnde Symptome, sondern auch wechselnde Sichtweisen auf und Interpretationsweisen für Symptome hervorbringt, was sich unter anderem in veränderten Diagnosegewohnheiten niederschlägt. Es steht außer Frage, dass er damit einen entscheidenden Punkt trifft. Betrachten wir, soweit in Fallgeschichten dokumentiert, das Klientel Freuds und der ersten Analytiker-Generationen, so würde eine Vielzahl der damals als psychoneurotisch klassifizierten PatientInnen nach heutigen Diagnosemaßstäben als persönlichkeitsgestört eingestuft. Wer heute Freuds »Wolfsmann« analytisch behandeln würde, ohne strukturpathologische und traumatologische Gesichtspunkte einzubeziehen, hätte schon mit dem Vorwurf der Unprofessionalität zu rechnen. Genauso unprofessionell kann es umgekehrt aber auch anmuten, wenn heute, wie sich dies in Ausbildungszusammenhängen des Öfteren beobachten lässt, hysterische Persönlichkeitsmuster überhaupt nicht mehr erkannt und verstanden, sondern vorschnell als Anzeichen einer emotional-instabilen Persönlichkeitsstörung rubriziert werden. Natürlich muss bei einer Sichtweise wie der, die Reiche (1991) zugrunde legt, gezeigt werden, über welche Mechanismen sich ein kollektiver Perspektivenwechsel in konkrete, institutionelle und professionelle Wahrnehmungs- und Handlungsstile umsetzt – eine Aufgabe, die Reiche in seinem Artikel selbst nicht angeht, und die nicht weniger schwierig ausfällt als die zu entscheiden, ob etwas tatsächlich so »ist« oder uns nur so »erscheint«.

Überhaupt darf die nahe liegende Möglichkeit, dass es uns heute nur so vorkommt, als hätten Strukturpathologien zu- und neurotische Pathologien abgenommen, nicht zu falschen Schlussfolgerungen verleiten. Der im »nur« enthaltene Diminutiv legt eine solche falsche Schlussfolgerung nahe, so, als sei mit der Verortung des Paradigmenwechsels im Bewusstsein der Profession statt in der faktischen Realität lediglich ein korrekturbedürftiger Irrtum aufgedeckt oder eine Unwissenschaftlichkeit beseitigt. Meine weiteren Ausführungen basieren stattdessen auf der Überzeugung, dass es sich bei der infrage stehenden Veränderung selbst dann, wenn die empirischen Daten gegen den oftmals behaupteten Trend sprechen oder mehrdeutig bleiben, keineswegs nur um einen Schein handelt, sondern um grundlegende Bewegungen, »tektonische« Verschiebungen im gesellschaftlichen Unbewussten, die sich in veränderten klinischen Sichtweisen niederschlagen, und die als solche genauso real und folgenreich sind wie die »objektiven« Daten der äußeren Realität. Wir sollten davon ausgehen, dass nicht nur das äußere Sein das Bewusstsein bestimmt, sondern das Unbewusste auch im kollektiven Maßstab über seinen Einfluss auf das handlungsgenerierende Bewusstsein ein neues Sein, das heißt eine neue Realität zu schaffen imstande ist. Die Verschiebung im Spektrum von neurotischer Pathologie und Strukturpathologie könnte ein Beispiel für eine Wechselwirkung besonderer Art abgeben: Nicht nur, dass wir anders von den Menschen denken, weil die Menschen anders geworden sind, sondern dass die Menschen uns anders erscheinen, weil wir anders von ihnen denken. Aber wodurch kommt es, dass wir anders von ihnen denken, dass wir psychische Pathologie anders wahrnehmen, verstehen, deuten? Worauf lässt es jenseits empirischer Faktizität schließen, wenn heute vielerorts eine professionelle Optik bevorzugt wird, unter der psychisch beeinträchtigte Individuen primär nicht von ungelösten Konflikten belastet, sondern durch Entwicklungsdefizite deformiert erscheinen? Dass es sich dabei um nichts anderes als Zeichen eines Fortschritts in unserem psychologischen Verständnis handeln sollte, dürfte angesichts der wissenschaftshistorischen Kritik, wie sie von Thomas S. Kuhn, Paul Feyerabend und anderen geleistet worden ist (vgl. Kuhn, 1973; Feyerabend, 1986), doch für eine zu schlichte und zumindest diskussionsbedürftige Annahme gehalten werden.

## Bilder progredienten Zerfalls

Halten wir fest: Wenn wir im zur Frage stehenden Paradigmenwechsel eine zeitlich gerichtete Transformation erkennen, dann sieht es danach aus, als seien wir teilnehmende Beobachter eines Prozesses, in dessen bisherigem und abzusehendem, zukünftigem Verlauf der Dissoziationsgrad psychischer Krankheitsbilder stetig zunimmt, kohärente Ich- oder Selbst-Struktur immer mehr in Auflösung überzugehen scheint. Jung (1987 [1946], S. 199ff.) hat der Psyche eine natürliche Dissoziabilität zugeschrieben. Diese Annahme wäre eine seiner größten Entdeckungen, hätte er sie nicht aus der dynamischen Psychiatrie des 19. Jahrhunderts und dabei hauptsächlich von Pierre Janet übernommen (vgl. Ellenberger, 1985, S. 449ff.). Es handelt sich um eine theoretische, äußerst fruchtbare Annahme, denn zum einen erlaubt sie in normalpsychologischer Hinsicht, die Psyche als Verbund autonomer Komplexe zu verstehen, und zum anderen liefert sie eine metapsychologische Klammer, die alle Erscheinungsformen seelischer Pathologie zu umschließen vermag. Schon in der Neurose, also dort, wo die Integrationsfähigkeit des Ichs geschwächt, aber in noch ausreichendem Maße vorhanden ist, erscheint das Seelenleben gespalten, wie Freud in analoger Terminologie feststellt. Die Dissoziation, um die es sich hier handelt, verläuft gewissermaßen horizontal entlang der Verdrängungsschranke. Auf Borderline-Niveau tritt die sogenannte vertikale Spaltung hinzu, die dualistische Auftrennung von nicht verdrängten bzw. verdrängungsfähigen seelischen Inhalten in »gute« und »schlechte« Teilaspekte. Und wenn wir diesen Trend hypothetisch extrapolieren, dann dürften wir doch eigentlich nicht überrascht sein, wenn in nächster Zukunft vermehrt oder vielleicht sogar überwiegend Psychosen, psychotische Strukturen, also Zustandsbilder weitestgehender seelischer Fragmentierung diagnostiziert werden. Es könnte sich in jedem Fall so verhalten, dass die postmodernistischen Lobpreisungen einer »verflüssigten«, pluralistischen Subjektivität und Identität lediglich die euphemistisch überhöhte Vorderseite einer Medaille darstellen, auf deren Rückseite uns die Bilder eines fortschreitenden Zerfalls dieser Subjektivität anschauen. Und diese »Schattenbilder«, die schon in der endzeitlichen Rede vom »Verschwinden des Subjekts« ihre philosophische Ausformulierung gefunden haben, sind es, die sich in den diversen Zustandsformen struktureller Pathologie verkörpern – was eben auch heißen kann auf diese Zustandsformen projiziert und in ihnen wiedererkannt zu werden. Man kann eine Ahnung davon bekommen, dass die gekennzeichnete Entwicklung einem negativen Telos, einem Endzustand zustrebt, der das offenbar werden lässt, was die Phantasmagorien der Psychose mit dem letzten Aufgebot an Wirklichkeitssurrogaten nur notdürftig überdecken: die jenseits der Phänomenologie des beschädigten Selbst anzutreffende oder zu erwartende Realität eines untergegangenen, restlos zerfallenen, ausgehöhlten oder leeren Selbst.

## Existenzialpsychologische und kulturtheoretische Aspekte

Meine nachfolgenden Ausführungen möchte ich zunächst thesenartig komprimieren: Ich betrachte das zeittypische Hervortreten einer Imago des beschädigten Selbst als Ausdruck und Folge einer neuen und erhöhten Sensibilität für den Mangel, die Vulnerabilität und die Fragilität, die zur Grundverfasstheit menschlicher Existenz gehören. Und es ist im gleichen Sinne Ausdruck einer erhöhten Sensibilität für die Schutzbedürftigkeit, die dieser Existenz zukommt. Vulnerabilität und Schutzbedürftigkeit menschlicher Existenz finden ihren nachhaltigsten Ausdruck in der Situation des abhängigen und übermächtiger Gewalt ausgesetzten Kindes, weshalb dessen Gefährdung zu einem symbolischen Bild gerinnt, das hinter zahlreichen politischen, sozialen, kulturellen und wissenschaftlichen Programmen und Initiativen der jüngeren Vergangenheit und Gegenwart teils manifest, teils unbewusst wirksam ist. Ich will damit nicht behaupten, dass Instabilität und Vulnerabilität im Vergleich zu früheren Epochen real zugenommen hätten. Was zugenommen hat, ist das Bewusstsein dafür, dass durch Menschen herbeigeführte Beschädigung, Zerstörung und Dehumanisierung unverändert reale Möglichkeiten unseres Sein-Könnens darstellen, weshalb sich dieses Bewusstsein mit den Gefühlen gesteigerter Angst, Sorge und Verantwortung verbindet. Mit Bezugnahme auf die klinischen Konzepte Melanie Kleins könnte man also vorsichtig davon sprechen, dass im größeren, kollektiv-gesellschaftlichen Maßstab eine Entwicklung in Richtung depressiver Position stattgefunden hat (vgl. Volk, 2002). Entscheidend ist nun aber, dass es zu dieser Entwicklung eine genau gegenläufige Tendenz gibt, deren Stärke die Überzeugungskraft der erstgenannten sogar zu übertreffen scheint. Es handelt sich um die Tendenz vom überwältigenden, technologischen Fortschritt, dem digitalen an erster Stelle, und dem globalen Siegeszug der von einem ökonomisierten Denken inspirierten Bestrebungen, die mit dem Versprechen einhergehen und darauf abzielen, die existenziellen Realitäten von Leiden, Krankheit und Sterblichkeit – überhaupt alles, was mit defizitärer Verfasstheit, Instabilität und Scheitern zu tun hat, was wesentlich mit tragischer Verfasstheit zu tun hat – aus dem menschlichen Erfahrungshorizont zu eliminieren, und zwar vollständig und definitiv. Im komplexen Widerstreit dieser beiden Bewegungen bilden sich Syndrome heraus, die zwischen Fortschrittsbesessenheit einerseits und Daseinsangst, verbunden mit exzessivem Verlangen nach omnipotenten Sicherheits- und Kontrollvorrichtungen andererseits, wechseln. In der Imago des beschädigten Selbst tritt die Figur des verletzten, benachteiligten, von einem missgünstigen oder grausamen Schicksal verunstalteten Menschen in Erscheinung. Er tritt in Erscheinung, um, wie sich zeigen wird, bald in die Mühlen manischer und omnipotenter Abwehr zu geraten.

## Mängelwesen Mensch

Nachdem als einer der ersten Johann G. Herder im 18. Jahrhundert den Menschen als ein mit angeborenen Mängeln behaftetes Wesen charakterisiert hatte, waren es in der Moderne vor allem die existenzialistisch orientierten Philosophen, die das grundlegende Element von Mangel und Entbehrung in der Konstitution des Subjektes herausstellten. Es fehlt diesem stets etwas, was zum Erleben von Fülle und Erfüllung, von Unmittelbarkeit und Präsenz, zur vollständigen Übereinstimmung mit sich selbst erforderlich wäre. Die Formulierungen für Art und Herkunft dieses Mangelsyndroms fallen unterschiedlich aus. So spricht Jean-Paul Sartre (2001 [1943]) von einem beständigen Mangel an Sein beim Menschen, der sich im Vergleich zu anderen Lebewesen im transzendentalen Selbstentwurf immer voraus ist und so der ersehnten Einheitlichkeit entbehrt. Für Martin Heidegger (2001 [1927], S. 267ff.) liegt in der Unmöglichkeit, der potenziellen Ganzheitlichkeit des Daseins gerecht zu werden, der Grund für die Empfindung eines essenziellen Verfehlens und damit zugleich eines primär existenziellen Schuldgefühls. Auf dem Gebiet der Psychoanalyse hat in erster Linie Jacques Lacan dem Konzept des Mangels einen zentralen Platz zugewiesen (Evans, 2002, S. 181f.). Für ihn rührt der Mangel daher, dass das Subjekt sich immer schon in einem symbolisch strukturierten Universum vorfindet, das ihn vom Zugang zum Realen, letztlich von der ersehnten Wiedervereinigung mit dem Körper der Mutter für immer trennt. Aber auch Freud kennt den Mangel als durchgängige psychologische Signatur des Subjektes. Er kleidet ihn in den Begriff des »Unbehagens«, das unausweichlich zustande kommt und sich hält, weil die Triebwünsche nie in harmonische Kongruenz mit den Ich-Bedürfnissen und Über-Ich-Anforderungen gebracht werden können (Freud, 1930a). Wir leiden demnach alle an einer primären Gespaltenheit– William R. D. Fairbairn (2000a, S. 31ff.) macht in anderem Zusammenhang auf diesen Umstand aufmerksam –, was man auch so ausdrücken kann, dass die existenzielle Verfasstheit der Spezies Mensch von einer Grundstörung gekennzeichnet ist, die insofern eine »Frühstörung« ist, als sie sich spätestens vom Moment der Geburt an bemerkbar macht. Im durchschnittlichen Fall lässt sich damit leben. Aber die frühen und auch späteren Deformierungen, die wir in unserer Kasuistik nacherzählen und in unseren Behandlungen zu beheben oder wenigstens zu mildern trachten, setzen genau an dieser Stelle des primären Defektes an. Und sie sind nicht nur deswegen so dramatisch und folgenschwer, weil sie den immer schon bestehenden Mangel vertiefen, sondern weil sie im Unbewussten die Illusion erzeugen, es gäbe jenseits von Mangel und Beschädigung eine Welt nur guter, heiler und wohltätiger Objekte. Entbehrung und Verletzung erscheinen auf diese Weise unerträglich und zwingen das Subjekt zu hochpathologischen Bewältigungsformen. Und genau das entspricht, strukturell betrachtet, der narzisstischen und Borderline-Kondition.

## Technologie der Selbstoptimierung

Ich stehe mit meinen Überlegungen im Einklang mit den Thesen des unlängst verstorbenen israelischen Psychoanalytikers und Kulturtheoretikers Carlo Strenger, der in seinen Büchern – zuletzt in *Die Angst vor der Bedeutungslosigkeit* (2016) – in den technologisch hochentwickelten westlichen Gesellschaften die mit manischer Obsession betriebenen Versuche erkennt, die Realität existenziellen Mangels und existenzieller Vulnerabilität zu leugnen und die damit verbundenen Begrenzungen radikal auszuschalten. Anstrengungen, das der Kluft im Subjekt entsteigende Unbehagen zu löschen oder die Kluft als solche zum Verschwinden zu bringen, haben die Menschen immer schon unternommen. Aber es sind die grandiosen Ergebnisse und Aussichten des exponentiell beschleunigten technologischen Fortschritts, die solche Anstrengungen um ein Vielfaches verstärken. Der Modus, in dem sich die Großoffensive zur Überwindung defizitärer Verfasstheit vollzieht, ist der permanenter Effizienzsteigerung und Selbstoptimierung. »Werde jeden Tag besser!«, so ein überaus prägnanter Werbeslogan, der die Essenz des Projektes auf den Punkt bringt. Die Techniken der Selbstoptimierung, die sich auf sämtliche Lebens- und Tätigkeitsbereiche ausdehnen lassen, pressen das Subjekt, das sich häufig genug bereitwillig pressen lässt, in ein durch und durch ökonomisiertes, das heißt an die Gesetze der Ökonomie angelehntes Format, weshalb Strenger (ebd.) zu Recht eine enge Verbindung zwischen den Programmen der Effizienzsteigerung und einer fortschreitenden Kommerzialisierung der sozialen, kulturellen und privaten Lebenswelten sieht. Die Subjekte sollen nicht nur mittels Produktivität und Konsum zum stetigen Wachstum des Kapitals beitragen, sie sollen selbst so stetig wachsen wie das Kapital. Das durchrationalisierte, auf Funktionalität, Erfolg und Gewinn getrimmte Ich wird selbst zur Handelsware, die sich marktgerecht anzubieten und verfügbar zu halten hat. Ubiquitär installierte soziale und finanzielle Ranking-Systeme legen fest, wonach sich der Marktwert dieses Ichs bemisst. Als subjektive Einfallstore dienen die narzisstischen Empfänglich- und Begehrlichkeiten, die immer unverhüllter und unter Missachtung jeglicher Schamgrenzen angesprochen werden. »Gut, dass es um mich geht« war als Motto öffentlicher Freigabe und Legitimierung von Selbstsucht auf den Werbeflächen eines Kaufhauskonzerns bis vor Kurzem zu lesen.

Die abgewiesenen Realitäten des Mängelwesens Mensch, die Realitäten der uns zugehörigen Defizienz und Zerteilung, verdichten sich auf unerhörte und demütigende Weise im Faktum der Sterblichkeit, des Todes, der immer, auch wenn er sicher und vorhersehbar ist, unverfügbar bleibt. Ihn auf dem Wege der Transformation des biologischen in einen unsterblichen technisch-künstlichen Menschen ein für alle Mal aus der Welt zu schaffen, ist daher das vorrangige Anliegen der transhumanistischen Ingenieure der Menschenverbesserung im Silicon Valley (O'Connell, 2017). Ich will hier auf den mir wichtig erscheinenden Punkt zu sprechen kommen, dass unter den technologischen Konditionierungen des kollektiven Bewusstseins die effizienzorientierte Selbstoptimierung an die Stelle dessen tritt, was nach unserem bisherigen Verständnis Individuation bzw. Selbstwerdung sein sollte und sein könnte. Individuation unterliegt einem Begehren: dem Begehren, ein Selbst zu sein, was ja immer nur denkbar ist unter Einrechnung der Leiden an der Unvollständigkeit, des »Durchschnitten-Seins«, und letztlich des Todes. Zweifellos häufen sich die Anzeichen dafür, dass ein Entwicklungs- und Transformationsgedanke wie der, der dem Individuationsbegriff zugrunde liegt, immer mehr aufgesogen und letztlich ersetzt werden wird durch das leere Leitbild humantechnologisch ausgelegter Optimierung, dessen Herrschafts- und Geltungsbereich, gestützt hauptsächlich auf die schwindelerregende Leistungssteigerung digitaler Maschinen, keine natürlichen Grenzen kennt. Wie man weiß, lässt sich aus allem ein Leistungs- und Erfolgsprojekt fertigen, auch ein solches, das dann mancherorts unter dem Etikett der »Selbstfindung« und des »guten Lebens« verkauft wird: ressourcenorientiertes Selbstmanagement, Self-Tracking, Zen-Meditation und ökotrophologische Reinheitsrituale als Bestandteile eines umfassend angelegten Fitnessprogramms. Man muss auf diese schleichende Usurpation und Umwandlung aller seelischen Lebensregungen unter dem Primat eines narzisstisch-technologisch-ökonomischen Zeitkomplexes aufmerksam werden, um zu verstehen, wie notwendig, aber auch wie schwer, wie außerordentlich schwer es ist, dieser permanent wirksamen Infiltration zu entgehen.

Ich möchte betonen, dass sich meine Kritik an der technologisch ausgerichteten Selbstoptimierung nicht auf die Verleugnung oder buchstäbliche Beseitigung der Endlichkeit im Sinne der biologischen Sterblichkeit herunterbrechen lässt – obgleich, wie ich schon sagte, die Unsterblichkeit das geheime Telos dieser Bestrebungen und das zentrale quasireligiöse Phantasma der transhumanistischen Ideologie darstellt (Krüger, 2019). Die Akzeptanz des Mangels, so wie sie hier verstanden und vertreten wird, verträgt sich durchaus mit einem Begriff der Unendlichkeit, ja bezieht von dieser her sogar erst seine eigentliche Bedeutung (Lesmeister, 2018). Auf »Unendliches bezogen« zu sein, heißt nicht, existenzielle Begrenztheit zu negieren. Der Punkt, um den es hier geht, ist ein anderer. Er betrifft den technologisch inspirierten Versuch der Herstellung einer durchgehend »glatten Welt« (nach Chasseguet-Smirgel, 1986, S. 91f.), in der die seelische Bewegung gewissermaßen nirgendwo mehr anstößt, keinen Widerstand mehr findet, an dem sie gebrochen und auf sich selbst zurückgeworfen würde. Zum einen kann man sich fragen, ob sich unter solchen Voraussetzungen – einmal angenommen, diese seien durchgängig realisierbar – eine mit Selbstbewusstsein ausgestattete Subjektivität noch zu bilden vermag. Zum anderen ist es eine Sache psychologischer Evidenz, dass dort, wo keine Hindernisse mehr vorkommen, die wiederum durch technische Maßnahmen aufgelöst werden könnten, auch keine Entwicklungsräume mehr existieren, die durch das Leiden geschaffen werden. In der vollständigen Ignoranz gegenüber dem Sinn des Leidens, in der Auslöschung jeglichen Verständnisses für die selbst- und individuationsgestaltende Kraft des Leidens, liegt der wesentliche Grund, weshalb die hier diskutierten Techniken des »Self-Enhancement« bis hin zu den transhumanistischen Visionen vom »Neuen Menschen« in strikt unvereinbarem Gegensatz zu psychoanalytischen Grundannahmen seelisch-geistiger Selbstentwicklung oder Individuation stehen.

## Omnipotenz und Destruktivität – Angst und Schuld

Eine wesentliche Konklusion, auf die meine Betrachtungen zuführen, ist nun die, dass die omnipotenten, auf umfassende Machbarkeit und Kontrolle angelegten Dispositionen und Selbstentwürfe aus sich heraus die Bilder von gefährlichen Angreifern und traumatischer Beschädigung hervorbringen. Die Mechanismen der Verleugnung und Verdrängung von Schwäche und Verwundbarkeit erzeugen die Fantasie von Täterobjekten, die nun für die eingetretenen oder befürchteten Noxen verantwortlich gemacht werden. Sie bilden den psychologischen Nährboden für Spaltungsphänomene und die durchdringenden Gefühle gesteigerter Bedrohung, Schutzlosigkeit und Vernichtungsangst. In diesen Zusammenhang gehört auch die von Strenger hervorgehobene Angst vor der Bedeutungslosigkeit, die Angst vor dem vollständigen narzisstischen Zusammenbruch, die hinter den einzig durch positive soziale Resonanz aufrechterhaltenen Selbstsurrogaten ständig auf der Lauer liegt. Diese Ängste setzen nun wiederrum manisch betriebene Absicherungs- und Restitutionsbemühungen in Gang oder verstärken die bereits bestehenden. Es handelt sich also um einen sich selbst erhaltenden Kreislauf, dessen negative Dynamik den Verarbeitungsweisen der paranoid-schizoiden Position im Verständnis Melanie Kleins folgt (dazu Staehle, 2002).

Ich will damit nicht der in der älteren kleinianischen Psychoanalyse verbreiteten Neigung verfallen und behaupten, es spiele sich alles im projektiven und phantasmatischen Raum ab, und es existierten gar keine ernsthaften realen Gefahren. Diese existieren sehr wohl. Ich hege aber erhebliche Zweifel daran, dass sie, im relativen Maßstab betrachtet, größer geworden sind, als sie es in vergangenen Zeiten waren. Verfügen wir über ein Kriterium, das uns zu beurteilen erlaubt, ob der seit 2011 tobende Bürger- und Stellvertreterkrieg in Syrien mit seinen furchtbaren Folgen »schlimmer« war – oder in seinen Ausläufern noch ist – als die unbeschreiblichen Verheerungen, die ein Ereignis wie der Dreißigjährige Krieg über Europa gebracht hat? Was zugenommen hat, ist nicht der Grad menschenmöglicher Grausamkeit, sondern zum einen der Perfektionsgrad der Vernichtungswaffen und zum anderen die illusorische Hoffnung, dass dergleichen nicht mehr eintreten werde, dass so etwas in einer Epoche hochentwickelter ethischer und menschenrechtlicher Standards gewissermaßen obsolet geworden sei. Die Karenzzeit eines mehr als halben friedlichen Jahrhunderts seit Ende des Zweiten Weltkrieges haben in der westlichen Welt diesen Glauben genährt. Aber spätestens die Ausbrüche von menschenverachtender Gewalt im Bürgerkrieg des ehemaligen Jugoslawiens (1991–95) haben ihn wieder erschüttert. Was seit wenigen Jahrzehnten das im kollektiven Unbewussten aktualisierte Bild des von unberechenbaren und unabwendbar erscheinenden Bedrohungen heimgesuchten und traumatisierten Selbst am nachhaltigsten unterstützt, ist das Massensterben unschuldiger Menschen in den aktuellen Kriegsgebieten, die dadurch ausgelösten, millionenstarken Ströme der Geflüchteten und die Heimsuchungen des internationalen Terrorismus. Daneben beginnen sich die augenscheinlich desaströsen Folgen des globalen Klimawandels immer nachdrücklicher abzuzeichnen. Es gibt demnach genügend Gründe sich zu fürchten, wobei diese Furcht ja überwiegend eine Furcht des Menschen vor sich selbst sein müsste angesichts des abgründig destruktiven Vermögens, das er an seinesgleichen beobachtet – eine Einsicht, die ihn über die paranoid-schizoiden Mechanismen von Projektion und Verfolgungsangst hinaus auf die Bahnen depressiver Verarbeitung geleiten könnte.

Wir haben es auf diesem Gebiet mit einer engen Verflechtung von realitätsgemäßen Wahrnehmungen und projektiven Prozessen zu tun. Es gibt auf der einen Seite dieses unbedingte Sicherheitsverlangen, das an unbewusst als omnipotent wahrgenommene Objekte (gesellschaftliche Institutionen, politische Funktionsträger) adressiert ist und im Falle der Nichterfüllung in explosive Gefühlsmischungen von Enttäuschung, Kränkung und Groll umschlägt. Die oberflächenhaften Leitaffekte sind Wut und Empörung. Damit einher geht eine reflexhaft einsetzende und oftmals vollkommen unnachsichtige Forderung nach Identifizierung und Sanktionierung von mutmaßlich Verantwortlichen und Schuldigen. Es ist so, als ob eigentlich gar nichts passieren dürfte, während angesichts der Komplexität unserer Lebenswelten das Erstaunliche doch darin liegt, dass nicht viel mehr passiert. Das ist Ausdruck und Folge einer narzisstischen Beschädigung, enthemmte Wut, ja Hass auf die versagenden und schlechten Objekte.

Wenn ein Skiläufer mit über 140 km/h eine vereiste Piste hinunterschießt und einen Sturz nur knapp überlebt, vergeht keine halbe Stunde, bis die Veranstalter des Rennens öffentlich für mangelhafte Sicherheitsvorkehrungen verantwortlich gemacht werden. Stürzt nach 20 Jahren das Dach einer Turnhalle unter hoher Schneebelastung ein, werden bereits im Zuge der Verbreitung des Ereignisses in den Medien wahrscheinliche Schlampereien bei der zuständigen Baubehörde in Umlauf gebracht. Der Terror-Anschlag vom Berliner Breitscheidplatz im Dezember 2016 »hätte verhindert werden können«, hieß es in den Medien, wenn die Polizei- und Sicherheitsbehörden im Vorfeld besser gearbeitet hätten. Dass solche Anschläge auch dort gelingen, wo die Beamten durchaus gut gearbeitet haben, wird dabei übergangen. Was man aus solchen Stellungnahmen vor allem herauszuhören meint, ist der Anspruch, dass eigentlich absolut nichts passieren dürfte, wenn alles und alle effizient genug funktionieren. Das Phänomen einer wie aus einem angstgesteuerten Zwangsreflex hervorschießenden Zuschreibung von Schuld und Verantwortung wird auch von Hartmut Rosa (2019) aufgegriffen und mit der in unserer technischen Zivilisation vorherrschenden Tendenz in Verbindung gebracht, die uns umgebende personale und nichtpersonale Welt der absoluten Verfügbarkeit zu unterwerfen. Nahezu gleichlautend zu meinen Ausführungen heißt es bei ihm:

> »Indessen nimmt das Verlangen, Verantwortlichkeit und Zurechenbarkeit zu schaffen, auch noch andere problematische Züge an. Wo immer sich Unglücke und Unfälle ereignen, versuchen wir Schuldige und Verantwortliche auszumachen, und zwar so, als seien die Voraussetzungen dafür ›im Grunde‹ verfügbar gewesen. Jemand muss doch die Verantwortung tragen. Ein Beispiel dafür stellen vielleicht die tragischen Ereignisse bei der Duisburger Loveparade 2010 dar, bei der infolge einer Massenpanik mehr als zwanzig Menschen ums Leben kamen und über 500 schwer verletzt wurden. Im Anschluss daran wurden 16 Ermittlungsverfahren wegen möglicherweise fehlgeleiteter Besucherströme und/oder Planungsfehlern eingeleitet: Einer muss doch schuldig sein. Jemand muss doch zur Rechenschaft gezogen werden. Ich will und kann nicht beurteilen, ob es in diesem Fall zu schwerwiegenden Versäumnissen kam oder nicht, ich will darauf hinaus, dass im öffentlichen und politischen Diskurs für den Gedanken, für die Realität der Unverfügbarkeit im sozialen Leben schlicht kein Platz war und ist« (ebd., S. 107f.).

Besonders auf dem Gebiet hochentwickelter digitaler Technologie erweisen sich hartnäckig eingeforderte und oftmals bedenkenlos abgegebene Sicherheitsversprechungen schon bei flüchtiger Prüfung als durchaus wenig überzeugend. Gleich Betäubungsmitteln quasireligiöser Heilsverkündigung sollen sie unempfänglich machen für die einfachen Tatsachen, die eine ganz andere Sprache sprechen. Wenn man sich vorstellt, welch unermesslichen Schaden ein erfolgreicher Cyberangriff großen Stils anzurichten vermag, erkennt man sofort, dass solche Systeme das Leben, zumindest das Lebensgefühl in Wahrheit nicht sicherer, sondern unsicherer machen.

Sie steigern die im Unbewussten anwachsende und in diesem Fall durchaus realitätsgemäße Angst, die zu neuerlichen Forderungen nach noch mehr Kontrolle und Absicherung führt. Johannes Döser (2017) hat in einem Beitrag über die psychologischen Auswirkungen digitaler Technologie den Gedanken geäußert, dass die Vorherrschaft virtueller Welten – rein symbolisch-imaginär beschaffener Welten – einhergeht mit einer Steigerung der (unbewussten) Angst vor dem Realen im Sinne Lacans (vgl. Evans, 2002, S. 250ff.), das heißt vor dem Unbestimmten, Formlosen, Unheimlichen, das sich in kontingenten, nicht vorhersehbaren und nicht kontrollierbaren Ereignissen wie Naturkatastrophen, Unglücksfällen, Krankheit und ähnlichen Phänomenen manifestiert. Ich füge an dieser Stelle den Hinweis ein, dass der vorliegende Text in Zeiten der seit März 2020 sich ausbreitenden Coronavirus-Pandemie fertiggestellt wurde. Ein neuartiges Virus, dessen epidemiologische Unbeherrschbarkeit dazu führt, dass in globalem Maßstab potente Volkswirtschaften in die Knie gehen, das gewohnte soziale Leben zum Erliegen kommt und verbürgte politische Grundrechte außer Kraft gesetzt werden, scheint zum hochinfektiösen Agenten eines Unheimlich-Realen geworden zu sein (Lessenich, 2020). Die Wiederkehr des Verdrängten, von der Freud zufolge die Anmutung des Unheimlichen herrührt, besteht in diesem Fall aber nicht in einer angstbesetzten Vorstellung oder einem ebensolchen Triebimpuls, sondern in einem gefährlichen »Ding« (Lacan, 1996, S. 56ff.) von mikroskopischer Größenordnung. Mit unverhohlen ironischem Unterton spricht der französische Kulturphilosoph Jean Baudrillard lange vor Corona in einer Arbeit über die *Transparenz des Bösen* (1992, S. 186ff.) von einer »viralen Gastfreundschaft«, in der er die Lebensform ausmacht, mit der der Mensch der Gegenwart sich wohl oder übel wird anfreunden müssen. Worauf es hier ankommt, erläutert er am Beispiel des Bazillus:

> »Zwischen Bazillengattung und Menschengattung gibt es totale Symbiose und gleichzeitig radikale Unvereinbarkeit. […] Es gibt keine Demarkationslinie, da diese Verkettung bis ins Unendliche zurückgeht. Oder man muss sich dazu durchringen zu sagen, dass das die Andersheit ist: der absolute Andere ist der Bazillus in seiner radikalen Inhumanität, einer, von dem man nichts weiß und der sich nicht einmal von uns unterscheidet. Die versteckte Form, die alles verändert und mit der kein Handeln und keine Versöhnung möglich ist. Und dennoch haben wir am gleichen Leben Anteil wie er, als Art wird er gleichzeitig mit uns zugrunde gehen« (ebd., S. 167f.).

Unter dem Einfluss omnipotenter Sicherheits- und Kontrollfantasien verliert das Denken partiell den Wirklichkeitsbezug. Scheitern solche Fantasien an der Realität, dann treten Affekte an die Stelle des Denkens, vor allem solche der Kränkung, Wut und Angst, die um das Versagen der phantasmatischen schlechten Objekte kreisen. Dass es gelegentlich oder immer wieder zu einem solchen Scheitern kommt, liegt zum einen an den auch im perfektesten System nie vermeidbaren Sicherheitslücken, zum anderen an einer besonderen Widerständigkeit oder »Unerbittlichkeit« des Realen, die Baudrillard den »Irredentismus des Objekts« nennt (ebd., S. 198ff.). Man könnte auch die sprichwörtliche »Tücke des Objektes« anführen, die sich gegen die Wirklichkeitskonstruktionen der imaginären Welten immer wieder behauptet, indem sie diese durchbricht, subversiv unterläuft oder aushebelt.

Es existiert aber noch eine andere Quelle von Kränkung und Beängstigung, der im aktuellen Zeitgeschehen eine bedeutende Rolle zufällt: Die Erfahrung, von Objekten abhängig zu sein, deren Macht durchaus an die Omnipotenz heranreicht. Dass eine vergleichsweise geringe Anzahl von Hasardeuren des Finanzkapitals über die Macht verfügt, komplette Volkswirtschaften zu unterminieren und die materiellen Lebensgrundlagen unzähliger Menschen zu zerstören, ist keine Wirklichkeitsverzerrung, keine paranoide Projektion auf der Basis perfektionistischer Kontroll- und Sicherheitsbedürfnisse, sondern ein Faktum – etwas, das real geschieht und deswegen, weil es real geschieht und geschehen kann, Ohnmachtsgefühle und einfühlbaren Zorn hervorruft. Die Gefühle der Ohnmacht und Entwürdigung fallen umso gravierender aus, weil unsere aufgeklärten Standards von Selbstbestimmung und Menschenwürde solche Formen von Bereicherungsgier, Machtmissbrauch und Ungerechtigkeit nicht mehr hinnehmbar erscheinen lassen. Hier tut sich ein »beschädigungsträchtiger« Hiatus auf, dessen immense Tragweite Shoshana Zuboff in ihrem Buch *Das Zeitalter des Überwachungskapitalismus* (2018) in folgenden, eindringlichen Sätzen zusammenfasst:

> »Es ist dies der existenzielle Widerspruch unserer Zeit, der unsere Lebensbedingungen definiert: Wir wollen die Kontrolle über unser Leben, sehen aber unsere einschlägigen Bemühungen allenthalben konterkariert. Da schickt uns die Individualisierung auf die Suche nach den Ressourcen für ein effektives Leben, und dann sehen wir uns auf Schritt und Tritt gezwungen, uns mit einer Wirtschaft, mit einer Politik herumzuschlagen, aus deren Sicht

> wir lediglich Ziffern sind. Man hat uns beigebracht, unserem Leben in seiner Einzigartigkeit einen Wert beizumessen, aber man behandelt uns, als wären wir unsichtbar. […] Die Erwartung psychologischer Selbstbestimmung ist der Nährboden für die Entfaltung unserer Träume, und so sind unsere Verluste angesichts der langsamen Zunahme von Ungleichheit, Ausgrenzung, allgegenwärtigem Wettbewerb und menschenunwürdiger sozialer Schichtung nicht nur ökonomischer Art. Entsetzt und verbittert sehen wir uns bis ins Mark getroffen, wissen wir doch, dass wir als Individuen der Würde und des Rechts wert sind, unser Leben nach eigenen Vorstellungen zu führen« (ebd., S. 65).

Wir haben es folglich und aufs Ganze gesehen mit einer außerordentlich komplexen Situation zu tun, in der es darauf ankommt, narzisstisch-paranoide Verzerrungen von Sachverhalten von solchen Phänomenen zu unterscheiden, die genauso sind, wie die Verzerrungen sie in einem anderen Fall nur aussehen lassen. Dahinein verwickelt sind auch die Begriffe von Schuld und Verantwortung. Wir erleben auf der einen Seite eine Anspruchshaltung, die danach aussieht, als sollte der verlorengegangene metaphysische oder »identitäre« Schutzschild, der die Menschen vor Beschädigungen bewahrt oder die unvermeidlichen erträglicher macht, durch ein Höchstmaß präventiver und supportiver Leistungen vonseiten staatlicher, wirtschaftlicher oder sozialer Institutionen ersetzt werden. Dazu gehören vor allem auch die im nächsten Abschnitt zu erörternden Erwartungen an Familien und Erziehungspersonen. Kommen die Verantwortlichen dieser Systeme den streckenweise ins Riesenhafte angewachsenen Erwartungen nicht nach, sind Schuldzuschreibungen mit politischer, sozialer, psychologischer, moralischer Motivierung und Stoßrichtung an der Tagesordnung. Auf der anderen Seite steht die lange Liste realer Versäumnisse und Dysfunktionalitäten, die von den RepräsentantInnen und AgentInnen der Systeme tatsächlich schuldhaft zu verantworten sind, aber oft genug nicht verantwortet werden. Nicht einmal für ausgewiesene ExpertInnen ist es immer leicht, zwischen beiden Problemfeldern, die sich in komplizierter Weise wechselseitig durchdringen, verlässlich zu differenzieren. Wenn ich von den hohen aufgeklärten, emanzipatorischen und moralischen Standards unserer Gegenwartszivilisation spreche, dann ist damit ja nicht etwas Überspanntes, Überidealisiertes und damit Korrekturbedürftiges gemeint. Im Gegenteil: Es ist gut, dass Menschen in ihren Persönlichkeitsrechten besser geschützt sind als je zuvor; dass ein Kind nicht mehr geschlagen und seine Abhängigkeit ausgenützt werden darf; dass Menschen nicht mehr bereit sind, Formen politischer und ökonomischer Willkür und Machtausübung, Exzesse der Ausplünderung und Zerstörung natürlicher Ressourcen hinzunehmen. Aber die erhöhte Sensibilisierung macht zwangsläufig vulnerabler, sie verstärkt das Gewicht eines Versagens und dadurch eingetretener Beschädigungen, und sie gebiert auch umso leichter projektive Fantasien von Schuldigen, Angreifern und Verfolgern. Diese Effekte nehmen zu, je mehr die berechtigterweise anspruchsvollen Standards in die Maschinerie technologischer Optimierung und Effizienzsteigerung geraten.

## Klinisch-psychotherapeutische Aspekte

### Der Mythos der schlechten Eltern

Auf psychotherapeutischem Gebiet zeigt sich die Problematik des Verhältnisses von erlittener Beschädigung und Schuldzuschreibung am nachhaltigsten und folgenschwersten dort, wo im Zuge der traumatologischen Wende in der Ätiologie der psychischen Erkrankungen in einem Maße, wie dies nie zuvor der Fall war, die Eltern als die unmittelbaren Verursacher der seelischen Pathologie ihrer Kinder ausgewiesen und natürlich auch belastet werden. Die Gründe für die Genese struktureller Pathologie liegen, wie allgemein angenommen, primär nicht in internen Trieb- und Konfliktdispositionen der kindlichen Psyche, sondern in unterschiedlichen Graden des Versagens einer frühen Umwelt, die vornehmlich als mütterliche definiert wird. Die Tatsache, dass die Schädigungen alsbald verinnerlicht und zu Elementen einer dysfunktionalen Selbstregulation umgebildet werden, ändert nichts daran, dass das Übel ursprünglich von außen kommt. Dass Eltern ihre seelischen Lasten und Einschränkungen an die nächstfolgende Generation weitergeben, war zu allen Zeiten so und ist etwas, das zur tragischen Verfasstheit menschlichen Daseins, zum »Los der Menschen« gehört (Lesmeister, 2017, S. 66ff., 80ff.; vgl. auch Kap. III in diesem Buch). So ist es tragisch zu nennen, wenn ein Mensch, der Opfer grausamster Gewalt – wann und wo auch immer – geworden ist, nicht anders kann, als in unbewusster Identifizierung mit dem/der AggressorIn zum/zur TäterIn an der Nachfolgegeneration zu werden. In therapeutischer Hinsicht sollte sich daraus nach meinem heutigen Verständnis eine Haltung der Nachsicht ergeben – bis hin zu einer Ethik des Mitleids im Sinne Arthur Schopenhauers (1991 [1840], S. 459ff.). Das hat nicht das Geringste damit zu tun, erschütternde Dinge, die im Leben eines Menschen geschehen sind und immer wieder geschehen werden, schön zu reden und »das Kind zu verraten«. Es geht nicht darum, die an die Elternobjekte gerichteten Gefühle von Enttäuschung und Wut hinsichtlich ihrer Bedeutung für seelische Transformationsprozesse infrage zu stellen. Es geht darum, dass sich AnalytikerInnen und PsychotherapeutInnen aus der Identifikation mit ihren PatientInnen und auch aus der Identifikation mit der eigenen (konkordanten) Gegenübertragung befreien, um zu einer unabhängigen Haltung gegenüber den im Hintergrund stehenden Elternfiguren als Individuen mit einem eigenen Schicksal finden.

Des Weiteren sollte aus der gekennzeichneten Haltung ein erhöhtes Gewahrsein dafür erwachsen, dass wir unter den vorherrschenden und allenthalben gelehrten theoretischen Prämissen gar nicht anders können, als Geschichten (Narrative) zu konstruieren, an deren vorläufigem Ende das Bild der schlechten, versagenden Eltern steht. Mit empirischer Faktizität hat das in vielen Fällen wenig zu tun. Die Logik der nachträglichen psychogenetischen Rekonstruktion erzwingt es gewissermaßen, dass irgendwann, meist gleich am Anfang, die narzisstisch bedürftige, emotional labile und unempathische Mutter im Verein mit dem schwachen, abwesenden, zur nötigen Triangulierung absolut nichts beitragenden Vater die Bühne betritt, weshalb dieses horrible Paar auch in zahllosen Psychotherapie-Anträge textbausteinartige Verwendung findet. Ich habe in meinem Buch *Begehren, Schuld und Neubeginn* der Problematik, die sich mit der Imago der schlechten und schuldigen Eltern verbindet, längere Ausführungen gewidmet (Lesmeister, 2017, S. 80ff.). Unter anderem wird dort darauf aufmerksam gemacht, dass die ausschließliche Herleitung seelischer Pathologie aus elterlichem Versagen in einen infiniten Regress führt, denn das elterliche Versagen muss seinerseits wieder aus dem mehr oder weniger traumatisch bedingten Versagen der genealogischen Vorläufer erklärt werden. Man gerät in einen durch die Generationen führenden Rücklauf bis hin zum ersten »schlechten« Elternpaar – die Namen der beiden sind uns überliefert – oder zu dessen Schöpfer, der irgendwie ein Dilettant gewesen sein oder bewusst Fehler in sein Werk eingebaut haben muss. All das sind Umschreibungen für den primären Mangel oder Defekt, den die christliche Theologie das *peccatum originale* oder die *Erbsünde* nennt. In einem Diskussionszusammenhang, der nach dem behaupteten Anstieg von strukturellen Pathologien im Verhältnis zu neurotischen fragt, hat die Sache aber noch einen speziellen Haken: Wenn zuträfe, dass a) die strukturellen Pathologien (Frühstörungen) im Laufe der vergangenen Jahrzehnte signifikant zugenommen haben und b) die Frühstörungen auf dysfunktionalem Verhalten der frühen elterlichen Objekte beruhen, dann würde daraus logisch folgen, dass c) in den genannten Zeiträumen Eltern immer schlechter geworden beziehungsweise immer mehr Eltern zu schlechten Eltern geworden wären. Ich meine, man darf doch die allergrößten Zweifel daran hegen, ob diese Gleichung die nötige Validität und Plausibilität besitzt, um sie zum Credo einer psychotherapeutischen Krankheitslehre und einem daraus abgeleiteten therapeutischen Handeln zu erheben. Die Argumente, die dagegenstehen, liegen auf der Hand. Zu keiner Zeit ist Kindern mehr Wertschätzung, Aufmerksamkeit und Respekt entgegengebracht worden als in der unsrigen. Zu keiner Zeit war die Sensibilität für die Entwicklungsbedürfnisse des Kindes größer und das Wissen um entwicklungsfördernde bzw. -schädigende Faktoren verbreiteter; zu keiner Zeit wuchsen Kinder emotional und rechtlich geschützter auf (Verbot von Kinderarbeit, Verbot von sexuellen Kontakten mit Kindern, Verbot der Prügelstrafe). Eine Vielzahl neuerer empirischer Studien zusammenfassend, stellt Martin Dornes (2012, S. 241) fest, »dass es zu keiner Zeit der Mehrzahl der Kinder in Deutschland so gut ging wie heute, und zwar in jeder nur denkbaren Hinsicht: in materieller, psychischer, körperlicher, kognitiver und bildungsmäßiger.« In repräsentativen Studien geben 80–90% der befragten 4- bis 29-Jährigen an, mit ihren Eltern zufrieden zu sein (ebd., S. 95). Die seit den 70er Jahren des letzten Jahrhunderts durchgeführten epidemiologischen Studien ergeben »keine belastbaren Indizien für eine Zunahme der Gesamterkrankungsquote bei Kindern und Jugendlichen« (ebd., S. 401). Sie liegt zwischen 15 und 22% (Diagnose-Schwankungen innerhalb dieser Zahlen sind möglich). Das Gleiche gilt im Übrigen – trotz gegenteiliger Verlautbarungen in Medienberichten – für die psychischen Erkrankungen in der Erwachsenenpopulation, für die konstant etwa 15% behandlungsbedürftiger Fälle nachgewiesen werden, darunter an erster Stelle die Angststörungen. Dornes räumt ein: »Die Daten geben keine Verschlechterungsdiagnose her, aber die gefühlte Wirklichkeit widerspricht den Daten« (ebd., S. 427). Aber damit ist genau das hier diskutierte Problem benannt. Denn die »gefühlte Wirklichkeit« könnte sich nach ganz anderen Faktoren bemessen als der klinischen Faktizität.

## Soziokulturelle Faktoren der Pathogenese

Die begründeten Zweifel daran, dass die Urheberschaft kindlicher Psychopathologie ausschließlich den Eltern zugeschrieben werden kann, dürfen nicht dazu führen, das Schlimme, das immer auch persönlich zu verantworten ist und wovon wir in unserer psychotherapeutischen Arbeit Zeuge werden, in irgendeiner Weise zu verharmlosen. Aber zumindest muss der in einer bestimmten Richtung fixierte Blickwinkel erweitert werden. Eine solche Erweiterung ergibt sich aus den Arbeiten des französischen Kultursoziologen Alain Ehrenberg über *Das erschöpfte Selbst* (2008). Er bezieht sich ganz explizit auf die in der Psychoanalyse seit den 70er Jahren einsetzende paradigmatische Wende in der Theorienbildung vom Konfliktmodell der Neurose zum Defizitmodell der Strukturpathologie. Seine Thesen lassen sich wie folgt zusammenfassen. Die vormals bestehende innere Ausrichtung des Subjektes an kollektiv verbindlichen Normen und Orientierungssystemen, ist in sich zusammengebrochen oder soweit geschwächt, dass sie keine Maßgabe zur individuellen Selbst- und Lebensgestaltung mehr abzugeben vermag. Das Problem der Menschen besteht nicht mehr darin, dass triebhafte Wunschregungen auf den Einspruch eines verbietenden Über-Ichs treffen, weshalb die Individuen überwiegend auch nicht mehr an Konflikten leiden und weniger »klassische« neurotische Symptome entwickeln. Der Verfall »vertikaler« Autorität und normativer Vorgaben hat die Menschen auf sich selbst zurückgeworfen. Es ist ihnen nun aufgetragen, das vormals regelhaft Vorgegebene selbstbestimmt aus sich heraus zu generieren, mit anderen Worten: ein autonomes, eigenverantwortliches Selbst zu sein. An die Stelle eines reglementierenden Über-Ichs ist ein anspruchsvolles Ich-Ideal getreten, das entsprechend den sozioökonomischen Veränderungen ein Höchstmaß an Eigensteuerung, Selbstverantwortung, Flexibilität und individuelle Anpassungs- und Transformationsbereitschaft einfordert. Genau damit ist nun die Aufgabe benannt, mit der die Mehrheit der Menschen nach Ehrenbergs Überzeugung überfordert ist. Sie strengen sich an, aber sie schaffen es nicht – wofür genau die sozioökonomischen Bedingungen verantwortlich sind, die den Menschen diese Anstrengung abverlangen. Sie geraten stattdessen in einen Zustand der Selbsterschöpfung, in dem sie sich abgehängt, chronisch unzulänglich und wegen ihres Scheiterns beschämt fühlen. Der daraus resultierende klinische Endzustand entspricht dem Bild einer narzisstischen Depression, woraus Ehrenberg (ebd.) die seit den 80er Jahren eminent angestiegene

Rate an depressiven und psychosomatischen Erkrankungen in den USA und Westeuropa ableitet.

Nach dem zeitlichen Verlaufsmodell, das den Ausdrucksformen seelischer Pathologien unterlegt wird, müsste das »erschöpfte Selbst« Ehrenbergs zwischen dem neurotisch-gehemmten Selbst der ersten Hälfte des 20. Jahrhunderts und dem beschädigten (traumatisierten) Selbst der Gegenwart zu liegen kommen, entsprechend der Prävalenz der Depression zwischen klassischer Neurose und Persönlichkeitsstörung. Natürlich stellen sich in Bezug auf Ehrenbergs Theorie erneut die bereits diskutierten Fragen: reale Veränderung der Krankheitsbilder und deren Ätiologie oder Veränderung der Perspektive, unter der wir beides sehen. Ehrenberg (ebd.) bevorzugt offensichtlich eine »realistische« Deutung. Aber auch hier sollte man die bereitliegenden Einwände nicht übersehen und sich beispielsweise die Rate der Erschöpfungserkrankungen um die Wende vom 19. zum 20. Jahrhundert vor Augen führen. Sie sind unter dem Namen »Neurasthenie« in die Geschichte von Psychoanalyse und Psychiatrie eingegangen, und schätzungsweise ein Fünftel der Bevölkerung war von dieser Diagnose betroffen. Dornes (2012, S. 386) bemerkt hierzu: »Wer also heute bei einer unklaren Anzahl von Burnout-Leidenden und 7 % Depressiven die ›Müdigkeitsgesellschaft‹ heraufziehen sieht, sollte sich klarmachen, dass offenkundig immer ein relativ konstanter Anteil der Bevölkerung müde und erschöpft ist.«

Auch bleibt Ehrenberg die Antwort schuldig, wie sich die fraglichen gesellschaftlich-sozioökonomischen Umwälzungen in konkretes individuelles Verhalten, zum Beispiel Elternverhalten, übersetzen. Aber auch wenn wir dies nicht genau wissen, könnte uns ein Beitrag wie der Ehrenbergs (2008) zu etwas mehr Nachsicht in der Zeichnung elterlicher Pathologien verhelfen, und das nicht nur bei der Abfassung von Psychotherapieanträgen. Das »Nicht-gut-genug-Sein« einer Mutter müsste nicht unbedingt auf eine schwere narzisstische Pathologie zurückzuführen sein, die ihrerseits wieder auf elterliches Versagen der vorausgegangenen Generation verweisen würde. Es könnte daran liegen, dass sie es, versorgt mit der neuesten Ratgeber-Information und belehrt von ExpertInnen unterschiedlichster Couleur besonders gut machen will, besser als die eigene Mutter es gemacht hat, und vielleicht gerade deswegen vorwiegend mit sich selbst befasst ist. Sicher hat sie damit ein narzisstisches Problem. Aber sie scheitert – wenn wir Berufstätigkeit, schwierige Beziehungssituation und die üblichen Alltagsprobleme noch hinzunehmen – an einer Überforderung, die nicht nur mit den Defizit-Erfahrungen ihrer persönlichen Kindheitsgeschichte, sondern mit sozialen und psychologischen Effizienz- und Optimierungszwängen ihrer gesellschaftlichen Umgebung zusammenhängt.

## Schlussfolgerungen

Hinter dem beschädigten Selbst der Gegenwart verbirgt sich eine psychologische Wahrheit, aber diese Wahrheit liegt nicht unbedingt da, wo man sie *prima facie* vermutet. Die empirischen Daten lassen, soweit verfügbar, keine eindeutigen Schlüsse auf signifikante Veränderungen innerhalb der psychopathologischen Morbidität zu. Ich habe die Fokusverschiebung vom neurotischen zum Defizitmodell psychischer Störungen stattdessen mit einem kulturellen oder auch archetypisch zu verstehenden Dispositiv in Verbindung gebracht, das seit dem ausgehenden 20. Jahrhundert nicht nur die psychologischen, sondern auch die gesellschaftlich-politischen Diskurse zu prägen begann. Es ist das Dispositiv der zunehmenden Gefährdung und fortschreitenden Zerstörung des Lebens – einschließlich der Generativität, Erneuerungs- und Zukunftsfähigkeit, womit nicht nur die natürlichen Lebenserscheinungen gemeint sind. In psychologischer Sicht lässt sich dieses Dispositiv metaphorisch in die Imago des in seiner Seinsweise durch elementare Gewalten »strukturell« bedrohten, beschädigten und traumatisierten Kindes übersetzen. Die Ursachen der Gefährdung stehen in engem Zusammenhang mit der seit dem angegebenen Zeitraum beschleunigt sich ausbreitenden und alle Lebensbereiche durchdringenden Effizienz- und Optimierungsideologie, die ihrerseits von den atemberaubenden Fortschritten der digitalen Technologie und den Erfolgsmeldungen einer deregulierten globalisierten Ökonomie genährt wird. Das beschädigte, traumatisierte Subjekt verkörpert gewissermaßen die Rückseite dieser Ideologie, insofern es ein Bild der Erfolglosigkeit, des Scheiterns, der Ineffizienz und der Ohnmacht abgibt. Dieser ohnmächtige, untaugliche, ineffiziente, ja »überflüssige« – weil den Anforderungen des »Marktes« nicht gewachsene – Mensch steht im unbewussten Hintergrund aktueller psychotherapeutischer Theoriebildungen und ebensolchen professionellen Handelns. Dieser trägt dazu bei, dass eine seelische Problematik, die man in früheren Zeiten als »konfliktneurotisch« deutete – und unter veränderter Perspektive auch heute noch so deuten könnte –, eher unter der strukturpathologischen Brille betrachtet wird. Wir sehen heute den

Menschen bevorzugt als Erleidenden, als im Zustand der Abhängigkeit und Hilflosigkeit Misshandelten, als Opfer von Verhältnissen, in die er sich geworfen vorfindet, und auf die er kaum Einfluss zu nehmen vermag, also als das genaue Gegenteil vom propagierten selbstoptimierten, autonom über sich verfügenden Menschen. Wir stehen unter dem Paradigma oder auch Bann des beschädigten, traumatisierten Subjektes, in dessen innerem Zentrum dem Kind ein unheilvolles Schicksal widerfährt. Menschen mit schweren strukturellen Beeinträchtigungen hat es meiner nicht sicher gestützten Überzeugung nach immer schon gegeben, aber wir behandeln aus unterschiedlichsten Gründen von ihnen signifikant mehr als früher. Daneben werden vielfach ohne zwingende Notwendigkeit PatientInnen als strukturell gestört diagnostiziert, um sie als solche behandeln zu können. Das Letztgenannte stellt ein ernsthaftes Problem dar – Aber ein womöglich noch viel größeres Problem besteht darin, dass in die Therapie der Früh- und Persönlichkeitsstörungen, die ja einen enormen therapeutischen Eifer zu entfachen scheinen, genau die technischen Effizienz- und Optimierungsstandards eingedrungen sind, die wir als Symptome der eigentlichen »Zeitkrankheit« identifiziert haben. Die Psychotherapie ist über weite Strecken selbst von diesem Virus befallen. Nie war die Psychoanalyse technik- und erfolgsversessener als in der Behandlung der ich-strukturellen Störungen, also dort, wo die Ziele überwiegend ganz bescheiden ausfallen müssten und wo es oftmals auf etwas ganz anderes ankommen sollte als die richtige Technik: auf eine veränderte, das heißt angepasste therapeutische Haltung nämlich. Ich habe diese Problematik anderenorts einer ausführlichen Kritik unterzogen, gerade auch im Hinblick auf die unrealistischen Ambitionen und Zielsetzungen, die in manchen der neueren behandlungstechnischen Konzepte anzutreffen sind (Lesmeister, 2017, S. 161ff.). Sie erzeugen dort, wo sie in der psychotherapeutisch-psychoanalytischen Praxis gläubig umgesetzt werden, nicht selten Situationen, die an Becketts *Warten auf Godot* erinnern. TherapeutInnen wissen im Grunde, dass die Fortsetzung ihrer Anstrengungen nicht zu den erhofften Erfolgen führen wird. Aber sie verleugnen dieses Wissen eines Anspruchs wegen, an dem sie aus Gründen einer Theoriegebundenheit oder Schulzugehörigkeit glauben festhalten zu müssen. Auswege aus dieser Sackgasse ergeben sich nach zwei Richtungen, was hier nur angedeutet werden kann: Zum einen käme es darauf an, die strukturpathologische Brille als »Brille« zu erkennen und diese dort abzulegen, wo die Problematik der PatientInnen durchaus auch in einer Weise verstanden werden könnte, die größeren therapeutischen

Einfallsreichtum zuließe. Zum anderen erscheint es mir unabdingbar, dort, wo tatsächlich schwere und schwerste strukturpathologische Beeinträchtigungen vorliegen, von allen Manualen des *furor sanandi* abzulassen und einer Haltung den Vorzug zu geben, wie sie im therapeutischen Umgang mit behinderten Menschen seit Langem praktiziert wird und sich bewährt hat. In beiden Fällen würde man dem vielbeschworenen »inneren Kind« besser gerecht. Dies würde jedoch bedeuten, den Mut zu einer therapeutischen Einstellung aufzubringen, die den irreparablen Mangel akzeptiert, ohne dabei an Bereitschaft einzubüßen, das therapeutisch Bestmögliche zu tun. Unter einer erweiterten Perspektive bestünde die Herausforderung darin, zur Anerkennung einer durch unvermeidliche Einschränkungen veränderten Normalität zu gelangen, vielleicht ähnlich der, wie sie sich derzeit unter der weltweiten und vermutlich nicht nur passageren Präsenz des Coronavirus abzeichnet.

## Der Hiob-Komplex

Ich bin in meinen bisherigen Untersuchungen davon ausgegangen, dass sich der Kernkomplex, der dem zeittypischen Paradigma des beschädigten Selbst zugrunde liegt, im Bild des existenziellen Bedrohungen ausgesetzten und verwundbaren Kindes finden lässt. Aber natürlich bedarf es nur eines leichten Perspektivenwechsels, um zu einer weiteren Metapher zu gelangen, die das zentrale Merkmal der unverschuldeten Beschädigung bewahrt und zugleich einige andere Aspekte des Phänomens stärker in den Vordergrund rückt. Auf diese Weise erscheint es mir möglich, das Bild des leidenden und in der Kontinuität des Seins bedrohten Kindes durch das einer Figur zu ersetzen, deren Schicksal das Denken seit Jahrhunderten nicht zur Ruhe kommen lässt und immer wieder erneut zu Versuchen des Begreifens herausfordert: Es ist die Rede von der Figur des biblischen Hiob. Das Paradigma des beschädigten Selbst kann daher, so meine These, auch als Ausdrucksform eines Hiob-Syndroms oder Hiob-Komplexes verstanden werden. Möglich ist dies, weil Hiob das Inbild eines absolut depravierten Subjektes abgibt, eines bis auf seine pure Kreatürlichkeit reduzierten Selbst, dem vorderhand keinerlei Schuld an seinem von Gott zugefügten Leiden zugesprochen werden kann.

Bekanntlich existieren sehr viele Deutungen der Hiob-Erzählung, theologische, philosophische, psychologische, und es kommen immer noch neue hinzu. Diese Deutungen unterscheiden sich nicht nur, aber wesentlich im Hinblick darauf, wie die jeweiligen Autoren den Ausgang des Dramas beurteilen – mit anderen Worten also, wie der geschundene Hiob aus dem Zweikampf, denn um einen solchen handelt es sich, mit seinem ungleichen Gegner Jahwe hervorgeht, wie er am Ende dasteht und welche Lehren wir gegebenenfalls aus diesem Ende zu ziehen hätten. Ein solches Resümee erweist sich als schwierig, weil Hiob seinen Part mit einem vieldeutigen Schweigen beendet: Er legt die Hand auf den Mund. So bleibt den interpretatorischen Projektionen breiter Spielraum. Der kritische Marxist Ernst Bloch (1968, S. 155ff.) konstatiert enttäuscht, der gequälte Rebell sei vor seinem obersten Herrn, von dem er nur Willkür, Unrecht und Verständnislosigkeit erfahren habe, bedauerlicherweise letztlich doch eingeknickt. Jung (1988 [1952]), der das Hiob-Drama in eine grandiose religionspsychologische Heilsgeschichte einordnet, deutet das finale Verstummen Hiobs als das Schweigen des Klügeren, der dem Machtgebaren seines Kontrahenten zwar nichts entgegenzusetzen hat, diesen aber auf seine nur schlecht kompensierten Charakterschwächen hin durchschaut. Für Jung zeigt sich der Mensch Hiob seinem Gott in moralischer Hinsicht überlegen und »voraus«. Dieser Gott wird in Zukunft nachbessern und das heißt psychologisch reifen und Wiedergutmachung leisten müssen. Andere und hier nicht näher zu erörternde Positionen plädieren dafür, in Hiobs Nachgeben nicht das Zeichen einer Niederlage, sondern die Haltung gelassener Akzeptanz angesichts übermächtiger und undurchschaubarer Schicksalszusammenhänge zu erkennen.

Worin sich aber die meisten ExegetInnen gleich welcher Provenienz einig sind, ist dies: dass es sich hier um eine böse Geschichte, ein »starkes Stück« handelt, das damit beginnt, dass sich Gott von Satan zu einer Wette verführen lässt. Die Idee dieser Wette ist infam, weil sie auf dem Rücken Hiobs ausgetragen wird und ausschließlich dazu dient, Gottes Großartigkeit unter Beweis zu stellen. Unter dem Vorwand, seinen anerkanntermaßen treusten Diener zu prüfen und ein Exempel für Glaubensfestigkeit zu statuieren, liefert er sein Geschöpf den Machenschaften des Widersachers aus. Da gibt es nichts schönzureden. Es geht ihm bei diesem Teufelspakt gegen den Menschen einzig um sich selbst und darum, seinen absoluten Liebesanspruch bewahrheitet zu sehen. Er verhält sich wie ein Vater, der sein Kind unendlichen Qualen aussetzt nur der Genugtuung wegen, dass es trotz alledem nicht vom Glauben an ihn abfällt. Auf tiefenpsychologischer Analyseebene hat Jung (1988 [1952]) diesen Missbrauchsaspekt schärfer und konsequenter als jeder andere herausgearbeitet. Zieht man die Schrauben der Diagnose noch etwas an, dann ist zu sagen: Hiob ist ein Terroropfer. Opfer eines im narzisstischen Größenwahn gefangenen und sadistisch enthemmten, göttlichen Täters.

Natürlich stellt sich unter psychoanalytischen Gesichtspunkten die Frage, um wen oder was es sich bei diesem »Täter-Objekt« eigentlich handelt. Um uns die Beantwortung dieser reichlich schwierigen Frage zu erleichtern, könnten wir dieses Objekt zunächst einmal depersonifizieren. Wir könnten von einer gegenüber dem Menschen gleichgültigen, amoralischen Natur und von unserem Geworfensein in diese sprechen. Die Natur will nichts vom Menschen. Ihr liegt nichts an ihm, und sie geht, wo es sein muss, über ihn hinweg. Sie deswegen böse oder sadistisch zu nennen, wäre ein Anthropomorphismus. Etwas Ähnliches gilt vom Geworfensein. Das existenzphilosophische Konzept beinhaltet eine Vorstellung von Kontingenz, das heißt von Zufälligkeit, Beliebigkeit: Alles was ist, könnte genauso gut anders sein. Die Kontingenz der Weltverhältnisse, jedenfalls mancher Weltverhältnisse, kann als grausam und vernichtend erlebt werden, als Inbegriff des Sinnlosen, Nichtigen, ja Bösen. Aber auch diese Deutungen der Kontingenz wären menschengemacht. Und sie würden überdies der Komplexität des Hiob-Geschehens nicht gerecht, insbesondere nicht der in diesem Geschehen waltenden Intentionalität und dem spezifischen Begehren der Beteiligten. Denn Gott will etwas vom Menschen Hiob, nämlich ihn prüfen und von ihm geliebt werden. Und Hiob auf der anderen Seite will von seinem Gott respektiert und verstanden werden. Auch ist dessen Gebaren gegenüber Hiob nicht planlos oder unberechenbar mal so, mal so. Es ist konsistent – und zwar konsistent niedermachend – bis zum Ende, das einen reichlich unwahrscheinlichen Umschwung bringt.

Die Gläubigkeit des jüdisch-religiösen Menschen schließt die Bereitschaft ein, mit Gott zu leben, so wie er nun einmal ist. Aus anderen Dokumenten der hebräischen Bibel kennt sie dessen Reizbarkeit, Zorn und Gewaltbereitschaft zur Genüge. Die christlich Gläubigen hingegen werden sich schwertun mit einem Vatergott, der im Gegensatz zur Botschaft der Evangelien keinesfalls dem Bild des nur guten und liebenden Gottes entspricht. Jung, der in seiner Hiob-Schrift dem Christentum eine zukunftsfähige Perspektive aufzeigen möchte, hat einen psychologischen Ausweg gefunden, der ihm von zuständiger Seite allerdings nicht das erhoffte Verständnis eingebracht hat. Er verlegt zum einen den Gott der Theologen ins Innere der Psyche, wo er nun als archetypische Macht residiert, die wie alles

Archetypische von ambivalenter Natur ist. Mit der Zwiespältigkeit dieses aus der metaphysischen Transzendenz zur psychischen Objektivität herabgestiegenen Gottes hat der Mensch in jedem Fall zu rechnen: »*Gott kann geliebt und muss gefürchtet werden.*« (Jung, 1988 [1952], S. 452). Zum anderen macht Jung aus dem biblischen Schöpfergott einen »god in progress«. Implizit angelehnt an Friedrich W.J. Schellings (1988 [1809]) religionsphilosophische Konzeption des Bösen, bescheinigt er diesem Gott, der noch nicht ganz »*Er selbst ist*« (ebd., S. 54), ein Entwicklungs-, ja Individuationspotenzial, das – nun anders als bei Schelling – auf eine Vereinigung der inneren Gegensatznatur hinausläuft und folglich auf Milderung seiner Egozentrik, Impulsivität und Grausamkeit hoffen lässt.

Will man an der Deutung Jahwes als innerpsychischer Instanz festhalten und gleichzeitig die bei Jung unverkennbaren Anklänge an »Psycho-Theologie« vermeiden, bleibt im Prinzip nur der Ansatz, den »Schrecken Gottes« (Kermani, 2005) als Projektion menschlicher Abgründe zu erklären, als menschengemachte Bösartigkeit und Bedrohung, vor denen keiner sicher ist. Ronald Britton hat diesen psychodynamischen Weg eingeschlagen und Hiobs Gott als bösartiges Über-Ich-Introjekt interpretiert, das mit dem hilflos ausgelieferten Hiob-Ich sein grausames Spiel treibt (Britton, 2006). Ebenso gut könnte man John Steiners (1999) Konzept der pathologischen Persönlichkeitsorganisation heranziehen, die kurz gefasst darin besteht, dass sich das Ich auf der inneren Bühne einem mächtigen Bündnis gegenübersieht, das ein scheinbar gutes, Liebe und Schutz versprechendes Objekt mit einem pervers-sadistischen Verfolger-Objekt eingegangen ist. Diese Konstellation würde ziemlich genau dem Pakt zwischen Gott und Satan entsprechen, und sie würde darüber hinaus verständlich machen, weshalb der chancenlose Hiob bis zuletzt die Hoffnung auf und den Glauben an seinen Gott, an dessen »eigentliche« Güte und Gerechtigkeit nicht aufgibt.

Das Hiob-Schicksal lässt Deutungen auf einer äußeren wie innerpsychischen Geschehensebene zu. Das Zerstörungswerk, das an Hiob vollzogen wird, könnte sich so auch in den Folterkammern eines autoritären Regimes oder den Vernichtungslagern der Nazis ereignet haben. Hiobs Leiden sind die einer systematischen Dehumanisierung, und was ihm die Kraft gibt, dieser vergleichsweise erfolgreich standzuhalten, ist paradoxerweise die feste Überzeugung, dass sein »Erlöser lebt«. So etwas ist denen, die Unrecht, Erniedrigung und sadistische Gewalt in »biblischen« Ausmaßen zu ertragen hatten, wohl nur in Ausnahmefällen gelungen. Sowohl Jungs archetypische wie Brittons psychodynamische Deutung verweisen darauf, dass der Angreifer auch im seelischen Innenraum seine Machenschaften entfaltet:sei es in Gestalt eines von malignem Narzissmus imprägnierten sadistisch-perversen Über-Ichs oder einer ich-fremden, aber der Psyche doch zugehörigen Bösartigkeit, deren wahre Ursprünge für uns noch im Dunkeln liegen. Dass die Beschädigungen des Selbst, die uns heute klinisch als ich-strukturelle und traumatisch bedingte Defizitsyndrome vor Augen treten oder als solche diagnostiziert werden, in hohem Maße auf internen Zerstörungs- und Dehumanisierungsprozessen beruhen – solchen also, die im Hiob-Drama eine zeitlose Symbolisierung gefunden haben –, spricht für die Aktualität dieser Überlieferung.

Unabhängig von der jeweils bevorzugten Interpretationsebene lässt sich resümieren: Der biblische Hiob bleibt bis in die Gegenwart hinein eine Imago des beschädigten Selbst, eine Ikone des Mangels, die hinter den Erfolgskonzepten und Optimierungsprogrammen des guten Lebens eine beunruhigende Wirkung entfaltet. Unzweifelhaft verkörpert er grenzenlose Verwundbarkeit und Schutzlosigkeit des Daseins. Grausamen Misshandlungen ausgesetzt und von allen guten Mächten verlassen, repräsentiert er das traumatisierte Selbst im Zustand des bevorstehenden Zusammenbruchs, den Moment, in dem die Kontinuität des Sein-Erlebens endgültig zu zerreißen droht. Das einzige, was am Ende Anlass zur Hoffnung gibt, ist Hiobs bessere Einsicht, die »leise Stimme des Intellekts«, wie man mit Freud sagen dürfte, die jedoch fürs erste ungehört, unwirksam verhallt. Die grandiose Wiedergutmachung, die dem Leidensmann dem biblischen Bericht zufolge widerfährt, wird jedenfalls von den meisten ExegetInnen für einen späteren Zusatz gehalten. Ob es dem gelingt, den aufgerissenen Abgrund zuzuschütten, bleibt mehr als fraglich.

## Das Problem der Wiedergutmachung

Das Paradigma des beschädigten Selbst ist zwangsläufig und untrennbar verbunden mit dem Problem der Wiedergutmachung. Dort, wo eine traumatisierende Einwirkung auf das Subjekt stattgefunden hat, entsteht wie von selbst der Wunsch nach und die Hoffnung auf eine Form der Heilung, die von partieller Reparation bis zur vollständigen *Restitutio ad Integrum* reichen kann. Verständlicherweise fallen Verlangen und Hoffnung in dieser Richtung besonders nachhaltig aus, wenn es sich um psychische Beeinträchtigung in einer Lebensphase handelt, in der das Subjekt abhängig und für sich alleine wehrlos negativen Einflüssen einer personalen Umwelt ausgesetzt ist, die das Subjekt sich nicht ausgesucht und die es nicht zu verantworten hat – womit Verhältnisse angesprochen sind, wie sie während der frühen und frühesten Phasen der Kindheitsentwicklung vorliegen. Da wir die Pathogenese schwerer psychischer Entwicklungsstörungen nach heute verbreiteter Auffassung in einem primären psychologischen Umweltversagen verorten, ist es nicht weiter erstaunlich, dass sich Wiedergutmachungswünsche und die daran gebundenen Heilungserwartungen besonders bei solchen PatientInnen zeigen, deren psychische Beeinträchtigung mit der einen oder anderen Akzentuierung dem Bild einer Frühstörung entspricht.

Um keine Missverständnisse entstehen zu lassen, muss der Begriff der Wiedergutmachung nach zwei Richtungen differenziert werden: Wir haben eine Wiedergutmachung im Hinblick auf die Objekte zu unterschieden von einer solchen im Hinblick auf das Selbst. Das Bedürfnis nach Wiedergutmachung an den Objekten (der Elternrepräsentanzen, des Anderen) ist ein zentraler Bestandteil des auf Melanie Klein (dazu Volk, 2002) zurückgehenden Konzeptes der depressiven Position. Das Bedürfnis nach Wiedergutmachung am Objekt entsteht nach Klein bereits im Säuglings- und Kleinkindesalter, und zwar dadurch, dass sich das Kind als Ursprungsort von Aggression und Destruktivität erlebt und daher die selbstverschuldete Beschädigung des guten Objektes, letztlich dessen Zerstörung und Verlust befürchten muss. In Verbindung mit Gefühlen der Sorge und Reue geht das Wiedergutmachungsbedürfnis in die Über-Ich-Bildung ein und wird so zu einer wichtigen Triebkraft der moralischen Regulation des Individuums (Britton, 2001, S. 47–60).

Vollkommen anders liegen die Dinge, wenn sich die Widergutmachung als Forderung des Selbst an die Objekte richtet. Nicht die Folgen, die die Aggression des Selbst an den Objekten hinterlassen hat, sollen ausgeglichen werden. Das beschädigte Selbst stellt vielmehr den Anspruch an die Objekte, für den durch sie verursachten Schaden am Selbst in der einen oder anderen Weise aufzukommen. In der klinischen Praxis erweist sich der therapeutische Umgang mit der manchmal bewusst artikulierten, in anderen Fällen eher unbewusst wirksamen Widergutmachungsforderung häufig als schwierig und frustrierend. Dafür lassen sich mehrere Gründe anführen. Die Rede ist hier nicht von dem im therapeutischen Prozess notwendigen Bewusstwerden und Durchleben von Gefühlen der Aggression, Wut und Enttäuschung angesichts dessen, was das Ich im Verlaufe seiner

Geschichte – insbesondere seiner anfänglichen und frühen – erlitten hat; von Gefühlen, die meist neben anderen der Liebe, Nachsicht und Dankbarkeit bestanden und von diesen verdeckt wurden. Im günstigen Fall ist es möglich, die beiden Gefühlsrichtungen in einer »gesunden« Ambivalenz zu vereinen und sich von der Erwartung zu verabschieden, dass das Selbst noch ein Anrecht darauf hätte, für den erlittenen Mangel entschädigt zu werden, und zwar entweder genau von denen, die ihn einstmals verursacht haben oder von deren Stellvertretern in der Übertragung. Während unter günstigen Voraussetzungen die Ablösung von diesem Verlangen möglich ist, erweist sich im hier problematisierten Fall die innere Konstellation in der Weise fixiert, dass an der Mangelerfahrung festgehalten und auf Wiedergutmachung gleichsam insistiert wird, was zur Herausbildung einer seelischen Grundverfassung führt, die von chronischem Vorwurf und Groll gegenüber den für schuldig und untauglich gehaltenen Objekten gekennzeichnet ist. Dieser gewissermaßen vergiftete und therapeutisch schwer auflösbare seelische Stagnationszustand ist von Leon Wurmser (1987, S. 59ff.) in eindrucksvoller Weise unter dem Begriff des Ressentiments beschrieben worden.

Wenn man sich nun fragt, was für die Resistenz der im Ressentiment verwurzelten Wiedergutmachungsforderung verantwortlich zu machen ist, so kommen im Wesentlichen zwei Faktoren in Betracht:

Der erste und wichtigere Grund liegt im Fortbestehen schwerer Aggression gegen die primären Objekte und im Weiteren gegen deren Stellvertreter, wobei man genauer von »sedimentiertem Hass« sprechen müsste. Die das gesamte Seelenleben durchziehende Negativität macht sich darin bemerkbar, dass die PatientInnen, die unnachgiebig nach dem rettenden Guten verlangen, das Gute, dass ihnen in der Therapie zuteilwird, meist nicht annehmen und für sich nutzen können. Sie stoßen es förmlich von sich ab. Obgleich diese Abstoßung auch durch tiefe Wertlosigkeits- und Schuldgefühle verursacht sein kann, erwecken viele dieser PatientInnen doch den Anschein, als sei ihre Wiedergutmachungsforderung eine Falle des Scheiterns, mit der sie sich an den versagenden Objekten rächen.

Der zweite Grund für häufig geringe Beeinflussbarkeit von Ressentiment und Wiedergutmachungsforderung hat mit der Aufrechterhaltung einer illusionären Hoffnung zu tun. Zwar trifft es zu, dass die innere Welt zahlreicher Menschen mit schweren und strukturell bedingten psychischen Beeinträchtigungen von Hoffnungslosigkeit gekennzeichnet ist. Übersehen wird dabei jedoch leicht, dass es auch eine Spielart »maligner«

Hoffnung gibt: die Hoffnung darauf, dass vonseiten der Objekte etwas Außerordentliches geschehen müsste und könnte, was ihrem Leid ein Ende bereiten würde. Die innere Haltung ist die des passiven Wartens auf ein erlösendes Ereignis, das in der wundersamen Verwandlung der »schlechten«, versagenden und schädigenden Objekte in »gute« und wohltätige bestünde (vgl. Wurmser, 1999). Diese Deutung lässt sich an einem literarischen Stoff illustrieren, der an früherer Stelle schon einmal herangezogen wurde. Es handelt sich um eine Interpretation von Samuel Becketts *Warten auf Godot*, die sich bei Günther Anders (1992 [1956], S. 215ff.) findet. Er meint, dass Becketts Stück von der Unfähigkeit handelt, eine objektiv nihilistische Situation in vollem Umfang anzuerkennen. Becketts traurig-komische Gestalten warten – nicht, weil sie tatsächlich die Hoffnung hätten, dass Godot noch kommt. In Wahrheit wissen sie, dass es Godot nicht gibt, aber sie warten, um sich diese Wahrheit mit allen dazu gehörenden Konsequenzen nicht eingestehen zu müssen. Für den beschriebenen Typus der Borderline-PatientInnen könnte Ähnliches gelten: Im Grunde haben sie die Hoffnung auf Existenz und Ankunft »guter« Objekte aufgegeben. Ihr sinnloses Warten dient einzig der Verleugnung dieser Tatsache.

Bis hierhin lässt sich festhalten, dass die in der beschriebenen Weise fixierte Wiedergutmachungsforderung zu den mächtigsten Widerständen gehört, die sich der analytisch-psychotherapeutischen Arbeit entgegenstellen. Die innere Konstellation wird zur therapeutischen Sackgasse, weil die PatientInnen sich weigern – die Weigerung hat bewusste und unbewusste Komponenten –, Verantwortung auch für die leidvollen Anteile ihres Lebensschicksals zu übernehmen und aktiv nicht an der Transformation der Objekte, sondern ihrer selbst zu arbeiten. Dennoch muss noch einmal die Frage gestellt werden, warum sie das eigentlich tun sollten. Können sie nicht berechtigtes Verständnis dafür erwarten, dass diejenigen, die ihnen im Zustand kindlicher Unschuld und Hilflosigkeit Schmerz zugefügt oder das durchschnittlich zu Erwartende an Liebe, Zuwendung und Pflege vorenthalten haben, nun endlich Verantwortung in der Weise übernehmen, dass sie ihre Schuld bekennen, ihre Versäumnisse bedauern und sich zu einer Form von spätem Ausgleich durchringen? Wie sollten PatientInnen im Nachhinein Verantwortung übernehmen für ein Geschehen, für das sie zum Zeitpunkt seines Stattfindens in keiner Weise verantwortlich sein konnten? Man darf es sich mit dieser Frage nicht zu leicht machen. Das Einzige, was man dem Subjekt, das sich in solcher Lage befindet, nach allgemeinem Dafürhalten zumuten dürfte, ist doch eigentlich nur die Einsicht in die Sinnlosigkeit des Unterfangens: Sinnlos insofern, als die realen Elternobjekte, um die es sich dabei meist handelt, entweder nicht mehr leben oder keinerlei Veranlassung sehen, dem Wiedergutmachungsverlangen zu entsprechen; und sinnlos schließlich auch, weil die denkbaren Ersatzobjekte keine Bereitschaft zeigen, sich für die Verfehlungen Anderer, mit denen sie meist nicht das Geringste zu tun haben, in die Pflicht nehmen zu lassen. Die PatientInnen haben in der Regel die Erfahrung hinter sich, dass sich die Ersatzobjekte – Partner, Freunde, Institutionen – ihrem Anspruch entziehen. Damit kommen sie in die Behandlung und wenden sich in der Übertragung an ein besonders ausgezeichnetes Ersatzobjekt, in dem sich die Widergutmachungswünsche wie unter einem Brennglas vereinen und verdichten.

Mit Rückgriff auf Konzepte, die der Daseinsanalytik Martin Heideggers (dazu Holzhey-Kunz, 2001, S. 79ff.) entstammen, könnte man die Wiedergutmachungsforderung, von der hier die Rede ist, als Weigerung verstehen, das Geworfensein des je individuellen Daseins anzuerkennen. Das Geworfensein betrifft die Faktizität des Lebens, also diejenigen Umstände und Verhältnisse, die das Subjekt als von seiner Wahl und Entscheidung unabhängig vorfindet und über die es nicht verfügt. Dazu gehören insbesondere die Verhältnisse, die mit der Geburt gegeben sind, aber auch solche, denen das Subjekt im Laufe seines weiteren Lebensweges begegnet, ohne auf deren Gegeben-Sein oder Nicht-gegeben-Sein Einfluss zu haben. Die Tatsache des Geworfenseins entspricht, psychologisch betrachtet, einem passiven Erleiden, einem Hinnehmen-Müssen im Zustand der Machtlosigkeit. Ihr gegenüber steht die Befähigung des Subjektes zum Entwurf, das heißt die Fähigkeit, die eigenen Lebensvollzüge auf Möglichkeiten des Sein-Könnens in die Zukunft hinein antizipierend zu planen. Der Entwurf repräsentiert demnach die aktiv gestalterische Potenz des Daseins, dessen Existenzialität – womit im Gegensatz zur Faktizität des Geworfenseins die freie Selbstbestimmung des Menschen gemeint ist. Dabei gilt jedoch, dass der Entwurfscharakter des Daseins wiederum immer an dessen Geworfensein gebunden ist, an eine mehr oder weniger kontingente Grundlage also, die für sich genommen der Existenz vorausgeht. In einer sprachlichen Zusammenführung beider Aspekte spricht man daher vom »geworfenen Entwurf«. Dieser gelingt unter der Voraussetzung, dass die geworfenen Aspekte des Daseins anerkannt und mit in den Entwurf übernommen werden, was in psychologischer Terminologie nichts anders heißt, als das im Zustand der Machtlosigkeit Erlittene als zum eigenen Dasein gehörig anzuerkennen und in den darauf aufbauenden Lebensentwurf zu integrieren.

Das umrisshaft dargestellte Verhältnis von Geworfensein und Entwurf lässt den klinisch interessanten und in der psychotherapeutischen Praxis nicht selten bestätigten Schluss zu, dass die an der Wiedergutmachungsforderung fixierten PatientInnen nicht nur nicht bereit oder in der Lage sind, das Erlittene und sich in späteren Übertragungszusammenhängen Wiederholende in ihrem Selbst zu integrieren, sondern, dass sie ebenso die allergrößten Schwierigkeiten damit haben, sich selbstschöpferisch in die Zukunft hinein zu entwerfen, Möglichkeiten ihres Sein-Könnens zu erkunden und mit diesen zu experimentieren. Wartend in der Vergangenheit gefesselt und jeglicher Aussicht auf eine selbstgestaltete Zukunft beraubt, findet das Leben in einer als unbefriedigend und unproduktiv empfundenen Gegenwart statt.

Auf die Frage, wodurch es gelingen kann, von der Wiedergutmachungsforderung freizukommen, das Gewesene zu akzeptieren und sich den ausstehenden Möglichkeiten des Sein-Könnens zu öffnen, erhält man von Existenzialphilosophie und Psychoanalyse unterschiedliche Antworten: Die Psychoanalyse betont die Notwendigkeit des Abschiednehmens, das heißt die Verarbeitung der erlittenen Verluste – dessen, was keine Möglichkeit des Sein-Könnens gewesen war oder werden konnte – auf dem Wege der Trauer. Es geht dabei also nicht nur um ein nüchternes Anerkennen faktischer Realität, des So-und-nicht-anders-Seins der Eltern, der Lebensbedingungen der Kindheit, des genetischen Erbes und dergleichen, sondern um die emotionale Ablösung, die »Verwindung« von Wünschen und Erwartungen bewusster und unbewusster Art, die nie in Erfüllung gegangen sind, weil sie entweder die Existenz idealer Objekte oder gänzlich anderer Umwelten zu ihrer Realisierung vorausgesetzt hätten. Existenzialistische Denker wie Martin Heidegger und in dessen Nachfolge Jean-Paul Sartre oder Albert Camus setzen hingegen auf einen voluntaristischen Akt der Selbstermächtigung. Die Übernahme der Momente des Geworfenseins erfolgt bei Heidegger auf der Basis einer Entschlossenheit, die im Gewahrsein der Endlichkeit den Durchbruch zur Eigentlichkeit des Daseins anstrebt und die damit verbundene Angst auszuhalten aufgibt. Der Akt der Selbstermächtigung, der passiv Erlittenes in aktives Handeln, schicksalhaft Auferlegtes in Eigenschöpfung umwandelt, findet sich prägnant in Camus' Sisyphos-Deutung ausgedrückt: Sisyphos, von Zeus zum ewigen ergebnislosen Steinwälzen verurteilt, emanzipiert sich in gewisser Weise von seinem

Geworfensein, indem er den Stein zu seiner eigenen Sache macht, weshalb wir ihn uns, so Camus (1983 [1942], S. 101), am Ende als einen glücklichen Menschen vorzustellen haben. Wir sehen hier, wie die PsychoanalytikerInnen der allgemeinen Ausrichtung ihres Denkens gemäß dem regressiven Verfahren den Vorzug geben, während Existenzialphilosophen einen eher willensmäßig gesteuerten, progressiven Ansatz verfolgen, der einen heroischen Grundzug aufweist. Man kann sich durchaus vorstellen, dass sich beide Ansätze in der therapeutisch-analytischen Praxis nicht ausschließen, sondern sinnvoll ergänzen. Regressive Verlustverarbeitung ist unerlässlich, um den emotionalen Boden für eine seelische Transformation zu bereiten. Die Vorstellung, dass aus diesem Schritt gewissermaßen wie von selbst eine progressive Bewegung zum Neubeginn hervorgehen könnte, erweist sich jedoch allzu oft als therapeutische Fiktion. Um dem Entwurf zur Realisierung zu verhelfen, ist der zusätzliche Einsatz aktiver Ich- und Willensleistungen erforderlich.

Am Horizont meiner Fragestellungen taucht erneut das Bild Hiobs auf, das Bild des Leidensmannes, der nach Bekunden aller frei von Schuld war. Die Dramaturgie der biblischen Erzählung lässt keinen Zweifel daran, dass die Zumutungen, die Hiob vonseiten seines Gottes hinzunehmen hat, mitnichten lediglich ein Lehrstück dafür bieten, was ein Mensch unter kontingenten Weltverhältnissen nun einmal auszuhalten hat. Sie entlarven diesen Gott vielmehr als narzisstisch verblendeten und aggressiv enthemmten Täter, dem es von Anfang an nur um sich selbst geht. Er benutzt Hiob und dessen Glaubensfestigkeit als Mittel, um die eigene Größe und Glaubwürdigkeit unter Beweis zu stellen. Hiobs Geworfensein, das Gott in fürchterlichen Heimsuchungen inszeniert, ist nicht einfach unschuldsvolle Faktizität: In ihm waltet vielmehr durchgängig ein »böser Wille«. Dieses Problem des metaphysisch Bösen, das eine der Achsen ausmacht, um die sich das Hiob-Drama dreht, findet in der existenzialphilosophischen Daseinsanalytik Heideggers und seiner Nachfolger überhaupt keine Berücksichtigung – oder genauer gesagt: Es wird der Kontingenz, der Zufälligkeit und damit der Nichtigkeit überantwortet. Kein Zufall ist es sicher, wenn Jung die Hiob-Geschichte als Geschichte einer Wiedergutmachung weitererzählt – keine Wiedergutmachung, die der kluge und bescheidene Hiob eingefordert hätte, sondern die Gott aus später und besserer Einsicht in sein verübtes Unrecht am Menschen leistet. Jungs aufrührerische psycho-theologische Konklusion ist die, dass das göttliche Sohnesopfer, also Christi Tod am Kreuz, die den Ausgleich wiederherstellende »Antwort auf Hiob« sei.

Auch wenn die an die Objekte gerichtete Wiedergutmachungsforderung einen schwer aufzulösenden Widerstand in psychoanalytischen und psychotherapeutischen Behandlungen darstellt, so ist es doch gerade das Paradigma des beschädigten oder traumatisierten Selbst, das dem Wiedergutmachungsverlangen Vorschub leistet, und gewissermaßen einen theoretisch-konzeptionellen Rahmen nicht unbedingt für die Realisierbarkeit dieses Verlangens, aber doch immerhin für dessen psychologische Legitimität abgibt. Je stärker die ätiologischen Theorien der Psychoanalyse den Beitrag des lebensgeschichtlich frühen Umweltversagens in der Genese psychischer Störungen und Fehlentwicklungen gewichten, desto schwieriger wird es in gewisser Weise, von PatientInnen zu erwarten, Verletzungen und Leiden, die ihnen im Zustand höchster Vulnerabilität und Objektabhängigkeit von anderen zugefügt worden sind, ins eigene Selbst zu integrieren, ohne dass ein chronisches Bewusstsein »offener Rechnungen« zurückbleibt. Ich sage damit natürlich nicht, dass eine solche Transformation nicht möglich oder eine diesbezügliche Erwartung unberechtigt wäre. Ich weise lediglich darauf hin, dass die Wiedergutmachungsforderung aus dem Paradigma des beschädigten Selbst mit einem gewissen Maß an psychologischer Konsequenz und Plausibilität hervorgeht, auch wenn mit dem grimmigen Festhalten an ihr seelische Transformation und »Heilung des Selbst« verhindert werden.

An den Nachweis dieses Zusammenhanges kann sich eine letzte Überlegung anschließen: Denn die Frage stellt sich, ob sich nicht viele der unter dem Leitbild des beschädigten Selbst praktizierenden PsychotherapeutInnen unbewusst als »Wiedergutmacher« verstehen, die bis zu einem bestimmten Grade die Schuld der versagenden oder defizitären Primärobjekte auf sich nehmen und – so wie Jahwe dies in Jungs Deutung mit zeitlicher Verzögerung in Bezug auf Hiob oder das Menschengeschlecht überhaupt getan hat – den PatientInnen eine verspätete Entschädigung in Form psychologischer Wiederherstellung zuteilwerden lassen wollen. Ich habe mich in meinem Buch *Begehren, Schuld und Neubeginn* ausgiebig mit diesem Schuldkomplex der AnalytikerInnen befasst (Lesmeister, 2017, S. 77ff.) und im gleichen Zusammenhang mit der Problematik, die sich einstellt, wenn sich die psychotherapeutische Arbeit von der Vorstellung eines »reparenting«, einer »Nachbeelterung« leiten lässt (ebd., S. 130ff.). Unter dieser Perspektive verwandelt sich der therapeutische Beziehungsraum in einen imaginären Ort, an dem unter nun angeblich günstigeren Bedingungen – günstiger insofern, als nun die geschulten TherapeutInnen förderliche Elternfunktionen übernehmen – Teile der Kindheitsentwicklung nachgeholt werden könnten. Zur meist viel zu buchstäblich genommenen Vorstellung vom »inneren Kind« gesellt sich die von der Chance einer »zweiten Kindheit«: ein phantasmatischer Komplex, der untergründig genau die Illusionen nährt, die in der Therapie bearbeitet werden sollen.

# II Das leere Selbst der Gegenwart

## Einleitung

In Juli Zehs Roman *Leere Herzen* (2017, S. 47) spricht die Protagonistin Britta ganz unvermittelt den Satz: »Ich glaube, tief in uns drinnen ist ein Loch [...]. Wir haben keine Ahnung, wer wir sind. Sein wollen. Oder sollen.« Was hat es zu bedeuten, wenn »tief in uns drinnen« ein Loch vorhanden ist? Heißt »tief in uns drinnen« an der Basis oder im Zentrum – falls es eine solche Basis oder ein solches Zentrum überhaupt gibt? Heißt es, dass das Selbst nur aus einer täuschenden Peripherie besteht und im Innersten leer, ausgehöhlt ist? Und damit ist nicht die alles enthaltende Leerheit der west-östlichen Mystiker gemeint, sondern die ganz und gar unmystische Leere des Lochs. Ein Loch an diesem Ort kann vielerlei katastrophale Folgen haben. Einige davon benennt die zitierte Autorin im Nachsatz: Wir wissen weder, wer wir sind noch wer wir sein wollen oder sollen. Die Identität des Subjektes, sein Selbstsein ist wurzellos, gründet im Nichts, ebenso die Richtung seines Begehrens oder Sollens. Das Bild vom »Loch im Selbst« steht für eine basale und irreparabel erscheinende Orientierungslosigkeit, die sich nur deswegen nicht direkt bemerkbar macht, weil sie von defensiven Strukturen – unseren mehr oder weniger bewährten Glaubens- und Wissenssystemen – überdeckt ist.

Noch einmal: Das »Loch«, von dem die Autorin der *Leeren Herzen* spricht, ist nicht irgendeines. Es ist nicht nur eine partielle Defizienz, ein begrenzter »struktureller Mangel«, der von anderen Leistungen vielleicht sogar kompensiert werden könnte. Die Rede ist hier von einem Ort, an dem das Ganze des Selbst zur Disposition steht und an dem dieses Ganze ins Nichts gefallen, in dieses sozusagen abgeflossen ist.

Man muss zweitens fragen: War dieses Loch immer schon vorhanden? Ist es gewissermaßen unserer menschlichen Konstitution, unserem Selbst-

oder Subjektsein zugehörig, und kam es immer schon einer Verkennung und Selbsttäuschung gleich, daran zu glauben, es existiere in uns ein tragender Grund, ein *fundamentum inconcussum*, auf dem alles weitere verlässlich errichtet werden könnte, wie das Gefühl existenzieller Sicherheit, der Glaube an einen Lebenssinn, das Wissen um Wahrheit und Irrtum, um Gut und Böse? Haben die Menschen immer schon, ohne es zu wissen, einer dem puren Leben dienlichen Illusion gehuldigt, und besteht der fragwürdige Erfolg der aufgeklärten modernen Weltsicht darin, diese Illusion aufgedeckt und verworfen zu haben? Oder, und dies wäre der andere denkbare Fall, ist das »Loch«, die zentrale Leere, von der hier die Rede ist, Resultat eines historischen Prozesses, einer Folge von Ereignissen, die zum Verlust jener »Substanz« geführt haben, an deren Stelle sich nach diesem Verlust – den man sich größer und verhängnisvoller vorzustellen hätte als alles, was in der Geschichte des menschlichen Geistes bis dahin geschehen war – ein Nichts auftat?

Die Frage, die sich in diesem Zusammenhang stellen lässt, lautet: Ist das »Loch im Selbst«, von dem hier die Rede ist, weniger ein unabänderliches Attribut menschlicher Seinsweise und auch weniger Folge eines unvermeidlichen Verfallsprozesses als vielmehr ein menschengemachtes, und das heißt Ausdruck eines spezifischen Versagens, Produkt dessen, was Menschen – sei es aus Unvermögen oder aus bestimmten destruktiven Neigungen heraus – sich selbst und anderen angetan haben? Mit anderen Worten: Hat man das »Loch im Selbst« als unverkennbare Signatur einer Schädigung, einer Pathologie anzusehen, die weder der menschlichen Natur als solcher noch einer höheren Macht anzulasten ist?

Wie man sieht, schließt das von Juli Zeh bezeichnete »Loch« als Bild einer zentralen Leere mindestens drei Bedeutungsdimensionen ein, die auseinanderzuhalten und zugleich in einem möglichen Zusammenwirken zu verstehen sind. Wir unterscheiden demnach im Folgenden:

1. *Ontologisch verstandene Leere.* Diese wird von der Ontologie als philosophischer Disziplin behandelt und hat nicht nur, aber vor allem im nachmetaphysischen Denken, so zum Beispiel innerhalb der existenzphilosophischen Diskurse, eine bedeutende Stellung eingenommen. Die Ontologie als Lehre vom Sein muss notwendig auf das Nichtsein zu sprechen kommen. Dem menschlichen Sein-Können steht ein Nichtsein-Können entgegen, das leere Nichts, in welches menschliches Dasein nach Martin Heidegger »hineingehalten« ist. Einen umfassenden Überblick über die auf dieser Ebene angesiedelte

Thematik bietet die von Ludger Lütkehaus vorgelegte Monografie *Nichts. Abschied vom Sein. Ende der Angst* (1999).

2. *Anthropologisch verstandene Leere.* Diese Deutung kann zunächst im Begriff des Menschen als *Mängelwesen* verortet werden, der auf Johann G. Herder zurückgeht und im 20. Jahrhundert von Arnold Gehlen ausgearbeitet wurde. Der Mangel als Merkmal der *conditio humana* liegt hier in der primären biologischen Benachteiligung des Menschen gegenüber den anderen natürlichen Geschöpfen – ein angeborenes Manko, das ihn zugleich herausfordert, die spezifisch menschlich-kulturellen Fähigkeiten zu entwickeln, die diesen Mangel kompensieren. In diesen anthropologischen Horizont gehört meines Erachtens auch noch der innerhalb der postmodernen Philosophie und deren psychoanalytischen Anwendungen vor allem bei Jacques Lacan (vgl. Evans, 2002, S. 181f.) verbreitete Begriff des Mangels, womit in der Sprache Jean-Paul Sartres (2001, S. 49ff.) ein »Mangel an Sein« gemeint ist, der insofern stets vorliegt, als das menschliche Subjekt aufgrund seiner von Beginn an bestehenden symbolisch-sprachlichen Verfasstheit immer schon vom »vollen« oder »realen« und mit sich selbst identischen Sein abgetrennt ist. Will das Subjekt diese Begrenzung durchbrechen – und dieses Verlangen ist unauslöschlich –, dann stößt es auf eine Leere, eine »Substanzlosigkeit«, die allenfalls mit imaginären Ersatzbildungen angefüllt werden kann.
3. *Psychologisch-psychopathologisch verstandene Leere.* Darunter verstehe ich die Erscheinungsformen psychischer Leere, die durch mehr oder weniger schwerwiegende emotionale Mangelerfahrung oder Traumatisierung in hochvulnerablen Stadien psychischer Entwicklung oder dementsprechenden Situationen verursacht werden. Solche Erfahrungen einmaliger oder kumulativer Art erzeugen Symptome oder Abwehrformen von Leere, die von spezifischen Persönlichkeitsakzentuierungen bis zu schweren Deformationen der Persönlichkeit reichen.

Die in diesem Kapitel anzustellenden Betrachtungen werden auf den letztgenannten Formenkreis, also die psychologisch-psychopathologisch verstandenen Phänomene von Leere und Defizienz zulaufen. Am Ausgangspunkt stehen jedoch zunächst Reflexionen, die den weiteren Umkreis ontologisch-anthropologischer Aspekte einbeziehen und das »Loch im Selbst« in einen thematisch durchgängigen Zusammenhang mit einem geistesgeschichtlich rekonstruierbaren Transzendenzverlust in Zusammenhang bringen.

## Leere im Selbst als Transzendenz- und Gottesverlust: Geistesgeschichtliche Streiflichter

In Martin Walsers Schrift *Über Rechtfertigung – Eine Versuchung* (2012) findet sich zum Ende hin eine Stelle, die in denkbar knappster Ausdrucksweise die Essenz dessen enthält, was der Autor seinen LeserInnen nahebringen will. Es heißt dort: »Leere gibt es nur dort, wo Gott fehlt« (ebd., S. 98). Mit dieser Feststellung bricht Walser, ob er will oder nicht, die Erscheinungsformen des existenziellen Mangels, des zentralen Loches nicht nur im Aufbau der Welt, sondern auch dem des menschlichen Selbst, auf einen gemeinsamen Nenner herunter. Er führt sie auf eine all diesen Defizienz-Phänomenen zugrunde liegende ontotheologische Generalursache zurück: das Fehlen Gottes. Und er thematisiert in diesem Zusammenhang zugleich das gute Gewissen – sprich: die Ahnungslosigkeit des aufgeklärten Atheisten, der um diesen Mangel nicht weiß, der nicht einmal mehr spürt, dass ihm etwas fehlt. Deshalb die paradox anmutende Schlussfolgerung: »Eine Welt ohne Leere ist eine zu arme Welt« (ebd.). Wenn das Bewusstsein einer stattgefundenen Verarmung fehlt, leben wir Walser zufolge in einer »zu arme[n] Welt«. Aber gab es tatsächlich eine Welt, die diese Verarmung noch gar nicht kannte, und zwar nicht deswegen nicht kannte, weil sie den Mangel verleugnet und allerlei Ersatzbildungen für diesen erfunden hätte, sondern weil der eigentliche Grund der Verarmung noch gar nicht existierte? Es müsste, wenn wir uns an Walsers Bekenntnis halten, eine Welt und, damit zusammenhängend, ein Selbsterleben gewesen sein, das von einer wie auch immer beschaffenen Gegenwärtigkeit des Göttlichen geprägt war.

Nun berichten die an der Erforschung der Kultur- und Geistesgeschichte beteiligten Wissenschaften von ausgedehnten Epochen, deren Angehörige ihr irdisches Leben augenscheinlich im Bewusstsein tragfähiger existenzieller Fundierung und Sicherheit verbrachten, und dies gewiss nicht im Hinblick auf äußere (materielle, soziale) Bedingungen ihres Daseins, sondern den metaphysischen Schutzschirm betreffend, der über ihnen ausgespannt war. Die Bindungskräfte, die diesen Schutzschirm zusammenhielten und vor Löchern bewahrten, waren zweifellos primär von religiöser Art. Kodifizierte und weithin geteilte Überzeugungen besagten, dass der Mensch verlässlich eingefügt sei in eine Weltordnung göttlich-geistigen Ursprungs, und dass darüber hinaus diese göttliche Weltordnung einen Widerhall, eine Art Spiegelung oder analoge Entsprechung in der menschlichen Seele fände, dass mit anderen Worten die individuelle Seele einen göttlichen oder wenigstens von Gott herstammenden Kern in sich berge – auch wenn dieser zunächst in sinnlicher Einhüllung verborgen liege und erst im Zuge eines Aufstiegs der Seele zum Bewusstsein ihrer wahren Herkunft und Bestimmung zu erreichen sei. Innerhalb des jüdisch-christlichen Glaubenshorizontes beruhte die Gewissheit einer so beschaffenen Ähnlichkeit oder Verwandtschaft von Gott und Mensch, göttlichem Geist und menschlicher Seele, auf der Tatsache der Geschöpflichkeit und damit der Gottesebenbildlichkeit des Menschen. Als *imago dei* erschaffen, trägt der Mensch in sich einen Abdruck des göttlichen Seins, und es ist dieser Abdruck, der ihm das Fundament liefert, auf das sich sein Dasein beständig gründen lässt. Man kann, um Martin Walsers Grundfrage noch einmal aufzugreifen, auch sagen, in dieser Relation der Gottesebenbildlichkeit sei der Mensch als Mensch *gerechtfertigt* – gerechtfertigt allerdings nicht aus sich selbst heraus, sondern aus seinem Ursprung in Gott.

Die Vorstellung einer Ebenbildlichkeit oder zumindest Ähnlichkeit der menschlichen Seele beziehungsweise des menschlichen Selbst mit einem göttlichen Vor- oder Urbild war indessen keine jüdisch-christliche Prärogative. Sie stammte aus der griechisch-hellenistischen Philosophie, soweit diese philosophische Theologie, »Onto-Theologie« war, also von einer göttlichen Instanz als Urheber und Lenker des Seienden handelte. Ich werde dieser Vorstellung in einigen ihrer philosophiegeschichtlich markanten Ausdrucksformen folgen und mich dabei an der übersichtlichen Darstellung orientieren, die Wilhelm Weischedels Monografie *Der Gott der Philosophen* (1983) bietet: Wie alle erschaffenen Dinge hat für Platon auch die Seele in der überirdischen Sphäre ein ideelles Urbild, zu dem sie in einer Beziehung der Ähnlichkeit und Teilhabe steht. Da letztlich alle Urbilder der höchsten Idee, der Idee des »Guten« entspringen, weiß sich die menschliche Seele stets in einem mittelbaren Bezug zum göttlichen Seinsgrund aufgehoben. Auch sie strebt ihrer natürlichen Veranlagung nach zum »Guten«. Sie pflegt »mit dem Göttlichen Gemeinschaft« und ist dank ihrer Fähigkeit zu Vernunft und Einsicht selbst »gottgestaltig« (zit. n. ebd., S. 54). Aristoteles gilt vor allem die Vernunftbegabung der Seele als Ausweis ihrer Gottähnlichkeit. Im erkennenden Schauen, der *theoria* teilt sie mit dem Gotte das höchste und vollkommenste Vermögen, weshalb sie »entweder selbst ein Göttliches ist oder von dem, was in uns ist, das Göttlichste« (zit. n. ebd., S. 58). Die Stoiker erkannten den göttlichen Geist *(Nous)* als anwesend in der Wirklichkeit, diese Wirklichkeit in all ihren Elementen gleichsam durchdringend. Das traf vornehmlich für den Menschen als herausgehobenen Teil dieser Wirklichkeit zu. Epiktet, ein römischer Vertreter der Stoa, meint, die Seele sei mit dem Gott verbunden »gleich wie dessen Teile und Stücke« (zit. n. ebd., S. 62). Als Bindeglied zwischen göttlicher und menschlicher Sphäre fungiert nach stoischer Lehre der *Daimon*, der als Geist jeder Seele innewohnt und zugleich den gesamten Kosmos durchwaltet.

Das Wissen um, oder sagen wir, der Glaube an eine enge Korrespondenz zwischen Menschengeist und universaler Geistigkeit ist auch außerhalb der griechisch-hellenistischen Einflusssphäre nachweisbar: So zum Beispiel in der frühen, das heißt vorbuddhistischen Philosophie Indiens, der Epoche, aus der die spirituellen Traktate der *Upanishaden* hervorgegangen sind. Diese handeln von der zentralen Vorstellung eines wahren oder höheren Selbst, ganz ähnlich einer Begrifflichkeit, die sich im Denken des spätantiken Philosophen Plotin wiederfindet (Beierwaltes, 2001). Der das Menschenherz bewohnende und die gesamte Leiblichkeit durchdringende *Atman* ist dort das den Menschen als wahres Selbst beseelende Abbild des göttlichen und den kosmischen Raum erfüllenden *Brahman* (Lesmeister, 2009, S. 102ff.).

Dies sind nur einige wenige Stationen des philosophisch-theologischen Denkens, die in vorchristlicher Zeit die enge Relation der Ähnlichkeit oder gar Identität zwischen kosmischer und innerseelischer Ordnung vor Augen führen. Wenn ich auf meinem kurz bemessenen Weg nun noch einmal in den christlichen Umkreis zurückkehre, dann treffen wir im Zeitalter der Kirchenväter auf eine Persönlichkeit, die wie keine andere das theologische Denken der kommenden Jahrhunderte prägen sollte: Augustinus ist es, der in besonderer Weise die schon erwähnte Geschöpflichkeit des Menschen und dessen damit zusammenhängende Gottebenbildlichkeit hervorhebt. Er beschreibt den inneren Aufstieg der Seele zu Gott, worin diese dem göttlichen Wesen immer ähnlicher werde, legt aber zugleich Wert auf das Fortbestehen einer Differenz, die des Menschen Seele als »ungleiches Bild Gottes« erscheinen lässt (zit. n. Weischedel, 1983, S. 115). Im Besonderen spricht Augustinus von der Wiederspiegelung der göttlichen Trinität im geistig-seelischen Wesen des Menschen: »Wir erkennen in uns [...] ein Bild Gottes, das heißt jener höchsten Dreieinigkeit« (zit. n. ebd., S. 114).

Die Seele verfügt danach über eine eingeborene trinitarische Struktur, was sich – von heute aus und mit psychoanalytischen Augen gelesen – wie ein gewaltiger geistiger Vorgriff auf die dem modernen psychologischen Denken vertraute Bedeutung der Triangulierung als Strukturprinzip seelischer Funktion und Entwicklung ausnimmt.

Die von Augustinus vertretene und Jahrhunderte später von Thomas von Aquin bestätigte Ähnlichkeitsrelation bei gleichzeitig bestehender Differenz zwischen göttlichem und menschlichem Wesen wird von *Meister Eckhart*, dem wohl bedeutendsten Vertreter der mittelalterlichen Mystik, mit einer Wendung äußerster Radikalität, die den Kirchenmann nicht nur einmal dem Verdacht der Ketzerei aussetzte, in vollständige Identität überführt. Diese Identität stellt sich aber erst ein, wenn der Mensch in völliger »Abgeschiedenheit«, »Vergessenheit«, »Armut des Geistes«, in höchstmöglicher Daseinsentsagung und Ichlosigkeit des göttlichen Kernes, des »Fünkleins« innewird, das am tiefsten Grund der Seele ruht. Geschieht dies, dann kommt es dort zur Verschmelzung von göttlicher und menschlicher Natur. Gott bleibt dann, so Eckhart, gar nichts anderes übrig, als sich ganz und gar in den Menschen, der sich in vollkommener Leerheit für ihn bereitet hat, zu »ergießen«. So heißt es in den Predigten: »Hier ist Gottes Grund mein Grund, und mein Grund Gottes Grund.«, »Gott und ich, wir sind eins.«, »Da ist dieser Mensch das göttliche Wesen, und das göttliche Wesen ist dieser Mensch« (zit. n. ebd., S. 154). Weiter kann man in dieser Angelegenheit wohl kaum gehen. An der Schwelle zur Neuzeit stellt Nikolaus von Kues (Nicolaus Cusanus), Philosoph, höchster kirchlicher Würdenträger und Staatsmann im Dienst des päpstlichen Rom, den von Augustinus postulierten und von Eckhart so freimütig übersprungenen Abstand wieder her, ohne an der Wesensähnlichkeit von menschlichem und göttlichem Geist einen Zweifel zu lassen. Cusanus nennt die Welt das »Abbild Gottes«, und dieses allgemeine Verhältnis der Abbildlichkeit, des »Eingefaltetseins« der Welt in Gott noch übersteigend, ist im Besonderen der Mensch als geistiges Wesen »das erhabene Gleichnis Gottes« (zit. n. ebd., S. 160). Cusanus bekräftigt damit noch einmal die über Jahrtausende bestehende Gewissheit einer religiös-metaphysischen Verankerung des menschlichen Selbst in einer transzendenten Realität: jenem sicheren Fundament, das allen Versuchungen und Erschütterungen metaphysischer Leere und Vereinsamung standzuhalten bestimmt war.

Hat nun dieses Fundament den von ihm erwarteten Dienst denn auch wirklich verlässlich geleistet? Vermutlich wird sich darüber nie ein sicherer Nachweis führen lassen. Denn man muss sich ja vor Augen halten, dass die hier sparsam ausgewählten Stationen metaphysisch-religiösen Denkens Glieder eines Diskurses darstellen, der gewissermaßen von Gipfel zu Gipfel geführt wurde. Wie das Leben drunten in den Tälern aus unmittelbarer Nähe betrachtet wirklich aussah, lässt sich aus der philosophisch-theologischen Höhenperspektive nicht ausmachen. Wie stand es um das Bewusstsein der konkreten Einzelnen, der sogenannten einfachen Menschen, die aufgrund ihres sozialen Standes, mangelnder Bildung usw. von diesen Diskursen ausgeschlossen blieben, sie nicht einmal vom Hörensagen kannten? Waren die Angehörigen der kulturellen Epochen, von denen im Voraus die Rede war, nicht von den gleichen existenziellen Ängsten und Nöten gequält wie die in »metaphysischer Obdachlosigkeit« situierten Subjekte der Moderne? Weshalb sollte dies so vollkommen anders gewesen sein? Der durchschnittliche Grieche, der der vorchristlichen Jahrhunderte, war mit den Göttergeschichten und Kulten der offiziellen Volksreligion vertraut, die sich im Wesentlichen auf die frühen Dichtungen eines Homer und Hesiod sowie die tradierten Mythen stützten. Diese Religion hielt eine schroffe Kluft zwischen Götter- und Menschenwelt aufrecht, die nur von wenigen Auserwählten überquert werden durfte. Und sie versprach alles andere als ewiges, »nachtodliches Leben« im Schoße der Himmlischen. Von der Göttergleichheit oder -ähnlichkeit der menschlichen Seele wusste sie nichts zu berichten. Wer hatte im Gegensatz dazu von Platon oder Aristoteles gehört oder gar gelesen? Und die angeblich in christlicher Hoffnung geborgenen Gläubigen des Mittelalters? Waren sie von wahrhaft gläubiger Gesinnung oder taten sie einfach das, was ihnen anerzogen worden war und was bei Androhung von Höllenstrafen und durchaus auch irdischen Strafen von ihnen verlangt wurde?

Einmal abgesehen von solchen Bedenken sind uns aus Zeitaltern, denen wir gerne den festen Glauben an eine kohärent-verlässliche göttliche Weltordnung und eine in diese Ordnung eingefügte menschliche Seele zuschreiben, Dokumente überliefert, die vom genauen Gegenteil dieses Glaubens handeln: vom tiefsten Zweifel an jeglicher Vernünftigkeit und Sinnhaftigkeit des Daseins, von nihilistischer Entwurzelung, vom Abgesang auf das Vertrauen in einen »guten« und gerechten Gott. Es sind Dokumente, die in Epochen tatsächlicher oder vermeintlicher metaphysischer Unversehrtheit schlaglichtartig das Loch sichtbar werden lassen, das sich in allem Sein verbirgt und dieses Sein urplötzlich zu verschlingen droht. Vielleicht ist man nie so weit gegangen, die Gottesvorstellung als solche zu suspendieren. Aber dass man bereit war, bis an eine äußerste Grenze zu gehen, an der sich der Abgrund des Nichts auftut, zeigt das Beispiel des biblischen Hiob – der Fall, von dem man den Eindruck gewinnen kann, er sei buchstäblich für *alle* Zeiten dem Menschheitsgedächtnis eingebrannt. Hiobs Gott ist ein Gott, der in den Augen des Menschen Hiob kurz davor ist, seine Göttlichkeit endgültig zu verspielen. Er erweist sich diesem Menschen gegenüber als reizbar, jähzornig, ungerecht, ja hinterhältig und grausam. Moderne psychoanalytische KlinikerInnen kämen nicht umhin, ihm eine bösartig-narzisstische, ja psychopathische Persönlichkeit zu attestieren. Das hat C. G. Jung seinem umstrittenen Spätwerk *Antwort auf Hiob* (1988 [1952]) auch so getan. Aber auch wenn Jung diesem Gott Entwicklungsfähigkeit und Aussicht auf künftige Besserung zugutehält, bleibt doch die Frage zurück, wozu der Mensch einen solchen Gott, der nicht besser ist als der Mensch selbst, sondern aufgrund seiner Machtfülle noch schlimmer ist als dieser, überhaupt braucht. Mit psychoanalytischen Erkenntnismitteln ausgerüstet, kann man angesichts dieser Situation durchaus auf die Frage kommen, ob es sich hier nicht um den Fall der Bindung an das negative Objekt handelt, an dem festgehalten wird, weil es kein anderes gibt und weil sein Verlust die Existenz des Loches offenlegen würde.

Die Katastrophe der Gottverlassenheit zeigt sich paradoxerweise auch am Horizont eines Geschehens, das zu bestimmt war, den Menschen aus eben dieser Gottesferne, in die er sich zu begeben im Begriff war oder bereits begeben hatte, zu erretten. Die bei Markus 15,34 überlieferten letzten Worte des gekreuzigten Jesus »Mein Gott, mein Gott, warum hast du mich verlassen?« stellen das eigentliche Skandalon der Evangelien dar – die Stelle, an der ein verzweifelter Schrei das Loch im Heilsgefüge aufreißt: Mitten im Gnadenakt des Selbstopfers, das vollzogen wird, um die Leere zu verschließen, bricht sie stattdessen auf. Man kann das so deuten, dass das Bewusstsein der Gottverlassenheit genau in dem Moment eintritt, in dem der Gott vollständig Mensch dadurch geworden ist, dass er den menschlichen Tod erleidet. Das hieße aber umgekehrt, dass der Abgrund der Gottverlassenheit aus dem Menschsein gar nicht zu entfernen ist. Moderne Interpreten wie Gianni Vattimo (1997) haben daraus umgekehrt sogar den Schluss gezogen, dass die Gottverlassenheit infolge der Menschwerdung die eigentliche Erfüllung der christlichen Botschaft in postmetaphysischer Zeit darstelle.

Vermutlich ist es zu allen Zeiten vorgekommen, dass Menschen von metaphysisch-religiösen Zweifeln befallen waren und sich mit ebensolchen Fragen quälten, ohne sich dabei im Letzten eine vollkommen gottentleerte

Welt vorstellen zu können oder zu wollen. Als sicher gilt, dass es bis zu einer bestimmten Epoche metaphysische, das heißt sowohl religiöse wie philosophische Diskurse gab, die das beschriebene enge Band zwischen göttlicher Welt und Menschenseele behaupteten, legitimierten und glaubhaft machten, die weithin Akzeptanz fanden und die keinen oder kaum mehrheitlich geteilten grundsätzlichen Angriffen und Infragestellungen ausgesetzt waren. Diese Situation veränderte sich innerhalb der abendländischen Hemisphäre erst mit der heraufziehenden Neuzeit. Von da an erfuhr das Fundament der Gottesgewissheit und damit der Gewissheit des »Gotteskernes« im menschlichen Selbst eine zunächst unmerkliche, dann immer nachhaltigere und sich weiter ausbreitende »Durchlöcherung«: Von da an haben die Zweifel sich festgesetzt und vertieft, und haben dort, wo sie sowohl systematisch wie systemisch geworden sind, zu jenen Transformationen metaphysischer Aushöhlung und Entleerung geführt, die für die Selbstdefinitionen der späteren Moderne charakteristisch geworden sind. Und deshalb ist es, ohne grober Vereinfachung zu erliegen, berechtigt, die Geschichte des westlichen Nihilismus und Atheismus spätestens mit Aufbruch der Neuzeit beginnen zu lassen. Dem tut auch die Tatsache keinen Abbruch, dass es weiterhin – ich spreche vom christlichen Einflussbereich – eine gut funktionierende Kirche als Institution und glaubensstarke Menschen gab, und dass sogar die Religion in der Reformation eine revolutionäre Erneuerung erfuhr. Bei genauerem Hinsehen jedoch, erschien irgendetwas grundlegend und irreparabel beschädigt. G. W. F. Hegel muss es gemerkt haben, als er bereits um 1802 davon sprach, dass die »Religion der neueren Zeit« auf dem Gefühl beruhe, dass »Gott selbst todt« ist (Hegel, 1999 [1802], S. 414). Und Jean Paul muss es gewusst haben, als er einige Jahre zuvor immerhin literarisch einen Traum zu konzipieren wagte, in dem der tote Christus vom »Weltgebäude herab« die Menschheit in Kenntnis darüber setzt, »daß kein Gott sei« (Paul, 1983 [1796], S. 295ff.).

Es kann nicht Anliegen und Ziel dieser Studie sein, die Geschichte des neuzeitlichen Transzendenz- und Gottesverlustes in all ihren Erscheinungsformen und Verzweigungen nachzuvollziehen. Um den geistesgeschichtlichen Hintergrund meiner späteren mehr psychologisch-psychoanalytischen Betrachtungen verständlich zu machen, genügt es, charakteristische erste Anzeichen der fraglichen Entwicklungen und dann vor allem die richtungsweisenden Manifeste der antimetaphysisch-antireligiösen Kritik des ausgehenden 19. und frühen 20. Jahrhunderts sowie deren Langzeitwirkung auf dominierende Subjektivitäts-Diskurse der Gegenwart in den Blick zu fassen.

## Wendepunkt I: Der Universalienstreit

Die Erosion des Fundamentes begann recht früh: Einen ersten geistesgeschichtlichen Kulminationspunkt fand sie im sogenannten Universalienstreit des ausgehenden Mittelalters. In dieser Kontroverse, die alles andere als »nur« scholastisch war, ging es um die Frage, ob den Allgemeinbegriffen – den Universalien – eine außerbegriffliche und das heißt geistige Realität entspricht oder ob diese Begriffe lediglich gedanklich-sprachliche Abstraktionen singulärer, realer Dinge darstellen, beziehungsweise Namen für die diesen Dingen gemeinsamen Eigenschaften. Dementsprechend nannte man den erstgenannten Standpunkt den der Realisten, den letztgenannten den der Nominalisten. Um es am für uns relevanten Fall konkreter zu machen: Wenn das Wesen des Menschen in seiner gottesebenbildlichen Natur oder seiner Verwandtschaft mit einem ideellen Urbild des Menschseins besteht, dann ist eine ganz entscheidende Frage doch die, ob man dieser allgemeinen Wesenhaftigkeit, die alle Menschen auszeichnet, eine substanzielle Wirklichkeit geistig-übersinnlicher Art zukommen lässt oder darin nur ein Konzept oder Konstrukt erkennt, dessen Inhalt nicht der realen Welt zugehört, sondern eine Leistung des Subjektes darstellt. Die Kontroverse, die sich noch lange hinzog, endete mit dem Sieg des Nominalismus, der zu einer tragenden Säule des neuzeitlich-modernen Wissenschaftsdenkens wurde. Die »realistischen« Wesensbegriffe hatten damit »abgedankt« (Marquard, 2013, S. 78ff.). Mit dieser »Abdankung«, der eine Entwirklichung der Wesensbegriffe zugrunde lag, vollzog sich auf geistesgeschichtlicher Ebene einer der entscheidenden Schritte zur Aushöhlung des metaphysischen Unterbaus menschlicher Existenz. Es zeigten sich die ersten Umrisse eines entstehenden Loches.

## Wendepunkt II: Descartes' *cogito*

René Descartes war ein im Glauben gefestigter französischer Katholik des 17. Jahrhunderts. Er kam auf eine Idee, die, genau besehen, recht unchristlich anmutet. Und das noch Unchristlichere bestand darin, dass er diese Idee bis zu einem letzten gotteslästerlichen Ende gedanklich exekutierte: Descartes stellte sich vor, der Schöpfergott und Weltenlenker könnte in Wahrheit ein böser Dämon sein, der es darauf abgesehen hat, den Menschen in allem, was den Inhalt seiner Wahrnehmungen, seiner Vorstellungen und seines Denkens ausmacht, hinters Licht zu führen. Es würde sich demnach so verhalten, dass all unsere Sinne uns täuschten und dass kein Urteil unseres Denkvermögens für sich Wahrheit beanspruchen dürfte. Unserem gesamten Verhältnis zur Welt und zu uns selbst wäre die sichere Grundlage entzogen. Es bliebe allerdings ein kleines Eiland der Gewissheit, und zwar der absoluten Gewissheit zurück. Denn, so Descartes, wenn auch jeder Inhalt meines Denkens und Vorstellens in Zweifel gezogen werden kann, so kann eines gewiss nicht in Zweifel gezogen werden: der Akt des Denkens selbst, die Tatsache, *dass* ich denke. Die experimentelle Wirklichkeitsvernichtung endete so mit der Apotheose einer neuen von Descartes für unerschütterlich gehaltenen Gewissheit: der Ich-Gewissheit des *cogito ergo sum*: »Ich denke, also bin ich«.

Nur das Folgende ist daran unter der uns hier interessierenden Perspektive von Bedeutung: Bemerkenswert erscheint doch, dass die fundierende und aus sich selbst heraus evidente Wahrheit des »Ich denke« – die zur Achse werden sollte, um die sich die großen philosophischen Systeme der kommenden Jahrhunderte drehen würden –, dass diese Wahrheit mittels einer systematisch durchgeführten Operation zustande kommt, die den wahren und guten Gott, der bislang als Garant für Wahrheit und Wirklichkeit einstand, radikal auslöscht. Natürlich ist es nur eine probeweise Auslöschung, eine Auslöschung im Als-ob. Aber dennoch ist dieser erste Gottesmord im *Irrealis* gewissermaßen die Voraussetzung dafür, dass etwas völlig Neues entstehen konnte: die Ich-Gewissheit eines in die Autonomie tretenden Subjektes, das sich nun aus sich selbst heraus begründet. Das sich in der Imagination zeigende imaginäre Loch wird sozusagen im Moment seines Entstehens sofort wieder verschlossen. Und dieser Verschluss ist das denkende und sich selbst denkende Ich, das als unhintergehbar letzte Instanz der inneren Welt Erkenntnissicherheit und geistige Verankerung zu garantieren verspricht. Obgleich Descartes als Philosoph einer Übergangszeit die Existenz Gottes keinesfalls infrage stellt, ja sie sogar zur Letztbegründung des *cogito* sogar benötigt, werden hier doch die ersten Voraussetzungen einer zukunftsweisenden Umwälzung geschaffen. Denn dieses Ich, diese kostbarste Entdeckung der Neuzeit, sollte als das neue *fundamentum inconcussum* eine beispiellose Karriere durchlaufen. Immanuel Kant machte es zum Schlüsselbegriff seiner Transzendentalphilosophie, zu einer Funktion, deren synthetisierende Kraft dazu bestimmt war, die gesamte Subjektivität zusammenzuhalten. Johann G. Fichte erhob es nicht nur zum einzig verlässlichen Halt, sondern in seiner sich selbst setzenden und zeugenden

Potenz zum Quellpunkt alles Seienden. Und bei Friedrich W.J. Schelling schließlich erhält das nicht einmal mehr individuell und endlich, sondern transpersonal und unendlich gedachte Ich die Attribute des Absoluten und Ewigen. Wir haben es hier folglich mit einer Entwicklung zu tun, in deren Verlauf eine Instanz, deren In-Erscheinung-Treten sich der einsetzenden Aushöhlung und Entleerung transzendenter Realität verdankt, sich fortschreitend selbst »vergöttlicht« beziehungsweise mit göttlichem Sein in Eines zusammenfließt. Auf den Gipfeln des Deutschen Idealismus schien jedes »Loch« geschlossen und der Bund mit Gott wiederhergestellt – nun aber nicht von diesem Gott ausgehend, sondern dem stolz und erwachsen gewordenen menschlichen Ich- oder Selbstbewusstsein entsprungen.

## Wendepunkt III: Pascals Protoexistenzialismus

Auch Blaise Pascal war mehr noch als Descartes – als dessen Antagonist er gilt – ein frommer Christ. Vom Ich, das Descartes als Basis menschlicher Selbstgewissheit und als Ausgangspunkt jeder sicheren Erkenntnis entdeckt zu haben glaubte, hatte er indessen keine hohe Meinung. Pascal (1978 [1670], 455, S. 212) bezeichnet dieses Ich als »hassenswert«, weil sein Bestreben nur darin bestehe, Macht anzusammeln, um andere zu beherrschen. Seine vorzüglichsten Eigenschaften seien Eitelkeit, Hochmut und eben Egozentrik. Man kann mit Staunen bemerken, mit welcher Klarsicht Pascal zum Ende des 17. Jahrhunderts die Schattenseiten dieses neu entdeckten Zentrums und Organisators der Subjektivität freilegt – Züge, die man Jahrhunderte später in Begriffen des pathologischen Narzissmus beschreiben wird.

Pascal interessiert uns an dieser Stelle aber noch aus einem anderen Grund: Dem zweiten Kapitel seines philosophischen Hauptwerkes, den *Pensées* von 1670, gibt er die Überschrift »Elend des Menschen ohne Gott« (ebd., S. 63–96). Gemeint ist natürlich die nach christlicher Auffassung elende, das heißt verzweifelte und aussichtslose Lage des Menschen, der keinen Gott kennt oder nicht an Gott glaubt. Nun könnte man aber auf die Idee kommen, die Fragmente 60–183 des Werkes so zu lesen, wie man das im Vorherigen besprochene Gedankenexperiment des Descartes zu verstehen hat: als ein Als-ob, als Versuch im irrealen Konjunktiv nach dem Motto »Stellen wir uns doch einmal vor, wie es für den Menschen aussähe, wenn es keinen Gott gäbe«. Mit anderen Worten, auch der im

Gottesglauben unerschütterliche Pascal entwirft am Beispiel des Menschen ohne Gott ein Szenario, das nicht nur die Lage des Menschen zur Darstellung bringt, der nicht an den seienden Gott glaubt, sondern die Situation derer, denen dieser einstmals seiende Gott abhandengekommen ist, für die dieser Gott »tot« ist. Diese Wendung, die einen feinen Unterschied ausmacht, lässt verständlich werden, warum uns Pascals Reflexionen über das »Elend des Menschen ohne Gott« so unglaublich modern vorkommen, warum sie sich lesen wie Texte, die die zentralen Botschaften der nachmetaphysischen und Existenzphilosophien des 20. Jahrhunderts in erschütternder Weise vorwegnehmen: das Geworfensein des Menschen in eine nichtige Welt, in der er sich, verzweifelt und in Ungewissheiten versinkend, mit eigenen Mitteln zurechtfinden muss, ohne auf göttlichen Beistand oder Erlösung rechnen zu dürfen. In Pascals Worten:

> »Das ist unsere wirkliche Lage. Sie ist es, die uns unfähig macht, etwas gewiss zu wissen und restlos ohne Wissen zu sein. Auf einer unermeßlichen Mitte treiben wir dahin, immer im Ungewissen und treibend und vom einen Ende gegen das andere gestoßen. An welchen Grenzpfahl immer wir uns binden und halten möchten, jeder schwankt und entschwindet, und wenn wir ihm folgen, entschlüpft er unserem Griff und entgleitet uns und flieht in einer Flucht ohne Ende. Nichts hält uns zuliebe an. Das ist die Lage, die uns natürlich ist und in jedem Fall die gegensätzlichste zu unseren Wünschen; wir brennen vor Gier, einen festen Grund zu finden und eine letzte beständige Basis, um darauf einen Turm zu bauen, der bis in das Unendliche ragt; aber all unsere Fundamente zerbrechen, und die Erde öffnet sich bis zu den Abgründen« (ebd., 72, S. 46f.).

Was wir hier vor uns haben, ist die »existenzialistische« Gegenrede auf die kartesische Proklamation der Ich-Gewissheit am Anfang der Neuzeit. Die Versprechungen des *cogito* vermögen das riesige Loch in der Erde nicht aufzufüllen.

Wir wissen, dass die maßgeblichen intellektuellen Kräfte des voranschreitenden 19. Jahrhunderts – sowohl die philosophischen wie die wissenschaftlichen – die Verheißungen der idealistischen Ich- und Subjektphilosophien nicht aufnahmen, ja dass die führenden Repräsentanten dieser Kräfte den neuen metaphysischen Schutzschirm, den die kunstvoll aufgebauten Systeme von Fichte oder Hegel über dem Menschen ausgebreitet hatte, gezielt und systematisch durchlöcherten. Die vielfältigen Ansatzstellen und Verlaufsformen dieser Destruktion können und müssen an dieser Stelle nicht erörtert werden. Ich beschränke mich auf zwei Strömungen, deren Ausläufer bis in die Gegenwart hineinreichen und die für meine nachfolgenden psychologischen Überlegungen zum leeren Selbst von besonderer Bedeutung sind. Es handelt sich zum einen um die Richtung antimetaphysischer Fundamentalkritik, für die das Werk Friedrich Nietzsches steht, zum anderen um die auf Sören Kierkegaard zurückgehende und in der ersten Hälfte des 20. Jahrhunderts von Martin Heidegger und Jean Paul Sartre ausgearbeitete Existenzphilosophie.

## Wendepunkt IV: Nietzsche und das Ende der Metaphysik

Den größten Zertrümmerer der metaphysisch-religiösen Fundamente hat man zu Recht stets Friedrich Nietzsche genannt. Nietzsche hat in den aufeinanderfolgenden Stadien seines Schaffens unterschiedliche gedankliche Schwerpunkte gesetzt, die in komplexen, manchmal auch widersprüchlichen Bezügen zueinanderstehen und im vorliegenden Zusammenhang nicht in Gänze berücksichtigt zu werden brauchen. Ich will die im vorliegenden Kontext relevanten Leitgedanken herausgreifen.

Nietzsche gilt als einer der Hauptkritiker und -überwinder der idealistischen Ich- oder Subjektphilosophie. Das Ich, seit Descartes als Basis, Zentrum und Organisator unserer Geistestätigkeit eingesetzt, wird von ihm als Fiktion, als imaginäre Konstruktion entlarvt. Weit davon entfernt, der bewirkende, souveräne Akteur zu sein, erweist sich das Ich nun als das bewirkte Produkt (Nietzsche, 1982d, S. 580f.). Mit anderen Worten: Nicht das Ich denkt, sondern das Denken denkt sich ein Ich. Damit ist der bisher angenommene »substanzielle«, »essenzielle« Kern des Subjektes in Auflösung überführt. Die seelisch-geistigen Phänomene sind Produkte, wechselnde Oberflächengebilde polymorpher, instinktiver Antriebe und unterliegen deren Dynamik. Später fasste Nietzsche die im Dienst von Selbsterhaltung und Selbststeigerung stehenden Instinkte im »Willen zur Macht« zusammen, womit er letztendlich wieder ein metaphysisches Prinzip einführte und sich, so die Kritik Heideggers, als »letzter Metaphysiker« erwies.

Flankiert und unterstützt von gleichsinnigen Beiträgen anderer namhafter Autoren des ausgehenden 19. Jahrhunderts, avancierte Nietzsches Entthronung des die Einheit des Selbstbewusstseins garantierenden Ichs zu einer konstitutiven Grundannahme nachmetaphysischer Philosophie bis hin zum Postmodernismus unserer kaum vergangenen Tage. Das »Loch im Menschenwesen« war nun das, was das allenthalben thematisierte »Verschwinden des Subjektes« hinterließ. Nach Phasen unverkennbaren Siechtums verwandelte sich das ehemals einheitliche, in sich selbst gegründete und mit sich selbst identische Ich-Subjekt je nach theoretischer Sichtweise in ein imaginäres Phantom, eine prothetische Konstruktion, ein sprachgebundenes Narrativ oder eine gehirnbiologisch verursachte Projektion. Die optimistischen Vertreter dieser Denkart bekümmerte der eingetretene Verlust aber eher wenig. Denn da nach ihrer Überzeugung ein »wirkliches«, das heißt geistig-substanzielles Fundament im Subjekt noch nie vorhanden war, gab es nach Verflüchtigung der Täuschung an dieser Stelle natürlich auch keine ernsthafte Defizienz zu beklagen. Die Desillusionierung, als die man den eingetretenen Effekt ansah, sollte eher einen jahrtausendealten Irrtum beenden und für Erleichterung sorgen.

Diese fragwürdige Zuversicht wird ausgerechnet vom Urheber der Umwälzung, Nietzsche selbst, nicht uneingeschränkt geteilt. Das zeigt sich in einem anderen Kontext seines Werkes, nämlich dort, wo er in dramatischen Bildern die katastrophalen Folgen des »Gottestodes« beschreibt, so im berühmten Aphorismus 125 in *Die fröhliche Wissenschaft*: Den »tollen Menschen« lässt er dort den Mord am Gott der christlichen Religion verkünden. Aber seine Worte lassen sich natürlich übertragen und gelten auch für den »Gottestod« im Selbst, für die vom Menschen betriebene Zerstörung des inneren metaphysisch-religiösen Grundes:

> »Aber wie haben wir dies gemacht? Wie vermochten wir das Meer auszutrinken? Wer gab uns den Schwamm, um den ganzen Horizont wegzuwischen? Was taten wir, als wir diese Erde von ihrer Sonne losketteten? Wohin bewegt sie sich nun? Wohin bewegen wir uns? Fort von allen Sonnen? Stürzen wir nicht fortwährend? [...] Irren wir nicht wie durch ein unendliches Nichts? Haucht uns nicht der leere Raum an? [...] Kommt nicht immerfort die Nacht und mehr Nacht? [...] Dies ungeheure Ereignis ist noch unterwegs und wandert – es ist noch nicht bis zu den Ohren der Menschen gedrungen. Blitz und Donner brauchen Zeit, das Licht der Gestirne braucht Zeit, Taten brauchen Zeit, auch nachdem sie getan sind, um gesehn und gehört zu werden. Diese Tat ist ihnen immer noch ferner als die fernsten Gestirne – *und doch haben sie dieselbe getan!*« (Nietzsche, 1982b, S. 127).

Nietzsche imaginiert hier ein apokalyptisches Szenario des denkbar größten anzunehmenden Störfalls, der längst eingetreten, von den Menschen in seiner Bedeutung und seinen Auswirkungen bei Weitem noch nicht realisiert worden ist. Es handelt sich um eine Imagination in kosmischen Dimensionen: Der »nichtige« leere Raum, verursacht durch die Loskettung der Erde von der Sonne – das ist das Loch, auch das »Loch im Selbst«, das dieses Selbst zu einem nichtigen leeren Selbst werden lässt. Das von Nietzsche im zitierten Passus in *Die fröhliche Wissenschaft* thematisierte Nichtbegreifen des angerichteten Schadens und die damit einhergehende verständnislose Indolenz der »normalen« Menschen beschäftigt auch Martin Walser in der an früherer Stelle referierten Schrift. Er schildert Eindrücke von einem am Fernseher mitverfolgten Streitgespräch:

> »Neulich im Fernsehen das gewöhnliche Hin und Her zwischen Gegnern und Befürwortern. Der wortführende Gegner war verzeichnet als Publizist und als Atheist. [...] Er bot ein ausdauerndes Schmunzeln. Ein unangreifbares, allem überlegenes Schmunzeln. Es war deutlich, der Befürworter hatte keine Chance. [...] Selbstzufriedenheit strahlte der Publizist aus. Wie kann man bloß noch an Gott glauben! [...] Zu dem Atheisten fiel mir ein: Er hat keine Ahnung. Und wenn es Gott hundertmal nicht gibt, dieser Atheist hat keine Ahnung. Beweisen könnte ich das nicht. Aber dass es nicht genügt zu sagen, Gotte gebe es nicht, ahne ich. Wer sagt, es gebe Gott nicht, und nicht dazusagen kann, dass Gott fehlt und wie er fehlt, der hat keine Ahnung. Einer Ahnung allerdings bedarf es« (Walser, 2012, S. 33).

## Wendepunkt V: Das existenzialistische Selbst (Kierkegaard – Heidegger – Sartre)

Sören Kierkegaard war es in erster Linie, der sich mit großer Entschiedenheit von einem Denken in idealistischen und speziell hegelsche Kategorien des Großen und Ganzen absetzte und mit Emphase für die Rolle des Einzelnen, für dessen singuläre Existenz und Daseinsbedingungen eintrat. Auf ihn geht die Losung zurück, dass von nun an in der Philosophie die *Existenz* Vorrang vor der *Essenz* beanspruche. Die Frage nach der Essenz *(essentia)* kennzeichnet dabei die alte Metaphysik, die sich immer für die Wesensbestimmungen *des* Seins, *des* Menschen in seiner Allgemeinheit interessiert. Die neue Frage nach der Existenz hingegen nimmt ihren Ausgang nicht vom »Was« des Menschen, sondern vom »Dass«, seinem puren faktischen Dasein und den Bedingungen, unter denen dieses steht und sich ereignet. Das Interesse richtet sich damit radikal auf den Einzelnen in seiner Einzigkeit. Die Daseinsbestimmung des Menschen liegt für Kierkegaard darin, ein individuelles Selbst zu sein: der zu sein, der man ist. Als gläubiger Christ sieht er dieses im Gegensatz zu seinen atheistisch-existenzphilosophischen Nachfolgern aber immer noch unverzichtbar »gegründet in Gott« (Kierkegaard, 1954 [1849], S. 81), einem fernen und undurchschaubaren Gott allerdings, dem der Einzelne in existenzieller Einsamkeit gegenübersteht.

Heidegger übernimmt zahlreiche Ideen Kierkegaards – mehr als er in seinem frühen Hauptwerk *Sein und Zeit* (2001 [1927]) offenlegt –, lässt aber dessen religiöse Anbindung der Existenz als ein in Gott gegründetes Selbst vollkommen fallen. Was findet das menschliche »Dasein«, Heideggers neuer Begriff für das Subjekt, voraussetzungslos betrachtet, denn nun vor? Es findet sich selbst vor in einer Welt, die es in ihren spezifischen Bestimmungen – Ort und Zeitpunkt der Geburt, Geschlecht, Persönlichkeiten der Eltern, soziale Umgebung usw. – nicht frei gewählt hat, sondern in die es sich gewissermaßen geworfen sieht. Der von Heidegger eingeführte Topos des Geworfenseins wurde für die Existenzphilosophie bekanntermaßen zentral. Er impliziert, dass die primären Daseinsbedingungen des Subjektes und im Übrigen auch eine Vielzahl späterer Einflüsse, die nicht der Kontrolle des Einzelnen unterliegen, als kontingent, das heißt als rein zufällig anzusehen sind. Es liegt ihnen keine Notwendigkeit, kein besonderer Sinn zugrunde: Es könnten genauso gut andere sein. Wenn nun an der Basis menschlichen Daseins reine Kontingenz herrscht, bedeutet dies in Heideggers Verständnis, dass dieses Dasein seiner Grundlegung nach nichtig ist, eine Ausdrucksform des Nichts.

Man kann nun bereits an diesem Punkt eine recht konkrete Vorstellung davon gewinnen, wie das »Loch in unserem Innern«, von dem die Hauptfigur des eingangs zitierten Romans spricht, verstanden werden könnte: Eine Art Fundament im negativen Sinne, ein inverses Fundament, das aus einer Ansammlung von Zufälligkeiten und Beliebigkeiten besteht, über der sich dann ein persönliches Selbst und Schicksal aufbaut. Aber was genau baut sich da auf? Um der Nichtigkeit des Geworfenseins zu entgehen, hat das Subjekt nach Heidegger zunächst die Möglichkeit, im »Man« der kollektiven Lebenswelten aufzugehen – eine Option, von der jeder Mensch in mehr oder weniger starkem Maße Gebrauch macht und machen muss.

Das heißt, er identifiziert sich mit den Erwartungen und sonstigen Standards seiner soziokulturellen Umgebung, wird in dieser Hinsicht zu einem Gleichen unter Gleichen. Das »Man« kann eine sinn- und identitätsstiftende Funktion annehmen, aber das Subjekt wächst darin nicht über die kollektive Norm hinaus. Wie für Kierkegaard kommt es auch für Heidegger darauf an, ein individuelles Selbst zu entwickeln, in seinen Worten: zur Eigentlichkeit des eigenen Daseins vorzudringen. Das vermag er letztlich nur in der Konfrontation mit der eigenen Sterblichkeit, dem Tod, der ihn auf die ureigenste Seinsfrage zurückwirft: Was für ein Mensch bin ich – eigentlich? Was will ich in und mit dieser begrenzten Lebenszeit? Angesichts der Endlichkeit hält Heidegger eine »Entschlossenheit zu sich selbst« für möglich und erforderlich. Das begriffene und übernommene »Sein zum Tode« wird so zur Grundlage eines Entwurfs, in dem sich ein individualisiertes Selbst (Dasein) in seiner Eigentlichkeit konstituiert. Die kontingente Grundlage des Geworfenseins wird dadurch aber nicht aufgehoben. Sie verbindet sich vielmehr mit dem sinnhaften und frei gewählten Entwurf zum geworfenen Entwurf. Dies bedeutet, dass auch ein Existieren als individualisiertes Selbst immer nur auf der »nichtigen« Basis kontingenter Daseinsvoraussetzungen möglich ist. Das Loch verschwindet nicht.

Heidegger gibt in seinen phänomenologischen Analysen zwei elementare Befindlichkeiten an, in denen das Loch im Weltgefüge, durch das man ins Nichts hineinblickt, indirekt erfahrbar wird: Die eine dieser Befindlichkeiten ist die *Angst*, und die andere ist die tiefe, ins Existenzielle reichende *Langeweile*. Da das Phänomen der Langeweile an späterer Stelle noch ausführlicher zu berücksichtigen sein wird, seien hier einige Bemerkungen zu Heideggers daseinsanalytischer Deutung der Angst eingefügt. Heideggers Ausführungen dazu finden sich in *Sein und Zeit* (2001 [1927], § 40) sowie in der Schrift *Was ist Metaphysik?* (1998 [1929]).

Wenn Heidegger von Angst spricht, bezieht er sich auf eine passagere oder anhaltende Affektlage diffuser, objektloser Angst, deren psychopathologische Steigerung in klinischer Terminologie heute als generalisierte Angststörung bezeichnet wird. Aber Heidegger legt Wert darauf, diese Form des Angsterlebens gerade nicht in eine nosologische Kategorie abzudrängen, sondern in ihr eine mögliche Grundbefindlichkeit menschlichen Daseins zu erkennen, das immer in das Nichts »hineingehalten« ist (ebd., S. 38). Angst in diesem Sinne zeigt sich nun dort, wo das »Seiende im Ganzen« zu entgleiten droht: »In der Angst wird das Seiende im Ganzen hinfällig« (ebd., S. 36). Dieses »im Ganzen« ist es, was der

Angst ihre besondere Qualität gibt als einer Angst nicht vor jenem oder solchem, sondern vor dem Versinken des Ganzen. Daher erreicht uns in der Angst eine Anmutung des Nichts (ebd., S. 37). Weil in der Angst das Seiende »im Ganzen« zu entschwinden droht, kann aber nun gerade das Angsterleben auf seinem Zenit paradoxerweise umschlagen in ein Erleben der Gewissheit dieses Seienden. Das ist wie ein Moment der Erleuchtung, wenn Heidegger schreibt: »In der hellen Nacht des Nichts der Angst entsteht erst die ursprüngliche Offenheit des Seienden als eines solchen: daß es Seiendes ist – und nicht Nichts« (ebd.). Das heißt mit anderen und einfacheren Worten: Die Seins-Gewissheit entsteht nicht etwa außerhalb des Nichts der Angst, sondern mitten in ihr. Die Angst im Entgleiten des Seienden vermittelt überhaupt erst die Gewissheit, dass es dieses Seiende gibt.

In der Rezeption und Weiterführung der heideggerschen Grundgedanken bei Sartre wird die Idee des Entwurfs auf die der ursprünglichen Wahl, der *Urwahl* hin radikalisiert. Das Subjekt konstituiert sich Sartres Auffassung zufolge nicht als Produkt kausaler Determinanten der Lebensgeschichte, der sozialen Umstände oder Zeitverhältnisse. Es ist von diesen durch eine in ihm selbst liegende Kluft oder Leere getrennt, die den für die menschliche Existenz charakteristischen »Mangel an Sein« ausmacht. Das Subjekt gewinnt sich gewissermaßen aus einer primären »präpersonellen Bewusstseinsleere« heraus, und zwar mittels einer Wahl, in der sich die absolute und abgründige Freiheit eben dieses Subjektes artikuliert. Man kann daher sagen, dass Sartres »Nichts« die Funktion zukommt, ein Sein (Subjekt-Sein) zu generieren, was für Heidegger so nicht zutrifft. Hinsichtlich der Bestimmung und Reichweite der ursprünglichen Wahl geht Sartre sehr weit – So heißt es beispielsweise in seinem frühen philosophischen Hauptwerk: »In gewisser Hinsicht wähle ich, geboren zu sein« (Sartre, 2001 [1943], S. 954). Da der Tod ein in der Regel nicht frei gewähltes, natürliches Ereignis darstellt, lehnt Sartre auch die bei Heidegger zentrale subjektbildende Bedeutung der Sterblichkeit ab. Existenzialpsychologisch betrachtet, ist der Tod für Sartre eine der großen Sinnlosigkeiten, die mit dem, was ein Mensch ist und aus sich macht, nicht das Geringste zu tun hat.

Auch bei Sartre entdecken wir einen Hebel, den er in Gang setzt, um die nihilistischen Auswirkungen des Geworfenseins wenn nicht aufzuheben, so doch wenigstens abzumildern. Das gelingt ihm, indem er den Prozess der eigentlichen Subjektbildung von den kontingenten Determinanten des Daseins vollständig abtrennt. Das, was mir widerfahren ist durch Geburt und Vererbung, was während der Frühzeit im Guten wie im Bösen und im Zustand weitestgehender Passivität und Abhängigkeit auf mich eingewirkt hat –, all das trägt als solches zur Subjektbildung gar nichts bei (darauf beruht auch Sartres ablehnende Haltung gegenüber der Psychoanalyse). Das tut es erst, indem ich diese Ereignisse zum Gegenstand meiner freien Wahl mache. Das Problem liegt für Sartre folglich auch nicht primär in der Tatsache des Geworfenseins, sondern in der Stellung des Subjektes angesichts einer absoluten und abgründigen Freiheit. Natürlich möchte man etwas genauer wissen, was es in der zuvor zitierten Aussage zur freien Wahl der Geburt mit dem »in gewisser Hinsicht« auf sich hat. Die Selbstaneignung und Selbstermächtigung, die mit dem Akt der freien Wahl vonstattengehen, erinnern an Albert Camus' *Sisyphos* (1983 [1942]): Auch der macht sich zu einem souveränen Subjekt dadurch, dass er das von Zeus über ihn verhängte Geschick als sein eigenes anerkennt. Zu einem »glücklichen Menschen« wird er allein dadurch, dass der Stein jetzt *sein* Stein ist (ebd., S. 101). Bei Camus wird allerdings viel deutlicher und plausibler, wie man den Akt einer »Urwahl« eigentlich zu verstehen hätte. Während Sartre sie in eine ortlose präpersonale Urzeit verlegt, also implizit eine entwicklungspsychologische Perspektive einnimmt, die jedoch buchstäblich im Leeren hängt, wird bei Camus klarer, worum es sich in Wahrheit wohl handelt: Um die in der Tat bewusst und willentlich vollzogene Entscheidung eines Menschen, sein Leben als das seinige anzuerkennen, wofür er allein die Verantwortung trägt – im Letzten einschließlich dessen, was er in einer Zeit, in der er diese Verantwortung faktisch noch gar nicht zu tragen vermochte, erlebt und erlitten hat. Eine solche Entscheidung oder Wahl wird aber nicht in einer fiktiven »präpersonellen Bewusstseinsleere« getroffen, sondern nachträglich und in einem Moment, in dem der Einzelne zur Fähigkeit der Verantwortungsübernahme für sich selbst erwacht.

## Leere und posttraumatisches Subjekt

Wo verläuft die Grenze, an der die im Eingangskapitel behandelte Beschädigung des Selbst in die Auslöschung übergeht? Man kann dieser Frage zunächst auf einer virtuellen Ebene nachgehen, indem man sie einem Gedankenexperiment unterzieht, ähnlich dem, das Descartes zur einzigen tragfähigen Gewissheit eines denkenden und ansonsten leeren Ichs geführt hat. Es ist das Experiment einer systematischen Reduktion oder »Vernichtung« des Selbst und besteht darin, dieses Selbst schrittweise aller positiven Inhalte oder Bestimmungen zu entkleiden, die es im Laufe seines Werdens erworben hat und aus denen es sich aufbaut. Man denke sich also weg: alle Identifizierungen, Charaktereigenschaften, Fähigkeiten, Gedächtnisinhalte, Narrative. Des Weiteren denke man sich weg alle angeborenen Merkmale, mentalen und affektiven Funktionen, die gesamte genetische Ausstattung eingeschlossen. Was bleibt, wenn man alles, was nach heutigem Verständnis ein Selbst ausmacht, hat verschwinden lassen? Nichts bleibt übrig, natürlich nichts. Vor langer Zeit – und es ist, wie wir bereits gesehen haben, wirklich schon lange her – hätte man wohl noch gesagt: Es bleibt ein geistiger Wesenskern übrig, eine »unsterbliche Seele«, eine Entelechie, um die sich alles andere wie Schichten und Schalen gelegt hat. Heute müssen wir, wenn wir uns an das halten, was das wissenschaftlich qualifizierte und bewährte Wissen zur Verfügung stellt, sagen: Es bleibt nichts übrig.

Es ist offenkundig, dass die Selbst-Destruktion, die wir hier gedanklich so leichtfertig ausgeführt haben – ereignete sie sich real – ein absolut traumatischer Vorgang mit ebenso traumatischen Folgen wäre: Eine Auslöschung, die einem Menschen so gut wie alles nimmt, was ihn zu diesem Menschen macht. Hegel hat diesem leeren Nichts, das am Ende übrigbleibt, einen Namen gegeben, er nennt es die »Nacht der Welt«. Hegel erläutert uns diese Bezeichnung in seiner *Jenaer Realphilosophie* (1987 [1805–06], S. 172) in folgender Weise:

> »Der Mensch ist diese Nacht, diß leere Nichts, das alles in ihrer Einfachheit enthält – ein Reichthum unendlich vieler Vorstellungen, Bilder, deren keines ihm gerade einfällt –, oder die nicht als gegenwärtige sind. Diß die Nacht, das Innere der Natur, das hier existirt – reines Selbst – in phantasmagorischen Vorstellungen ist es rings um Nacht – hier schießt dann ein blutiger Kopf, – dort eine andere weisse Gestalt plötzlich hervor, und verschwindet ebenso. Diese Nacht erblickt man, wenn man dem Menschen ins Auge blickt – in eine Nacht hinein, die furchtbar wird, – es hängt die Nacht der Welt hier einem entgegen.«

Schauen wir uns das von Hegel entworfene Szenario etwas genauer an, dann fällt das Folgende auf: Das leere Nichts, das uns als »Nacht der Welt« »entgegenhängt«, scheint so ganz leer doch nicht zu sein. Denn es enthält den »Reichthum unendlich vieler Vorstellungen«, die es in ihrem Verschwinden offenbar verschluckt, aufgesogen hat. Es ist ein Selbst, das seine Manifestationen offenbar in sich zurückgenommen hat, sie aber vermutlich jederzeit wieder hervorzubringen vermag. Die Leere ist hier die Leere potenzieller Fülle, also eine »produktive« Leere.

Einen weiteren Aspekt unerwarteter Positivität hat der slowenische Philosoph Slavoj Žižek an Hegels »Nacht der Welt« entdeckt. Žižek (2014) interpretiert Hegels *»reines Selbst«*, das nach einer traumatischen Entleerung weiterbesteht, als Bild oder Ausdruck eines *posttraumatischen* Selbst oder Subjektes. Dieses Selbst ist ja einerseits so radikal beschädigt, dass von ihm nichts mehr übrigbleibt, woran es noch als menschliches Selbst erkennbar wäre. Und doch meint Žižek:

> »Das posttraumatische [...] Subjekt ist der ›lebendige Beweis‹ dafür, dass das Subjekt nicht mit den ›Geschichten‹, die es sich selbst über sich ›selbst‹ erzählt, identifiziert werden kann (oder sich nicht vollständig mit ihnen deckt), mit der narrativen symbolischen Beschaffenheit seines Lebens. Wenn wir all das wegnehmen, dann bleibt etwas übrig oder vielmehr nichts, aber eine Form des Nichts, und dieses Etwas ist das reine Subjekt« (ebd., S. 99).

Was nach der Deprivation also zurück bleibt, ist nicht einfach nichts, sondern ein Nichts als reine *Form* von Selbst oder Subjektivität – eine Form, die, wie Žižek postuliert, bereits vor allem anderen »dagewesen« sein muss. Das mag sich äußerst abstrakt anhören, scheint mir aber ein wichtiger Gedanke zu sein. Psychoanalytisch sieht man sich an Wilfred R. Bions Begriff der »Präkonzeption« erinnert, einer ebenfalls leeren, »ungesättigten« Struktur oder Formatierung möglicher Erfahrung. Auch Jungs Vorstellung von einer reinen, »unanschaulichen«, noch von keinem Erfahrungswert inhaltlich bestimmten archetypischen Grundmuster liegt nicht weit entfernt.

Gleichwohl erscheint der invertierte leere Selbst-Zustand, den Hegel als »Nacht der Welt« bezeichnet, von erschreckenden destruktiven Phänomenen bevölkert: »ein blutiger Kopf [...] eine weiße Gestalt«. Die Phantasmagorien der Nacht gleichen insoweit den grausam-bizarren Schöpfungen eines Hieronymus Bosch, die Jacques Lacan (1986, S. 67) wiederum als analoge künstlerische Konkretion seines Bildes vom *zerstückelten Körper* heranzieht. Mit diesem Bild illustriert Lacan die dissoziierte Form eines primären Selbstgewahrseins, die besteht, bevor sich die imaginäre Struktur eines einheitlichen Ichs gebildet hat, und die hinter der »prothetischen« Schutzhülle dieses Ichs immer weiter besteht. Insofern existiert kein Unterschied zwischen dem »reinen Selbst« und dem »reinen Wahnsinn«. Es handelt sich um die präsymbolische, vor jeder Ordnung der Sprache liegende »Urwelt« des Realen im Sinne der lacanschen Terminologie. Andere sprechen in diesem Zusammenhang von einem »psychotischen Kern« der Persönlichkeit.

Hegels »Nacht der Welt« ist also einerseits reine Negativität, leeres Nichts, in dem alle positiven Inhalte des Selbst verschwunden sind. Gleichzeitig treten an deren Stelle aber offensichtlich destruktive Phänomene. Dieser Zusammenhang kann uns auf die Frage bringen, ob es so etwas wie reine Leere überhaupt gibt, oder ob sich nicht das Loch, das mit der Auslöschung jeglicher Positivität entstanden ist, sofort mit zerstörten und zerstörerischen Elementen füllt. Die Frage kann natürlich auch so gestellt werden: Sind die auftauchenden gespenstischen Vorstellungen nichts anderes als die zerstörten positiven Inhalte, oder repräsentieren sie das destruktive Chaos, das immer hinter dem geordneten Kosmos der Positivität verborgen liegt? Die Verbindung von Leere und Destruktivität wird uns weiter beschäftigen.

Žižeks Konzeption des posttraumatischen Selbst und dessen Verknüpfung mit Hegels »Nacht der Welt« erweist sich in psychologischer Hinsicht als von hoher Aktualität: Der Philosoph ist der Ansicht, dass das posttraumatische Selbst, nachdem das Zeitalter der neurotischen Erkrankungen verstrichen ist, die »Leit-Pathologie« unserer Epoche darstellt (Žižek, 2014, S. 93ff.). Diese Einschätzung steht im Einklang mit der in den gegenwärtigen psychoanalytisch-klinischen Diskursen weithin vertretenen und im ersten Kapitel dieses Buches behandelten Auffassung, wonach die Ära der konfliktbedingten Neuroseformen von der einer Dominanz sogenannter Strukturpathologien abgelöst worden sei. Von diesen wiederum kann gesagt werden, dass ihre zugrunde liegenden ätiologischen Modelle kaum mehr ohne psycho-traumatologische Annahmen auskommen – von den häufiger denn je diagnostizierten posttraumatischen Belastungsstörungen und Traumafolgestörungen im engeren Sinne einmal ganz abgesehen. Žižeks Perspektive bestätigt das zentrale Moment struktureller Beschädigung im gegenwärtigen Verständnis seelischer Pathologie, handele es sich dabei um unmittelbar von Menschen verursachte schädigende Einwirkungen auf ein Subjekt (frühkindliche Vernachlässigung, Missbrauch, Misshandlung, Vertreibung usw.) oder um natürliche Noxen, wie sie etwa durch Naturkatastrophen und Unglücksfälle anderer Art verursacht werden. Nun können Traumatisierungen von unterschiedlicher Tiefe und Reichweite ausfallen. Žižek interessiert sich, wie wir gesehen haben, für den in unserem thematischen Kontext des leeren Selbst besonders relevanten Fall der äußersten oder schwerstmöglichen Traumatisierung, die dann oder dadurch eintritt, dass ein individuelles Selbst so gut wie ausgelöscht wird – also zumindest annäherungsweise ein Zustand herbei geführt wird, wie wir ihn als Folge unseres fiktiven Experimentes systematischer Deprivation, das heißt der Beseitigung aller positiven Selbst-Inhalte, beschrieben haben: der Zustand des ausgehöhlten oder leeren Selbst. Und was geschieht nun oder womit haben wir es zu tun, wenn dieses maximal traumatisierte, ausgehöhlte Selbst gewissermaßen am Rande des sichtbaren Spektrums in notdürftiger humaner »Resteinkleidung« in Erscheinung tritt? Mit anderen Worten buchstäblich und als (gerade noch) lebender Mensch? Dann müssten wir es doch – ähnlich den Phantasmagorien in Hegels Szenario – mit mehr oder weniger monströsen, schreckenerregenden Gestaltungen zu tun haben. Denn im hier vorgestellten extremen Fall ist das posttraumatische Subjekt »ein Opfer, das sozusagen seinen eigenen Tod überlebt« (ebd., S. 98), das den »Tod als Lebensform« (ebd., S. 99) lebt. Man denkt unwillkürlich an die Figur des lebenden Toten, einer allerdings fiktionalen Figur des Horrorgenres. Aber auch ein Krankheitsbild wie das der weit fortgeschrittenen Demenz oder das Zustandsbild psychiatrisch langzeithospitalisierter und medikamentös ruhig gestellter PatientInnen nähert sich dieser Konstitution an. Weitere Annäherungen sind möglich.

Eine Reise führte den Autor vor nicht allzu langer Zeit an einen Ort, in dessen Nähe sich das ehemalige Konzentrationslager Natzweiler-Struthof befindet. Das KZ war keines der großen Vernichtungslager, aber trotzdem starben dort zwischen 1941 und 1944 ca. 22.000 Menschen aus ganz Europa an Erschöpfung, Krankheit, Unterernährung oder sie wurden ermordet. Nach Besichtigung der Stätte führte die Route weiter ins nahegelegene Colmar mit der Absicht, nach vielen Jahren wieder einmal den gewaltigen Isenheimer Altar des Matthias Grünewald zu sehen. Vor der Kreuzigungstafel überkam mich dort völlig unvermittelt eine überwältigende Wahrnehmung. Mein Blick fiel auf den sterbenden oder schon toten

Christus, den anscheinend bereits in grünliche Verwesung übergegangenen Leib mit seinen bizarr verrenkten Gliedern, den Ausdruck grässlicher Qual im Gesicht. Ich sah dann mit einem Mal die Ähnlichkeit zwischen diesem Bild und den Bildern der verkrümmten Leichenkörper, die nach Befreiung der Lager durch die Alliierten in die Öffentlichkeit gelangten. Und dann wieder auf dem Gemälde der Fingerzeig des Täufers mit der Schrift: »Illum opportet crescere« – »Jener muss wachsen«. Warum »jener« und nicht der in glorioser Farbigkeit Auferstandene, der auf einer anderen Tafel anzusehen ist? Was doch nur heißen kann: Jener Tod, jene Marter, jene Auslöschung muss zunehmen, muss mehr werden in der Erfahrung der Menschen. Aber warum nur?

Wir erkennen die traumatische Leerheit, um die sich in diesem Abschnitt alles dreht, in den Berichten von Überlebenden der Konzentrationslager über Häftlinge, die sich in einem nicht mehr steigerungsfähigen Zustand von Auszehrung und Apathie befanden, sodass sie, mehr Furcht als Mitleid erregend, ihren Mitgefangenen, denen es ja auch nicht viel besser ging, wie lebende Tote vorkamen. Unter der Kapitelüberschrift *Die Verlorenen und die Geretteten* überliefert uns Primo Levi (1979 [1958]), Überlebender des zu Auschwitz gehörenden Arbeitslagers Buna, ein erschütterndes Bild dieser »Menschen in Auflösung« (ebd., S. 93). Die »Muselmänner« genannten Gefangenen gehörten von vornherein zu den Verlorenen vor allem deswegen, weil sie nicht in der Lage oder auch nicht willens waren, sich der perfid-perversen Ordnung des Lagers einigermaßen anzupassen, sodass sie unter der unsäglichen Deprivation, zugerichtet aus Kälte, Hunger, Schlafmangel, körperlicher Misshandlung, genereller Depersonalisierung und Entwürdigung, noch stärker litten als die übrigen Insassen, folglich entweder bald an Auszehrung oder Krankheit verstarben oder in den regelmäßig stattfindenden Selektionen als »unbrauchbar« aussortiert und »ins Gas geschickt« wurden. Levi schreibt:

> »Sie, die Muselmänner, sind der Nerv des Lagers; sie, die anonyme, die stets erneuerte und immer identische Masse schweigend marschierender und sich abschuftender Nichtmenschen, in denen der göttliche Funke erloschen ist, und die schon zu ausgehöhlt sind, um wirklich zu leiden. Man zögert, sie als Lebende zu bezeichnen; man zögert, ihren Tod, vor dem sie nicht erschrecken, als Tod zu bezeichnen, weil sie zu müde sind, um ihn zu fassen« (ebd., S. 94).

Die Mechanismen der »gewöhnlichen« Auslöschung charakterisiert Levi so:

> »Nun denke man sich einen Menschen, dem man, zusammen mit seinen Lieben, auch sein Heim, seine Gewohnheiten, seine Kleidung und schließlich alles, buchstäblich alles nimmt, was er besitzt: Er wird leer sein, beschränkt auf Leid und Notdurft und verlustig seiner Würde und seines Urteilsvermögens, denn wer alles verloren hat, verliert auch sich selbst; so sehr, daß man leichthin und ohne jede Regung verbindenden Menschentums, bestenfalls aber auf Grund reiner Zweckmäßigkeit über sein Leben und über seinen Tod wird entscheiden können. So wird man denn die zweifache Bedeutung des Wortes Vernichtungslager verstehen« (ebd., S. 26).

Darf man Spekulationen darüber anstellen, was die Gruppe der Verlorenen von der der Geretteten unterschieden hat? Vorausgesetzt wären dabei Unterscheidungsmerkmale nicht rein kontingenter, sondern signifikant systematischer Natur. Ihr überwiegend auch nur vorläufiges Überleben verdankten die Geretteten, folgt man den Angaben Levis, hauptsächlich der besser ausgebildeten oder erhaltenen Fähigkeit zur puren Selbsterhaltung. Selbsterhaltung unter den Lagerbedingungen hieß indes: Stehlen, Lügen, »Organisieren«, sich eine angenehmere Stellung oder andere kleinste Vorteile meist zum Nachteil der Mitgefangenen erkaufen usw. (ebd., S. 94). Man muss also sehen, dass die Dehumanisierung im Lager schon darin bestand, Menschen Bedingungen auszusetzen, die sie mehr oder weniger zwangen, auf ein Niveau primitivster, würdeloser und entsolidarisierender Selbsterhaltungsmechanismen zu regredieren. Zu dieser Art von aktivem Selbstschutz waren die Verlorenen – die Muselmänner – offenbar nicht in der Lage. Ihnen fehlte die Begabung zur Resilienz um jeden Preis. Vielleicht waren es die weichen, sensiblen, introvertierten Naturen, die nie gelernt hatten, sich zu wehren. Und vielleicht auch die von der Melancholie befallenen, die längst schon und unbemerkt in den seelischen Hintergründen ihre thanatophile Arbeit verrichtet hatte. Kein größerer Gegensatz zur sthenischen Selbsterhaltung lässt sich vorstellen als die asthenische, der Leere und dem Nichts zugeneigte Melancholie.

Man kann Menschen lebendigen Leibes auslöschen. Dennoch gelangt der italienische Philosoph Giorgio Agamben in seinen Büchern über Auschwitz und den *Homo sacer* (2015 [1995]) zu einer ungewöhnlichen und vorderhand schwer annehmbaren Auffassung über die »Muselmann« genannte menschliche Residualexistenz (siehe auch Finkelde, 2009, S. 58ff.). Er meint, dass das nicht mehr Menschliche dieser Gestalt – der radikal alles genommen ist, was zu einem Subjektsein gehört: Geschichte, Identität, Selbstheit, Würde –, dass dieser sozusagen leere Restbestand gerade nicht das Unmenschliche vor Augen führt, sondern in paradoxer Umkehrung etwas zutiefst Menschliches freilegt, »das am Grunde der absoluten Depravierung aufscheint, ein widerständiger Rest, der fast erlösende Züge hat, weil dieser Rest sich allen Festschreibungen und Identitäten entzieht« (ebd., S. 61). Man spürt in dieser provokativen Deutung eine gewisse Nähe zu Žižeks dialektischer Wendung der Leerheit ins Positive, und man muss, worauf auch Finkelde hinweist, sicher aufpassen, unsägliches Leid nicht mit einer ans Zynische grenzenden Interpretation philosophisch zu instrumentalisieren. (ebd., S. 59). Dennoch, um das für uns Wesentliche festzuhalten: Hier das jeder Selbstheit beraubte posttraumatische Subjekt des Lagerhäftlings, eine »Ikone des Leidens«, wie Agamben sich ausdrückt; dort das aller Göttlichkeit beraubte, von aller Göttlichkeit verlassene posttraumatische Subjekt am Kreuz. Von beiden könnte gesagt werden: *Ecce homo* – Sehet, das ist der Mensch! Am Grunde des entgöttlichten oder entmenschlichten Subjekts – wenn der Mensch in Gottesebenbildlichkeit gesehen wird, decken sich beide Attribute – und gewissermaßen eine Stufe vor dem Nichts liegt die Imago des Leidens- oder Schmerzensmannes. Dieser verkörpert einen Zustand nicht endender Qual, einen Zustand fixierter Marter zwischen Leben und Tod oder, wie es bei Lacan (1996, S. 324ff.) in etwas obskurer Redeweise heißt: »zwischen-zwei-Toden«. Wir entdecken die Imago des leidgeprüften Schmerzensmannes ebenso in der Jammergestalt des ausgestoßenen und umherwandernden Ödipus, des Migranten und Asylsuchenden, so wie er im Alterswerk des Sophokles *Ödipus auf Kolonos* (1979c) auftritt. Ganz im Wortlaut des *Ecce homo* heißt es am Ende von *König Ödipus*: »Sehet, das ist Ödipus« (Sophokles, 1979b, Schlussszene, S. 163).

## Exkurs I: Schwarze Löcher

Erinnert die Rede vom »Loch im Selbst« oder – in steigernder Weiterführung der Metapher – die Phänomenologie des leeren Selbst nicht in geradezu aufdringlicher Weise an die Physik der schwarzen Löcher im Kosmos, die seit geraumer Zeit so viel Aufmerksamkeit und Erkenntniseifer der auf diesem Gebiet Forschenden auf sich zieht?

Ein schwarzes Loch im Sinne der Astrophysik entsteht, wenn Sterne einer bestimmten Größe ersterben und deren Masse sich zu einem unvorstellbar schweren Kern verdichtet. Dieser entwickelt eine Gravitationskraft, die so hoch ist, dass alles, was in die Nähe des mutierten Himmelskörpers kommt, von einem bestimmten »Ereignishorizont« an in das Loch gezogen und von ihm buchstäblich verschluckt wird. Und verschluckt wird sogar das Licht. Man kann sich vorstellen, dass das Phänomen der schwarzen Löcher von Anfang an die Fantasie von Science-Fiction-Autoren angeregt, aber auch Ideen von spiritueller Transformation hervorgebracht hat. So entstand die Vorstellung, das schwarze Loch, in dem die außerhalb gültigen physikalischen Naturgesetze zusammengebrochen sind (niemand weiß das so genau), könnte eine Art Schleuse bilden, durch die man in eine »andere Dimension« gelangt – was immer man sich darunter vorstellen mag. Aber auch andere Szenarien werden für denkbar gehalten: Der Hollywood-Spielfilm *Event Horizon – Am Rande des Universums* (Anderson, 1997) inszeniert die Sphäre innerhalb oder jenseits des Schwarzen Loches als pures Chaos, als Ort exzessiver Destruktivität und todestriebhafter Zerstückelung, als Welt abgetrennter blutiger Köpfe und des reinen Wahnsinns – Hegels »Nacht der Welt« in etwas unbeholfener kinematografischer Umsetzung. Diese Vorstellung von absolut chaotisch-destruktiven Verhältnissen im Innern eines Schwarzen Loches kommt den Vermutungen der Physiker recht nahe. Das schwarze Loch imponiert als eine Negativwelt totaler und endgültiger Ver-Nichtung, so wie uns diese in den ältesten mythisch-religiösen Texten überliefert ist und beschrieben wird. Bei Erik Hornung (1992) hören wir über die altägyptische Vorstellung von der tiefsten, untersten Schicht der Unterwelt, der »Stätte der Vernichtung« *(hetemit)*:

> »Sie ist unsichtbar, von keinem Lichtstrahl erhellt [...]. Hier stehen wir über dem bodenlosen Abgrund der Welt [...]. Ganz ähnlich sprechen die altägyptischen Aussagen über die Welt vor der Schöpfung davon, dass der Schöpfer noch keinen Platz gefunden hatte, an dem er stehen konnte. Nach einer Formulierung in Spruch 175 des Totenbuches ist die Unterwelt ›ganz tief, ganz finster, ganz unendlich‹; ihre äußerste Tiefe ist von der Urfinsternis ausgefüllt, die vor der Schöpfung war [...]. ›Stätte der Vernichtung‹ heißt diese Region, weil sie erfüllt ist von Mächten der Vernichtung, die alles zerstören und auflösen, was in ihren Bereich gelangt« (ebd., S. 92f.).

Gleicht das schwarze Loch der Physiker einem Zentrum absoluter Negativität, so hält man es interessanterweise auf der anderen Seite auch für möglich, dass schwarze Löcher die Ursprungs- und Geburtsorte ganzer Galaxien sein könnten: Entstehung des geordneten Seins aus dem Chaos oder *creatio ex nihilo*.

Wir biegen auf eine Zielgerade psychologischer Spekulation ein, wenn wir uns die Frage vorlegen, ob es sich beim Loch im Kosmos des Selbst ebenfalls um ein schwarzes Loch der beschriebenen Art handelt, das entweder immer schon da war oder entstanden ist, als die »Sonne«, von der wir uns nach Nietzsche losgekettet haben, untergegangen ist und sich in einen superdichten Massenkern verwandelt hat, der nun alles in einen lichtlosen Abgrund hineinzieht. Der physikalische Beschreibungshorizont der schwarzen Löcher bestätigt ein uns schon bekanntes psycho-dynamisches Phänomen: Das Loch ist kein totes statisches Gebilde. Es beherbergt erstens Prozesse exzessiver Destruktivität und übt zweitens eine immense Sog- oder Saugwirkung aus, die von der Gravitation eines hochverdichteten Kernes ausgeht. Wie bei Hegels »Nacht der Welt« füllt sich die Leere mit vormals positiven Seins-Inhalten, wodurch die Masse des schwarzen Lochs stetig zunimmt und dessen Negativität ins Unendliche anwächst. Psychologisch gewendet, ergibt sich die Frage: Was alles ist heute von einem solchen Sog erfasst, ohne dass man im Geringsten ahnen würde, dass dieser von einem in sich zusammengesunkenen dunklen »Gotteskern« ausgeht?

Es bietet sich an, hier eine kurze klinische Veranschaulichung einzufügen. Sie mag zeigen, dass die Ähnlichkeiten zwischen makrokosmischen und mikrokosmischen Phänomenen möglicherweise doch über die Ebene metaphorischer Analogiebildung hinausgehen. So liegt es nahe, die Charakteristik der schwarzen Löcher auf Zustandsbilder anzuwenden, die uns von traumatisch bedingten psychischen Beeinträchtigungen bekannt sind. Das kann zu Erkenntnissen wie den folgenden führen: Eine Analysandin, deren Kindheitsgeschichte von traumatischen Erfahrungen unterschiedlichster Art geprägt ist – der frühe und unerwartete Tod des Vaters gehört nicht unwesentlich dazu –, gerät bei entsprechender Veranlassung immer wieder in eine Verfassung, die man nach herkömmlichem Verständnis am ehesten als »dissoziativ« bezeichnen würde. Sie erlebt sich in eigentümlicher Weise herausgerückt aus dem aktuellen Geschehen und wird von einem schwer beschreibbaren Gefühl der Leere, Lähmung und vollständigen Isolation befallen. Bei dem Versuch, diese Befindlichkeit, aus der sie sich von allein kaum zu befreien vermag, in Worte zu fassen, findet die

Analysandin eine Formulierung, die ihr sofort als die eigentlich passende erscheint: *Die Zeit implodiert.* Ich bin zunächst verwundert über die relative »Abstraktheit« der Beschreibung, verstehe aber schnell, dass sie mit diesen Worten einen bisher wenig beachteten Kerngehalt des traumatischen bzw. posttraumatischen Erlebens getroffen hat. Man kann offensichtlich davon ausgehen, dass es in Momenten schwerer Traumatisierung und deren posttraumatischer Reaktualisierung zu einem Zusammenbruch des Zeiterlebens kommt. Diese Selbstempfindung »außerhalb der Zeit« zu sein, muss jedoch streng von der mehr narzisstisch geprägten Empfindung von Zeitlosigkeit unterschieden werden, die etwa bei Borderline-Persönlichkeiten auftritt und aus entsprechenden klinischen Fallstudien bekannt ist. Dem Erleben der »implodierten«, das heißt der in sich zusammengestürzten Zeit fehlt das regressiv-narzisstische Befriedigungsmoment der Zeitlosigkeit. Die »Implosion der Zeit« erzeugt dagegen einen sozusagen zeitlosen Schrecken. Sie gleicht dem nicht endenden Aufenthalt an der »Stätte der Vernichtung«. Es handelt sich um die psychische Realisierung eines »schwarzen Loches«, bedenkt man noch, dass auch die Physik davon ausgeht, dass im Innern der kosmischen schwarzen Löcher die Zeit buchstäblich erstorben ist.

## Exkurs II: Untote und Menschen ohne Ich

Wir wechseln erneut die Ebene der Betrachtung. Eine aus dem Volksglauben wie dem Horrorgenre bekannte Realisierung des leeren Selbst ist die Figur des Untoten oder Zombies. Ursprünglich entstammt der Zombie einem religiös-folkloristischen Kontext, nämlich dem vorwiegend auf Haiti praktizierten Voodoo-Kult. Uns interessiert hier aber mehr die filmische Verarbeitung dieser Thematik, die in den 60er Jahren des vergangenen Jahrhunderts mit George A. Romeros Klassiker *Die Nacht der lebenden Toten* (1968) ihren Anfang genommen und eine Vielzahl nachfolgender Realisierungen hervorgebracht hat. Mit Ende des Jahrhunderts ist die Zombie-Welle dann deutlich abgeebbt beziehungsweise in eher komödienartigen Fassungen des Sujets ausgelaufen.

Bei den Zombies oder Untoten handelt es sich um Menschen, die gestorben sind, nach kurzer Zeit jedoch wieder »erwachen« oder unter anderen Umständen dem Grab entsteigen und suchend umherwandeln. Im Vergleich zum früheren Menschen, der er/sie war, ist der Untote nach seiner »Wiederbelebung« nun jedoch deutlich wesensverändert. Sein Erscheinungsbild und Verhalten wirken so, als seien alle höheren mentalen Funktionen ausgefallen, insbesondere das Denk- und Vorstellungsvermögen, aber auch die impulsregulierenden Funktionen, was zur Folge hat, dass aggressiv-destruktive Impulse ungehemmt freigesetzt werden. Im buchstäblichen Sinne entmenschlicht, agiert der Zombie nun als Tötungs- und Vernichtungsmaschine. Vorzugsweise fällt er mit mörderischer Gier andere Menschen an, um sie zu beißen, Fleisch aus dem Körper zu reißen und gegebenenfalls auch zu verschlingen. Dazu kommt: Wer von einem Zombie auf diese Weise verletzt oder getötet worden ist, verwandelt sich selbst in einen solchen. Es scheint so etwas wie ein Zombie-Virus zu geben, das sich über die Körperflüssigkeiten überträgt.

Offensichtlich ist, dass dem Zombie, gemessen an den Möglichkeiten des Menschseins, etwas fehlt. Man könnte sich vorstellen, der Wesensanteil, der ihn zum Menschen machte, sein »Ich«, sei ihm mit dem Tode abhandengekommen, und zurückgekehrt sei ein ausgehöhlter, von spinalen und Kleinhirnfunktionen gesteuerter und von unersättlicher oral-kannibalistischer Gier getriebener Organismus. Die halbschlaf- oder tranceartige Benommenheit, mit der er durch die Filmlandschaften torkelt, passt zu dieser Diagnose. Wir treffen hier wieder auf das schon bekannte Nebeneinander von Leere, Aushöhlung und Destruktivität. Der Zombie verkörpert das Schreckensbild einer durch keinerlei Kontroll- oder Verdrängungsapparat gehemmten »Ich-entkernten« Persönlichkeit. In einer früheren Veröffentlichung, in der ich mich mit dem Zombie-Phänomen befasse, interpretierte ich die orale Destruktivität der Figur als Ausdrucksform eines mörderischen Neides, dem es darum geht, die beseelten und mit einem Ich-Bewusstsein ausgestatteten Menschen auszulöschen und dem Zombie-Dasein zu assimilieren (Lesmeister, 1992, S. 153ff.).

Der Zombie, der in den Anfängen der Ära digitaler Technologie die Drehbuchautoren und Filmproduzenten Hollywoods inspirierte, hat seinen Vorläufer und Wesensverwandten im Vampir, der knapp 100 Jahre zuvor im Aufwärtswind der industriellen Revolution in Bram Stokers Roman *Dracula* (1897) sein literarisches Debüt feierte. Nach Friedrich W. Murnaus *Nosferatu* von 1922 folgten bis heute Filme, die das Sujet des blutsaugenden Karpatenfürsten mehr oder weniger einfallsreich variieren. Ich akzentuiere die jeweiligen sozioökonomischen Zeitverhältnisse, weil ich glaube, dass sie in einem geheimen Zusammenhang mit den hier diskutierten Phänomenen stehen. Dazu gleich noch Genaueres.

Beim Vampir begegnet uns bereits das Merkmal der (aus-)saugenden Aggression, das sich in diesem Fall ausschließlich auf das Blut der Opfer bezieht, die sich infolge des Bisses ebenfalls in Vampire verwandeln. Nach althergebrachten mythischen und religiösen Vorstellungen ist das Blut Symbolbild nicht nur des biologischen Lebens, sondern auch der menschlichen Seele. Wenn Faust den Vertrag mit Mephisto mit seinem Blut unterschreibt, so besiegelt dies bekanntlich den Verkauf seiner unsterblichen Seele an den Teufel. Genau das ist es offenbar, was dem Vampir fehlt: eine lebendige Seele – die er denen, die damit ausgestattet sind, neidet. Auch er gehört also zu den Ausgehöhlten, die von einem gewaltigen Hunger beherrscht sind, die das aus den Opfern herausgesogene Blut aber nicht nährt und verwandelt, sondern die auf diese Weis ihren eigenen Tod, ihr eigenes Ausgehöhltsein weitergeben. Auf religionssymbolischer Ebene könnte man daraus folgern, dass der Vampir eine Gegenfigur zum Christus des Abendmahls darstellt. Während der Vampir den Menschen das Blut und damit ihre Beseeltheit raubt, schenkt Christus sein eigenes Blut, das die Seele des Menschen belebt und verwandelt. In dieser Pervertierung verkörpert der Vampir eine Erscheinungsform des Antichrist, wozu seine Unsterblichkeit passt, die jedoch als Fluch und Leiden auf ihm lastet. Es fehlt ihm sozusagen am Vermögen zur Sterblichkeit. Ich habe im Kapitel über das »Beschädigte Selbst der Gegenwart« (siehe Kap. I, S. 29f.) ausgeführt, weshalb der Tod, das Sterben-Können des Menschen die Bedingung der Möglichkeit geistig-seelischer Individuation darstellt. Dort, wo der Tod als Grenze wegfällt, verläuft die Entwicklung, soweit man von einer solchen überhaupt noch sprechen kann, ins Leere, Wesenlose. Der Neid des Vampirs richtet sich demnach auch auf die Fähigkeit der nicht von der Krankheit der Unsterblichkeit infizierten Menschen, aus Erfahrungen zu lernen, sich verändern und weiterentwickeln zu können. Seine Unsterblichkeit ist also keinesfalls als Privileg, sondern als Zeichen eines tödlichen Stillstandes zu bewerten.

Auch das Narrativ des Zombies lässt, wie in meiner früheren Studie bereits ausgeführt, christlich-religiöse Vergleiche aufkommen: Ist der lebende Tote doch der buchstäblich in Fleisch und Blut Auferstandene – allerdings auch hier in einer monströsen Verkehrung, zu der ähnlich wie beim Vampir gehört, dass er dieses eigene Fleisch und Blut nicht für die Menschen als Zeichen seiner Liebe hingibt, sondern gewaltsam und zerstörend von den Menschen nimmt. Die einverleibende Aggression weist ihn nicht als Nachfolger Christi, sondern als Angehörigen von Unterweltsdämonen aus, die, wie in allen diesbezüglichen Mythen und religiösen Zeugnissen belegt, ihre Opfer zerstückeln und verschlingen. Wie überhaupt die Todesthematik zu allen Zeiten von oraler Symbolik durchsetzt ist: Der Totengott Hades trägt bei den Griechen den Beinamen eines »Rohfressenden«, der Sarkophag ist wörtlich ein »Fleischfresser«, der Höllenschlund ein »Rachen« durch den hinab es ins Erddunkel, das Reich nicht nur der Mütter, sondern der »Verdauungsvorgänge« geht.

Während jedoch die Figur des Vampirs als Abkömmling spätromantischer literarischer Fiktion eher noch einer vorindustriellen Ära anzugehören scheint, begegnet uns der Zombie in einem deutlich moderneren Umfeld. Er scheint die zeitgemäßere Imagination eines blutsaugenden und fleischfressenden Dämons abzugeben. In den neueren Verfilmungen des Stoffes vor und nach der Jahrhundertwende weitet sich die Bedrohung zu einem Massenphänomen aus: Durch die Straßen menschenentleerter Städte wälzen sich Ströme mörderischer, blutverschmierter Menschengestalten auf der Suche nach den letzten gesunden Überlebenden, die sich in einem Einkaufszentrum oder anderen öffentlichen Gebäuden verbarrikadiert haben, um den blutgierigen Verfolgern und der Umwandlung in eine Zombie-Existenz zu entgehen. Die Atmosphäre ist ähnlich klaustrophobisch-paranoisch und meist ebenso ausweglos wie in Ridley Scotts *Alien* (1979), dessen Folgen etwas später zu Kinoschlagern wurden.

Man muss sich natürlich fragen, was die massenhafte Ausbreitung »hirnloser« archaischer Aggression oral-kannibalistischer Prägung inmitten von Zentren urbaner Zivilisation der Gegenwart zu bedeuten hat. Der Interpretationsversuch sieht sich in eine Richtung gedrängt, die auf das zentrale Phänomen der zerstörerischen Einverleibung zuführt. Handelt es sich demnach um die Darstellung jener destruktiven Triebdynamik, die dem weltumspannenden System der Ausbeutung von Ressourcen, der hemmungslosen Bereicherung und ökonomischen Gewinnmaximierung zugrunde liegt? Ist es eine Symbolisierung, die die blutige Wahrheit des puren Haben-Wollens, des Sich-einverleiben-Wollens, der Inbesitznahme und des buchstäblichen Auffressens der Welt wiedergibt? Ein Bild unersättlicher Gier, die alles abtötet, indem sie sich alles zu eigen macht, und hinter der sich ein ebenso unermesslicher Abgrund von Leere auftut? Die Rede von »Raubtierkapitalismus« und »Heuschrecken« mag nur ahnungsweise etwas von der vernichtenden Gewalt wiedergeben, die den angesprochenen Phänomenen innewohnt. Ein spezielles Licht fällt dabei noch einmal auf die virulente »Ansteckungsgefahr«, die allen von Zombies Angegriffenen droht. Die Gier ist hochgradig infektiös. In wen das Gift der Gier einmal eingedrungen ist, der erleidet den Tod, um bald als nach Menschenblut Dürstender aufzuerstehen und sich in die Schar von Seinesgleichen einzureihen. Dem kurzen Todesschlaf, den man als Schattenbild der in den alten Mysterien praktizierten Inkubation zu verstehen hat, entsteigt keine verklärte, überweltliche, sondern eine verdunkelte, unterweltliche, ja »untermenschliche« Existenz.

*Postscriptum*: Der anthroposophische Geistesforscher Rudolf Steiner genießt in wissenschaftlichen Diskussionszusammenhängen bekanntlich keine hohe Reputation. Für aufschlussreich und bedenkenswert halte ich dennoch eine Mitteilung R. Steiners, auf die ich bei meinen Recherchen zur Thematik des leeren Selbst gestoßen bin. R. Steiner führt in einem seiner zahlreichen Vorträge aus, dass in naher Zukunft mit »ich-losen« Menschen zu rechnen sei – also Menschenformen, die nur als Menschen in menschlicher Gestalt erscheinen, aber »nicht in vollem Sinne des Wortes Menschen sind«. »Es bleiben die Leiber bis zu einem gewissen Grade leer«, heißt es da (R. Steiner, 1999 [1917], S. 95f.). Diese Menschen ohne Ich, so R. Steiner, fielen nicht unbedingt auf. Sie verhielten sich in gewisser Weise angepasst, den sozialen Erwartungen und allgemeinen Standards ihrer Lebensstufe und Umwelt entsprechend. Sie seien aber unfähig, sich individuell auszudrücken und eine kreative Entwicklung zu durchlaufen. Ganz unabhängig davon, auf welche Erklärungsgrundlagen R. Steiner sich dabei stützt, erinnert seine Prophezeiung doch in beklemmender Weise an die gezüchteten und automatenhaft dahinlebenden Subjekte in Aldous Huxleys nur wenige Jahre später erschienenem futuristischen Roman *Schöne neue Welt* (2014 [1932]), von dem in einem späteren Zusammenhang noch ausführlicher zu reden sein wird.

## Zur Psychopathologie des leeren Selbst

Das Phänomen des ausgehöhlten oder leeren Selbst, das im Vorausgegangen anhand von Perspektiven und Exemplifizierungen aus ganz unterschiedlichen Wissens- und Erfahrungsfeldern vorgestellt worden ist, soll in den nun folgenden Erörterungen hinsichtlich seiner speziell psychopathologischen Manifestationen näher untersucht werden, wobei zeittypische sozialpsychologische Aspekte stets einen wichtigen Platz einnehmen. Dabei ist zu bedenken, dass die Bezeichnungen »leer« oder »ausgehöhlt« durchaus verschiedenartige Bedeutung annehmen können. Die Attribute lassen sich auf partikuläre Bereiche des Selbst beziehen, was sich in einem Ausfall spezifischer Fähigkeiten oder Funktionen wie dem reflexiven Denkvermögen, der Empathie oder der moralischen Empfindung bemerkbar machen würde. Ein ausgedehnteres Erscheinungsbild von Leere wäre dort anzutreffen, wo das zentrale Gefühl einer personalen Identität oder Ich-Identität fehlt; oder dort, wo die Vorherrschaft einer angepassten funktionalen Fassade den völligen Mangel an persönlicher Originalität, Lebendigkeit und Kreativität verbirgt. Schließlich muss an den äußersten Fall gedacht werden, bei dem das elementare Wissen darum, ein kohärentes und in einer ausreichend gefestigten inneren Welt verankertes Selbst zu sein, entweder gar nicht existiert oder ständig von Vernichtung bedroht ist.

### Exkurs III: Sonnensymbolik und Narzissmus

Ich kehre noch einmal zum Anfang dieses Kapitels zurück und rufe Walsers zentralen Gedanken in Erinnerung, wonach es Leere nur dort gibt, »wo Gott fehlt«. Das Loch im außerweltlichen Sein oder im innerweltlichen Selbst markiert diesem Grundverständnis entsprechend das Fehlen Gottes und ist folglich stets Ausdruck einer religiös-metaphysischen Problematik. Wir verknüpften diesen Grundgedanken mit Nietzsches Proklamation des »Gottestodes«, so wie diese im zitierten Aphorismus 125 in *Die fröhliche Wissenschaft* wiedergegeben ist: Nietzsche deutet dort den Verlust göttlicher Präsenz in metaphorischer Rede als menschengemachte Abtrennung, »Loskettung« der Erde von der Sonne, dem Zentralgestirn, von dessen Licht und Wärme alles irdische Leben abhängt. Dieses Bild mag sich als nahe liegende poetische Analogie aufdrängen, aber es enthält in psychologischer Hinsicht ein Mehr an Bedeutung als es zunächst den Anschein hat.

Die Sonne gilt seit Urzeiten als Symbol einer göttlichen Macht, aus der irdisches Leben entsteht und sich immer wieder erneuert. Deshalb repräsentiert die Sonne in nahezu allen Mythen und Religionen der Menschheitsgeschichte die höchste Gottheit. Ziehen wir exemplarisch die altägyptische Götterwelt heran, dann finden wir in ihr von Beginn der historischen Zeit an in vielfacher schriftlicher und bildhafter Überlieferung die zentrale Stellung des Sonnengottes Re bestätigt. Dieser zieht, seine wärmenden und befruchtenden Strahlen auf die Erde sendend, über den Taghimmel und sinkt am Abend auf seiner Barke in die Unterwelt hinab, wo er sogar den

Toten stundenweise neues jenseitiges Leben schenkt, um dann am Morgen strahlend und triumphal der Finsternis zu entsteigen und den erneuerten Tag zu beleuchten. Der umstürzlerische Pharao Echnaton ist gar so weit gegangen, den Sonnengott in Gestalt des Aton zur einzigen verehrungswürdigen Gottheit zu erheben. Ein weithin bekanntes Relief aus der Amarna-Zeit zeigt die Aton-Sonne, die ihre in kleine Hände auslaufenden Strahlen zärtlich und umsorgend auf die Menschen, die Königsfamilie in diesem Fall, niedergehen lässt. Die Suprematie der Sonne lässt sich ebenso im religiösen Denken der orientalischen und südamerikanischen Hochkulturen nachweisen. Speziell im heraufkommenden Christentum scheint man sich mit der solaren Symbolik zurückgehalten zu haben, möglicherweise um sich von den in der Spätantike zu neuer Attraktivität gelangten heidnischen Sonnengottheiten (Helios, Mithras) abzusetzen. Die spätere Goldgrundmalerei des christlichen Mittelalters lässt indessen keinen Zweifel daran, dass der goldglänzende Seins-Grund, in den Mensch und Welt eingebettet sind, etwas mit dem geistigen Licht der Sonne, deren metallische Referenz das Gold ist, zu tun haben muss. Denkt man schließlich noch an die grandiose Auferstehungstafel des Isenheimer Altars, die den verklärten Leib des dem Grabe Entstiegenen vor einem großen leuchtenden Gestirn darstellt, dann muss uns das möglicherweise sorgsam gehütete Wissen des Malers davon überzeugen, dass es sich auch bei Christus um ein Sonnenwesen handelt.

Wozu an dieser Stelle nun ein weiteres Mal der Rekurs auf älteste mythisch-religiöse Vorstellungswelten? Weil sie vielleicht noch ein anderes Licht auf das werfen können, was geschehen ist, nachdem – in der Sprache des nordischen Mythos ausgedrückt – der Fenriswolf die Sonne im großen Weltenbrand verschlungen hat. Die These, die hierzu vertreten wird, ist die, dass das verlorene göttlich-solare *Mana* in Form der narzisstischen Libido wiederkehrt; und dass mit anderen Worten in den modernen Narzissmus-Theorien eine säkulare Entsprechung der alten mythisch-religiösen Sonnensymbolik vorliegt. Wenn ein Autor wie Neville Symington die narzisstischen Selbstobjekte – also die Objekte, die Energie zur narzisstischen Versorgung des Selbst und des Selbstwertsystems zur Verfügung stellen – als »Lebensspender« bezeichnet (vgl. Symington, 1997), dann drängt sich der Gedanke auf, dass hier, vermutlich ohne bewusste Intention, eine mythische Übereinstimmung mit der Abhängigkeit des Menschen von den solaren Quellen der Selbsterhaltung hergestellt wird. Erst recht deutet die verbreitete Rede Heinz Kohuts vom sonnenhaften »Glanz im Auge der

Mutter«, der dem Säugling ein Gefühl liebevollen Wahr- und Angenommenseins durch ein spiegelndes Objekt vermittelt, in die Richtung einer psychoanalytisch und beziehungspsychologisch umgearbeiteten Sonnensymbolik. Von dem daraus erwachsenden »Urvertrauen« wird behauptet, dass es dem Subjekt zeitlebens durch alle Krisen, Zweifel und Anfechtungen hindurch ein Gefühl basaler existenzieller Selbst-Sicherheit und Geborgenheit gewähre. Die Metapher des Auges hat in diesem Zusammenhang natürlich besondere Signifikanz. Das Auge des Re (Udjat-Auge des Horus) symbolisiert im alten Ägypten die Sonnenscheibe. In poetischer Form spricht J. W. v. Goethe (1998 [1795], S. 250) von der Sonnenhaftigkeit des Auges: »Wär' nicht das Auge sonnenhaft, die Sonne könnt' es nie erblicken«. Das Auge ist danach ein von der Sonne gebildetes und selbst sonnengleiches Organ, das wie das Gestirn seine »Sehstrahlen« in die Welt sendet, so wie es einer alten physikalischen Vorstellung vom Sehvorgang entspricht.

Die Analogie lässt sich noch ein Stück weitertreiben: Denn die nur in Umrissen angedeuteten Zusammenhänge vermitteln den nachhaltigen Eindruck, als habe die moderne Entwicklungspsychologie an die Stelle der ehemals lebensspendenden, aber mittlerweile untergegangenen Sonnengottheiten die lebensspendende Funktion der primären Elternfiguren gesetzt. Deren verinnerlichte Liebe bildet als guter Objektkern nach dem Verlust der religiös-metaphysisch begründeten Seins-Sicherheit nun das neue *fundamentum inconcussum* des Selbst und stellt den narzisstischen Brennstoff bereit, den dieses Selbst zur Versorgung seiner selbst benötigt. Das »innere Kind« steht und gedeiht im Licht und der Wärme einer »inneren Sonne«. Das ist der neue, aus psychologischem Material geschaffene »Goldgrund« der Subjektivität. Die ausreichend gute Bemutterung fungiert als das ganz in menschliche Regie übernommene Heilmittel gegen die nihilistische Entleerung, gegen das »Loch im Selbst«. Es lässt sich nicht übersehen, dass es sich bei dieser psychologisch-säkularen Wende um einen Restitutionsversuch im Hinblick auf eine fundamentale Verlusterfahrung handelt. Die darin enthaltenen »sonnenhaften« Idealisierungen stammen aber nicht nur aus archaischen Projektionen des Säuglings, die von der Psychoanalyse erkannt und beschrieben werden. Die Idealisierungen stammen großenteils von dieser Psychologie selbst, die ja allem Anschein nach auf der Suche nach einer neuen tragfähigen Verankerung menschlichen Seins und Werdens ist und in diesem Sinne, auch ohne darüber aufgeklärt zu sein, ein metaphysisches Projekt verfolgt. Ein Nebenprodukt dieses Projektes ist die unvermeidliche »Vergöttlichung« der frühen Elternobjekte, eine Überschätzung ihrer Macht und Verantwortung, die vielfach auch auf deren PlatzhalterInnen in Psychoanalyse und Psychotherapie übergegriffen hat.

## Psychotische Leere

Der psychopathologische Prototyp des entleerten Selbst ist der radikal negativierte Selbstzustand in der manifesten schizophrenen Psychose. Gaetano Benedetti (1998, S. 48) beschreibt die Grundbefindlichkeit des schizophrenen Menschen als »negative Identität«, als »Erfahrung der Nichtexistenz« oder des Nicht-Seins. Die im Vorstadium der manifesten Erkrankung häufig beobachteten Weltuntergangsängste und Fantasien bzw. Träume kosmischer Katastrophen kündigen den partiellen oder vollständigen Zusammenbruch des Selbst an, das gewissermaßen in sich selbst hinein implodiert und identisch wird mit dem eigenen Abgrund, dem »Loch«.

Der qualvolle Horror vacui des Prodromalstadiums der Erkrankung, der heute meist durch den frühzeitigen Einsatz psychotroper Medikamente niedergehalten wird, macht den Inhalt eines Prosa-Fragmentes aus, mit dem Georg Büchner den durch Dokumente belegten kurzen Aufenthalt des Dichters Jakob M. R. Lenz im elsässischen Waldbach literarisch nacherzählt: Der junge Lenz, seelisch schon lange in den Grundfesten erschüttert und unter tätiger Mithilfe seines ehemaligen Sturm- und Drangfreundes Goethe aus Weimar verjagt, sucht dort Obhut im Hause des Pastors Oberlin, der den Umherirrenden freundlich aufnimmt (vgl. auch Damm, 2005). In einem Akt psychologisch präziser Einfühlung gelingt es Büchner, den von unsäglichen Verfolgungs- und Vernichtungsängsten beherrschten inneren Zustand Lenz' in einem 25-seitigen Text abzubilden, der in kaum nachlassender Hochspannung dahinstürzt und den Leser in den agitiert-getriebenen Seelenzustand des Protagonisten hineinreißt. Die innere Katastrophenstimmung spiegelt sich in den äußeren Natureindrücken einer düsteren Winterlandschaft, die voll ist von bedrängenden, bedrohlichen Bildern. Es ist, als bräche eine apokalyptisch aufgeladene Außenwelt ins Innere ein und als dehne sich gleichermaßen das unheilvolle Innere bis in den Kosmos aus. Die schreckliche Fusion täuscht allerdings nur eine Fassade vor, hinter der die Angst vor dem Nichts lauert:

> »Es wurde ihm entsetzlich einsam; er war allein, ganz allein. Er wollte mit sich sprechen, aber er konnte nicht, er wagte kaum zu atmen; das Biegen seines Fußes tönte wie Donner unter ihm, er musste sich niedersetzen. Es fasste ihn eine namenlose Angst in diesem Nichts; er war im Leeren! [...] Es war finster geworden, Himmel und Erde verschmolzen in eins. Es war, als ginge ihm was nach, und als müsse ihn etwas Entsetzliches erreichen, etwas, das Menschen nicht ertragen können« (Büchner, 1979, S. 88f.).

Zum Ende hin und nach dem gescheiterten Versuch, ein verstorbenes Mädchen des Dorfes zum Leben zu erwecken, steigert sich der innere Aufruhr zu einer wahnsinnigen Wut auf Gott und seine Schöpfung. Aber auch diese letzte Auflehnung kann die eigentliche Angst vor der verschlingenden Leere nicht zum Verschwinden bringen:

> »Er rannte auf und ab. In seiner Brust war ein Triumphgesang der Hölle. Der Wind klang wie ein Titanenlied. Es war ihm, als könnte er eine ungeheure Faust hinauf in den Himmel ballen und Gott herbeireißen und zwischen seinen Wolken schleifen; als könnte er die Welt mit den Zähnen zermalmen und sie dem Schöpfer ins Gesicht speien; [...] So kam er auf die Höhe des Gebirges, und das ungewisse Licht dehnte sich hinunter, wo die weißen Steinmassen lagen, und der Himmel war ein dummes blaues Aug, und der Mond stand ganz lächerlich drin, einfältig. Lenz musste laut lachen [...]. Am folgenden Tag befiel ihn ein großes Grauen vor seinem gestrigen Zustand. Er stand nun am Abgrund, wo eine wahnsinnige Lust ihn trieb, immer wieder hineinzuschauen und sich diese Qual zu wiederholen. Dann steigerte sich seine Angst« (ebd., S. 102f.).

Der patriarchal fürsorgliche und wohlmeinende Oberlin vermag seinem Schützling in diese Abgründe nicht zu folgen, ja scheint nicht mal recht bereit, sich eine ernsthafte Vorstellung davon zu machen. Lenz versucht es ein letztes Mal:

> »›Sehn Sie, Herr Pfarrer, wenn ich das nur nicht mehr hören müßte, mir wäre geholfen.‹ – ›Was denn, mein Lieber?‹ – ›Hören Sie denn nichts? Hören Sie denn nicht die entsetzliche Stimme, die um den ganzen Horizont schreit und die man gewöhnlich die Stille heißt? Seit ich in dem stillen Tal bin, hör ich's immer, es läßt mich nicht schlafen‹« (ebd., S. 110).

Die Stille schreit und ist zur unerträglichen Stimme der Weltuntergangsleere geworden. Zuletzt schließlich bleibt, auf gespenstische Weise beruhigend, nur noch die Leere, keine Angst mehr:

> »Er tat alles, wie es die anderen taten; es war aber eine entsetzliche Leere in ihm, er fühlte keine Angst mehr« (ebd., S. 111).

Die Katastrophe, ist sie einmal eingetreten, hinterlässt »Todeslandschaften«, die Benedetti (1998, S. 51) wie folgt charakterisiert:

> »Unter Todeslandschaften verstehe ich Leerräume, in denen gewisse menschliche Fähigkeiten nicht zur Entwicklung gelangen und existenziell unentbehrliche Grundmuster sich nicht konfigurieren können; überdies mangelt es an elementaren Urerfahrungen, die das amorphe Ich sukzessive strukturieren sollten. [...] Hingegen zeichnen sich im Unbewussten ›stumme Zonen‹ ab, eine fehlende psychische Strukturierung, die man, um einen aus der modernen Astronomie stammenden Begriff zu verwenden, ›schwarze Löcher‹ nennen könnte.«

Je nach Ausprägungsgrad des psychotischen Prozesses bedecken diese Todeszonen Segmente der psychischen Realität oder diese Realität im Ganzen. Von diesen »Todeslöchern« wird die psychische Landschaft buchstäblich »zerrissen und aufgelöst« (ebd.), was den Fragmentierungsgrad der psychischen Struktur in der Psychose erklärt. Die von Benedetti gewählte Metapher erinnert an ein von Einschlagslöchern übersätes Schlachtfeld. Den produktiven psychotischen Sekundärsymptomen wie zum Beispiel dem Wahn fällt dann die Funktion zu, die Leerstellen des Selbst bzw. das *negative Selbst*, das zu einer einzigen Leerstelle geworden ist, notdürftig zu füllen. Sie bilden als sozusagen kleineres Übel die letzte Rückzugslinie phantasmatischer Symbolisierung vor einem Zustand der Auslöschung.

Der hier beschriebene Selbstzerfall gleicht, um auf biblische Metaphorik zurückzugreifen, der Rückkehr zum Zustand vor der Schöpfung oder, genauer gesagt, zum ersten Stadium der Schöpfung, in der die offenbar bereits geschaffene Erde noch »wüst und leer« (Gen 1,2) und vor allem auch dunkel, lichtlos war. Das *Tohuwabohu*, das zugleich Leere und Chaos ist, beschreibt folglich nicht die Verhältnisse vor jeder Schöpfung, sondern gleichsam das erste Produkt der Schöpfung, das erste Seiende. Die in sich widersprüchliche Einheit von Leere und Chaos – die Leere kann nicht chaotisch sein, weil sie definitionsgemäß nichts enthält – tauchte bereits bei der Besprechung von Hegels »Nacht der Welt« auf, die ja einerseits absolut leeres Selbst ist, »reines Selbst« in der Sprache Hegels, und die sich zugleich chaotisch bevölkert zeigt von den Monstren und Phantomen des »zerstückelten Körpers«. Man sieht sich auf Umwegen erinnert an Žižeks Kommentar zu diesem Sachverhalt, der ja besagt, dass dieses leere oder reine Selbst gerade nicht Nichts ist, sondern ein Etwas, nämlich die reine oder leere *Form* des Selbst (Subjektes), die sich wie in der Psychose möglicherweise sofort anfüllt mit chaotisierten Elementen. Man könnte schlussfolgern, dass sich das *negative Selbst* in der Psychose diesem Grenzzustand annähert oder in extremer Ausprägung diesen sogar erreicht. Aber selbst an diesem Ort findet das reine Nichts keine positive Repräsentation.

Am Beispiel der psychotischen oder psychosenahen Leerheit lässt sich gut erkennen, dass die Affektlage, die mit dem »Entgleiten des Seienden im Ganzen« (Heidegger) am stärksten korreliert, primär tatsächlich die der Angst ist. Diese absolute, totale Angst kündigt das Ende von allem an. Sie breitet sich in den klinischen Symptombildern der generalisierten Angststörung und Panikstörung richtungslos über allem aus. Und sie beherrscht aus entwicklungspsychologischer Sicht als namenlose Angst vor dem Zusammenbruch die innere Welt des Säuglings, der infolge eines gravierenden und anhaltenden Umweltversagens in seiner Reizverarbeitungskapazität hoffnungslos überfordert ist und sich demzufolge einer irreparablen Unterbrechung der »Kontinuität des Seins« ausgesetzt sieht (Winnicott, 1991 [1974]). Die klinischen Ausdrucksformen der Angst unterliegen einer hohen Variabilität. Das Wesenhafte der Angst ist hingegen immer gleich: Das Herannahen von etwas, »das Menschen nicht ertragen können« (Büchner), jedenfalls in seiner letzten Steigerung nicht ertragen können. Die »namenlose Angst« (Bion), nicht die Depression, ist der nihilistische Begleitaffekt par excellence. Wo die Leere droht, da ist Angst. So hat es wohl seine Gründe, dass alle neueren epidemiologischen Studien die Angststörungen mit ca. 15 % als die häufigste psychische Erkrankungsform nach den affektiven Störungen ausweisen (nach DGPPN, 2019).

## Leere der Melancholie

Eine etwas andere psychologische Qualität nimmt die Selbstentleerung in den Zustandsbildern der Depression oder, wenn man einen älteren Ausdruck dafür einsetzen will, der Melancholie an. Die psychiatrische Literatur reserviert den Begriff der Melancholie im Allgemeinen für die besonders schwere Form der Depression, aber die entsprechende Nomenklatur ist keineswegs einheitlich. Ich interessiere mich hier für die gemeinsamen strukturellen und psychodynamischen Merkmale sowohl von Depression und Melancholie wie auch der diversen diagnostischen Unterformen der Depression und verwende daher den von Julia Kristeva (2018 [1987], S. 17) aus den gleichen Gründen gewählten Ausdruck des »melancholisch-depressiven Komplexes«.

Im Vordergrund der melancholisch-depressiven Symptomatik steht nicht so sehr die katastrophische Auflösungsangst als vielmehr die Empfindung bleierner Schwere, lähmender Leblosigkeit und undurchdringlicher Finsternis. Affektionen der Sinnlosigkeit und Verzweiflung beherrschen das Bild. Es ist so, als sei das Selbst auf eine dunkle Masse zusammengesunken, deren Gravitation jeden in der Nähe befindlichen psychischen Inhalt in sich hineinzieht. Diese Beschreibung, die erneut auf die Metaphorik des schwarzen Lochs zurückläuft, passt zum Bild der »schwarzen Sonne«, mit dem Kristeva mit Rückgriff auf Gérard de Nerval den depressiven Selbstzustand symbolisiert, wobei diese Bezeichnung neben der gewaltigen Anziehungskraft der Depression auch deren vorderhand rätselhafte, dunkle Strahlkraft miterfasst (ebd., S. 21). Anstelle von Vernichtungs- und Verfolgungsängsten dominieren in der depressiven Befindlichkeit meist schwere Selbstanklagen, Schuld- und Wertlosigkeitsgefühle. Diese können einen durchaus psychotischen Ausprägungsgrad annehmen und als Schuld- oder Kleinheitswahn in Erscheinung treten.

Fragt man nach den psychodynamischen Mechanismen der Selbstentleerung in der Depression, dann wird man zunächst mit guten Gründen auch heute noch auf Sigmund Freuds maßgebliche Schrift *Trauer und Melancholie* (1916–17g [1915]) zurückgreifen. Freud unterscheidet darin zunächst die normale Trauer, bei der ein durch Tod oder Trennung eingetretener Verlust einer geliebten Person allmählich psychisch »abgearbeitet« wird (daher der Begriff der »Trauerarbeit«), von der melancholischen Verfassung, in der es zu dieser emotionalen Ablösung nicht kommt, das verlorene Objekt vielmehr innerpsychisch festgehalten wird. Wie erklärt sich nun aber der typische seelische Zustand des Melancholikers, von dem Freud in Kontrastierung zur normalpsychologischen Trauer feststellt: »Bei der Trauer ist die Welt arm und leer geworden, bei der Melancholie ist es das Ich selbst« (ebd., S. 431). Für diese »großartige Ichverarmung« (ebd.,

S. 143) macht Freud zwei psychodynamische Vorgänge verantwortlich: Zum einen, so Freud, müsse man sich vorstellen, dass der Melancholiker seine Libido (Besetzungsenergie) vom Objekt zwar ins Ich zurückzieht, am Objekt als solchem aber festhält. Und zwar hält er am Objekt fest, indem er sich mit ihm identifiziert. Rückzug ins Ich und Identifizierung, bei der sich das Ich an die Stelle des Objektes setzt, sind leicht möglich, weil, so Freuds Vermutung, der vormaligen Beziehung eine narzisstische Objektwahl zugrunde lag, das heißt im Objekt wurde immer schon mehr oder weniger das eigene Ich oder ein bestimmter Aspekt desselben geliebt. Zum anderen wird eine unbewusste Ambivalenz im Verhältnis zum verlorenen Objekt angenommen. Die durch den Verlust erfahrene Kränkung und Enttäuschung setzen Hass und Aggressionsimpulse frei, und weil das Ich nun mit dem Objekt identifiziert ist, richten sich die destruktiven Regungen, die eigentlich dem Objekt gelten, in Form von Ich-Kritik, Selbstabwertung und Selbsthass nun gegen das eigene Ich. Freud resümiert: »Der Schatten des Objekts fiel so auf das Ich, welches nun von einer besonderen Instanz [dem Über-Ich] wie ein Objekt, wie das verlassene Objekt, beurteilt werden konnte. Auf diese Weise hatte sich der Objektverlust in einen Ichverlust verwandelt« (ebd., S. 436). Freud ist also der Ansicht, dass sich die Leere des depressiv-melancholischen Selbsterlebens aus dem Wüten des Über-Ichs gegen das mit dem verlorenen Objekt identifizierte Ich erklärt, mit anderen Worten aus der sadistischen Wucht innerer Angriffe, die dieses Ich förmlich zertrümmern.

Bedeutsam an Freuds Theorie der Depression erscheint die Rolle, die er der narzisstischen Dynamik zuweist. Man spricht im klinischen Zusammenhang von einer narzisstischen Depression, was den irrtümlichen Schluss nahelegt, es gebe so etwas wie eine »nicht-narzisstische« Depression. Nicht umsonst hat man in der Vergangenheit die Depression als eine Form narzisstischer Neurose klassifiziert. Denn es ist – folgt man Freud – offensichtlich, dass der Depression-Melancholie immer die Struktur einer narzisstischen Objektbeziehung zugrunde liegt. Der Verlust bezieht sich genau genommen immer auf einen Aspekt des Selbst beziehungsweise auf einen Selbstaspekt, der auf das Objekt projiziert ist. Genau an dieser Stelle treten nun aber auch die Schwäche und Unvollständigkeit der freudschen Herleitungen zutage. Bei der in *Trauer und Melancholie* (ebd.) thematisierten Objektverlusterfahrung handelt es sich durchgehend um den Verlust eines *personalen* Objektes. Der Verlust eines hochgradig bedeutsamen nicht-personalen Objektes, einer »Sache« wie der einer wertgeschätzten Tätigkeit, einer Stellung, eines Ideals oder einer Fähigkeit kann aber gleichermaßen zur Ursache einer schweren oder anhaltenden Depression werden. Während uns im Falle der Beziehung zu einem personalen Objekt, also einem anderen Menschen, die narzisstische Akzentuierung als problematisch erscheint, stellt sie im Falle der nicht-personalen Objekte etwas ganz Natürliches und das zu Erwartende dar. Dass das Ich mit einem realen Anderen identifiziert ist, gilt nach allgemeinen psychologischen Standards nicht als Optimum einer reifen, auf Autonomie basierenden Beziehung. Dass aber das Ich mit seinen Werten und Idealen narzisstisch identifiziert ist, halten wir nicht nur für unvermeidlich, sondern aus der Sache heraus für angemessen und notwendig. Es könnte gar nicht anders sein. Die nicht-personalen Objekte, von denen ich hier spreche, hat Heinz Kohut Selbstobjekte genannt. Die Bezeichnung verdeutlicht, dass damit mehr oder weniger narzisstische Objekte gemeint sind, solche Objekte also, die dem Ich narzisstische Zufuhr und Befriedigung (Anerkennung, Resonanz, Sinn, Bedeutung) zukommen lassen. Die Konklusion, die sich vor dem Hintergrund meiner Überlegungen ergibt, ist nun einfach die, dass der Verlust (der Zusammenbruch, die Auslöschung) wichtiger Selbstobjekte vollkommen ausreicht, um eine tiefe und dauerhafte Depression und das heißt einen Zustand von Selbstentleerung und -verarmung herbeizuführen. Die Annahmen einer triebhaften Ambivalenz und einer Wendung von Aggression gegen das Selbst sind dazu nicht erforderlich. Sie erweisen sich in solchen Fällen sogar als widersinnig. Denn weshalb sollte ein Mensch, der eine Arbeitstätigkeit, mit er stark identifiziert war, verloren hat oder nicht mehr auszuüben vermag, eine unbewusste Ambivalenz gegenüber seinem »Selbstobjekt Arbeit« hegen? Seine Wut richtet sich allenfalls gegen die, die er für diesen Verlust verantwortlich macht.

Rosa Luxemburg, die 1919 von Reichswehr-Freikorps ermordete Sozialistin, war eine lebensfrohe, kämpferische und optimistische Frau. Nachdem ihre Sozialdemokratische Partei 1914 im Reichstag der Bewilligung der Kriegskredite zugestimmt hatte, erlitt sie einen depressiven Zusammenbruch und dachte daran, sich das Leben zu nehmen. Unter selbstpsychologischer Perspektive ist dies ein Beispiel für den akuten Zusammenbruch eines zentralen Selbstobjektes, in diesem Fall der für das Leben der Politikerin so hochrangigen und mit Sinn erfüllenden »sozialdemokratischen Ideale«. Die darauffolgende depressiv-suizidale Krise ist Ausdruck des narzisstischen Verlustes und der damit einhergehenden Ich-Entleerung. Enttäuschung, Wut und Entrüstung kamen durchaus zum Ausdruck, richteten sich aber verständlicherweise nicht gegen das »verlorene Objekt«, sondern gegen die Genossen, die mit ihrem Abstimmungsverhalten nach ihrer Ansicht einen unverzeihlichen Verrat an diesem »Objekt« begangen hatten.

Zweifellos spielt die vom Über-Ich ausgehende Autoaggression (Wendung der Aggression gegen das Selbst) im psychopathologischen Bild der Depression eine wichtige Rolle. Die Frage ist jedoch, ob Freud die Rolle der Autoaggression in der Depressionsgenese nicht dahingehend überschätzt hat, dass er sie zur wichtigsten Ursache der Ich-Entleerung machte, während sie in vielen Fällen nicht als Ursache, sondern als Folge dieser Entleerung angemessener zu verstehen wäre. Das Ausbleiben narzisstischer Gratifikation durch die lebenserhaltenden Selbstobjekte führt für sich genommen zur narzisstischen Entleerung des Ichs oder Selbst. Will man dieser Sichtweise eine objektbeziehungstheoretische Dimension abgewinnen, dann ließe sich sagen, dass Ich sei im melancholisch-depressiven Komplex mit dem verlorenen, erloschenen Selbstobjekt identifiziert, mit etwas Totem, einem »ausgebrannten Stern«, dem »schwarzen Loch« oder der »schwarzen Sonne« Kristevas. Die Vereinigung mit diesem begehrten und verlorenen Ich-Objekt im Suizid wäre dann der letzte psychologisch folgerichtige Schritt (Kristeva, 2018 [1987], S. 19f.).

Kristevas Theorie des melancholisch-depressiven Komplexes reicht über das Angeführte hinaus. Das betrifft vor allem die Deutung des zentralen Objektverlustes, die in einem Satz zusammengefasst lautet: »Der narzisstische Depressive trauert nicht um ein Objekt, sondern um das *Ding*« (ebd., S. 20, Herv. d. A.). Das »Ding« bezeichnet in der Psychoanalyse Lacans »das sich der Bedeutung sperrende Reale« (ebd.), also das unsagbare, nichtrepräsentierbare Faszinosum des Begehrens, wohingegen das Objekt stets ein der symbolischen Ordnung unterliegendes, also repräsentierbares ist. Der Inhalt des depressiven Verlusterlebens meint demnach die Unmittelbarkeit der nie wiederherzustellenden Primärerfahrung und -befriedigung in und am Körper der Mutter. Für dieses unnennbare höchste Gut steht das Bild der »schwarzen Sonne«: »Das Ding ist eine geträumte Sonne, hell und dunkel zugleich« (ebd., S. 21). Und genau so wie der sonnenhafte Apollon sich in eine düstere und todbringende Gestalt verwandeln kann, steht die »schwarze Sonne« für das Negativ des narzisstischen Lebensspenders. Kristevas Deutung macht verständlich, woher das »schwarze Loch« seine immense Anziehungskraft bezieht: Es ist Abgrund und verheißene Erfüllung in Einem. Zugleich verlagert die Deutung das Problem des Depressiven zurück auf eine allgemeinmenschliche Ebene, macht es gewissermaßen zu einer existenziell-anthropologischen Konstante. Denn *jedes* Subjekt hat den beschriebenen Verlust erlitten, dem es seine Genese verdankt. In jedem Menschen lauert demnach eine Trauer, die um jenen leeren Ort kreist, an dem er das immer schon verlorene und unwiederbringliche »Ding« anzutreffen hofft.

Kristevas metapsychologische Reflexion zum melancholisch-depressiven Komplex kommt aber auch mit dieser im Geiste der lacanianischen Psychoanalyse erweiterten Deutung des Objektverlustes noch nicht zum Stillstand. Darüber hinausgreifend enthält sie den Gedanken, der das primäre Leiden des Melancholikers in einem Zustand oder Stadium vor jeder Objektbezogenheit ansiedelt (ebd., S. 183ff.). Weder ist es die ursprünglich dem Objekt geltende und dann gegen das Selbst gewendete Aggression noch die aus dem Objektverlust erwachsene Entbehrung als solche, die für das depressive Leiden verantwortlich zu machen sind. Wenn Freud (1923b, S. 282) feststellt, dass am Wüten des Über-Ichs in der Melancholie die »Reinkultur des Todestriebes« zu erkennen sei, so läge es doch vielleicht nahe, im selbstzerstörerischen, auf den seelischen Nullpunkt, mithin die Leblosigkeit hintreibenden Impetus der Melancholie den weitgehend entmischten Todestrieb am Werk zu sehen. Danach stiege der Feind des Lebens und des Eros *vor* jeder objekthaften und das heißt erotischen Bindung aus dem eigenen Innern auf, aus den psychophysischen Tiefen eines Organismus, der den Tod vom ersten Augenblick an in jeder seiner Zellen beherbergt – eine Ansicht, die in der Psychoanalyse Melanie Kleins bekanntlich einen zentralen Platz einnimmt. Symptome wie die Todessehnsucht des Melancholikers, der Wunsch, im großen »schwarzen Loch« für immer zu verschwinden und Ruhe zu haben, ergäben sich aus dieser Sichtweise sozusagen zwanglos. Man kann sich der Plausibilität dieser Deutung schwer entziehen, muss von ihr jedoch auch sagen, dass sie Depression und Melancholie den ausgezeichneten Rang eines existenziellen Ur-Leidens einräumt, dem keiner entgeht, auch wenn spätere Entwicklungsverläufe, die unter günstigen Vorzeichen stehen, dem manifesten Ausbruch der Krankheit keine Chance lassen.

Es ist hier der Ort, noch einmal auf die depressiven Hintergründe der Schwersttraumatisierung einzugehen, wie sie im Abschnitt »Das posttraumatische Selbst« berührt wurden. Im Zentrum des Zustandsbildes nach schwerer Traumatisierung herrscht das leere Nichts der Depression. Was die unterschiedlichen Wirkungsmechanismen eines traumatischen Geschehens vereint, ist die Tatsache, dass im Leben und psychischen Sein des Subjektes eine katastrophale Diskontinuität eintritt. Es geschieht etwas plötzlich und einmalig oder ständig und kumulativ, was einen Abgrund, einen Hiatus aufreißt, und was die posttraumatische Verfassung des Subjektes von seiner prätraumatischen radikal trennt und immer trennen wird. Die zerstörerische Kraft, die diese Kluft verursacht und unter den schlimmsten Umständen immer weiter vertieft, trifft nicht nur das Bewusstsein seelisch-körperlicher Integrität und Würde. Sie trifft auch und vor allem die Dimensionen von Glauben und Sinn, die annulliert und damit ihrer existenziell tragenden Funktion beraubt werden. Dass schwer traumatisierte Menschen, oft lange Zeit nach den ursächlichen Ereignissen, den Weg in den Freitod wählen, liegt nicht nur an unüberwindlichen Scham- und Schuldkonflikten, sondern an eben dieser Annullierung von Sinn – Lebenssinn, Daseinssinn, der ein ausreichendes Maß an Kohärenz, Vertrautheit und Verlässlichkeit der Selbst- und Weltbezüge einschließt. »Die Welt ist fort …«, heißt es in einer Gedichtzeile von Paul Celan (2003, S. 210). Der selbst gewählte Tod gliche dann, kehren wir noch einmal zu Kristevas Deutungslinie zurück, dem unwiderstehlichen Versuch, auf der Rückseite des positiv Seienden im »dunklen Licht der schwarzen Sonne« die Welt wiederzufinden.

## Leere der Hysterie

Die psychischen Schutzeinrichtungen gegen das Abfließen ins Nichts sind, wenn auch nicht ausschließlich, so doch in größerem Umfang aus Strukturen und Funktionen aufgebaut, die eine aktivitätsbezogene Akzentuierung aufweisen. Sie stehen im Dienst der Aufrechterhaltung eines bestimmten psychischen Wachheits- und Aktionsniveaus, der Ich-Kontrolle oder dessen, was mit einem neueren Begriff als »Selbstwirksamkeit« bezeichnet wird. Dass dem so ist, lässt sich allein schon daran ablesen, dass sehr vielen Menschen auch unter gewöhnlichen Bedingungen unwohl wird, sobald die inneren oder äußeren »Arbeitsanforderungen« zurücktreten und sich passiv-regressive Tendenzen bemerkbar machen, wie zum Beispiel in Krankheitszeiten oder an den Wochenenden, im Urlaub und anderen Ruhephasen. Gefühle von Unruhe und innerer Getriebenheit, depressive Verstimmungen oder diffuse Ängste drängen an die Oberfläche. Die psychoanalytische Deutung führt derlei Symptome gerne auf unbewusst aktivierte und zugleich abgewehrte Abhängigkeits- und Versorgungswünsche, manchmal auch auf unterdrückte expansive Impulse und Befreiungsimpulse zurück. Ohne solche Antriebskräfte ausschließen zu wollen, bin ich doch der Ansicht, dass sich in solchen Phasen unter der Oberfläche die Angst vor nihilistischen Befindlichkeiten, die Angst vor der Leere und dem Nichts zusammenzieht. Oft beginnt es ganz harmlos mit dem charakteristischen Gefühl der Langeweile, das vielen Menschen bereits in den ersten Anfängen bedrohlich vorkommt und kaum aushaltbar erscheint. Dass nicht erst der moderne Mensch der Gegenwart solcher Bedrängnis ausgesetzt sein kann, belegen Gedanken, die Pascal Ende des 17. Jahrhunderts in seinen *Pensées* niedergelegt hat. So lautet dort das Fragment 131:

> »Langeweile. Nichts ist dem Menschen unerträglicher als völlige Untätigkeit, als ohne Leidenschaften, ohne Geschäfte, ohne Zerstreuungen, ohne Aufgabe zu sein. Dann spürt er seine Nichtigkeit, seine Verlassenheit, sein Ungenügen, seine Abhängigkeit, seine Unmacht, seine Leere. Allgleich wird dem Grunde seiner Seele die Langeweile entsteigen und die Düsternis, die Trauer, der Kummer, der Verdruß, die Verzweiflung« (Pascal, 1978 [1670], S. 75).

Wenige Abschnitte später folgt die in ein prägnantes Bild gefasste und viel zitierte Einsicht,

> »daß alles Unglück der Menschen einem entstammt, nämlich daß sie unfähig sind, in Ruhe allein in ihrem Zimmer bleiben zu können« (ebd., 139, S. 77).

Einige Jahrhunderte später hat sich ein eifriger Leser Blaise Pascals, der Philosoph Martin Heidegger, dem Phänomen der Langeweile zugewandt und ihm eine umfangreiche, phänomenologisch-daseinsanalytische Studie gewidmet. In seinen 1929/1930 gehaltenen Vorlesungen über *Die Grundbegriffe der Metaphysik* erkennt Heidegger in der Langeweile neben dem bereits besprochenen Phänomen der Angst die zweite wesentliche Grundstimmung, die den Menschen auf indirekte Weise an ein Erleben des Nichts heranführt, und dies umso nachhaltiger, je länger diese Langeweile andauert und sich vertieft (Heidegger, 1992 [1929–30]). Diese Vertiefung verfolgt Heidegger phänomenologisch präzise über drei Stufen bis hin zur tiefsten Schicht einer ontologisch zu verstehenden Grundstimmung der Langeweile, einer basalen »Leergelassenheit« (ebd., S. 123ff.), die der Mensch der Gegenwart jedoch nicht spüren will und deshalb mit allen erdenklichen Mitteln niederhält. Das ändert aber nichts daran, dass »eine tiefe Langeweile in den Abgründen des Daseins wie ein schweigender Nebel hin- und herzieht« (ebd., S. 115) und seine Ausläufer in bewusstseinsnähere und bewusste Schichten sendet, wo sie mit Unbehagen wahrgenommen und mit »antinihilistischen« Maßnahmen bekämpft werden.

Solche Maßnahmen haben in der psychoanalytischen Forschung und Literatur unterschiedliche Zuordnungen und Benennungen gefunden, je nachdem, auf welche theoretischen Modelle man sich dabei bezog. Die Anhänger der kleinianischen Psychoanalyse sprechen bevorzugt von »manischer Abwehr« und meinen damit alle Aktivitäten und Bestrebungen, die darauf gerichtet sind, die Aufmerksamkeit des Subjektes von der inneren seelischen Realität abzulenken und an die äußere Realität zu binden, in die aktiv handelnd eingegriffen werden kann. Mittels dieser defensiven Umwendung ins Außen und Aktive werden beispielsweise schmerzliche Gefühlserfahrungen, aber eben auch die angesprochenen Stimmungen von Leere, Ohnmacht oder Angst umgangen. Man kann die Mechanismen des Niederhaltens von Stimmungen der Leerheit und Langeweile aber genauso gut mit der älteren Begrifflichkeit der »hysterischen« Abwehr beschreiben, die sich weniger der Flucht ins Außen und Aktive als der Erzeugung und Aufrechterhaltung einer bestimmter Art von Maskierung, Schein, Künstlichkeit und Übertreibung bedient. Die Verbindung hysterischer Verarbeitungsmuster mit solchen Mustern narzisstischer Beschaffenheit beherrscht heute weite Bereiche des gesellschaftlichen Lebens und prägt auffällig – und nicht selten bis zur Penetranz gesteigert – den Stil, in dem sich die Subjekte öffentlich, aber nicht nur öffentlich, präsentieren. Wir werden von diesen Phänomenen zu sprechen haben, wollen uns aber zuvor einige Züge des Charakterbildes der Hysterie, so wie es aus älteren und neueren psychoanalytischen Quellen bekannt ist, näher vergegenwärtigen.

Man kommt fast nicht umhin, eine Beschreibung der Leere des hysterischen Selbst mit einem althergebrachten Klischee zu beginnen: Der Hysteriker – ich bevorzuge hierbei das Maskulinum, weil das diskreditierende Etikett »hysterisch« immer schon in der Hauptsache für die Frau reserviert war – der Hysteriker, so heißt es, zeige sich in einer Mannigfaltigkeit von Masken und Verkleidungen, die er abhängig vom Interesse seines Publikums und der erhofften oder wahrscheinlich gehaltenen Resonanz aussucht und inszeniert. Wenn man dahinter schaue, finde man auch nur wieder Masken, und selbst das, was man für das Eigentliche, das Authentische und Wesenhafte der Person glaubte halten zu können, erweise sich am Ende ebenso als Hülle, hinter der sich – was nun eigentlich verberge? Der Eindruck erinnert an die vielen Geschichten von Verhüllungen, die nichts anderes als sich selbst oder das Nichts verhüllen, und das Bild hat bei genauerem Hinsehen einen philosophischen, nämlich subjektkritischen Einschlag. Denn bestätigt der auf der Hysterie lastende Verdacht nicht in vollem Umfang die spätestens von den Postmodernisten vertretene Ansicht, dass im Subjekt, so tief man auch grabe, kein substanzieller und zentraler Kern ausfindig zu machen sei? Einer der maßgeblichen Ahnherren dieser Vorstellung, Nietzsche, selbst in nicht unerheblichem Maße mit hysterischen Charakterzügen ausgestattet, bringt den Zusammenhang, auf den es hier ankommt, an der Figur des Schauspielers in einer auf uns heute doch recht anstößig wirkenden Redeweise auf den Punkt. Im Aphorismus 324 der *Morgenröte* heißt es:

> »Vergessen wir doch nie, dass der Schauspieler ein idealer Affe ist und so sehr Affe, dass er an das ›Wesen‹ und das ›Wesentliche‹ gar nicht zu glauben vermag: Alles wird ihm Spiel, Ton, Gebärde, Bühne, Kulisse und Publikum« (Nietzsche, 1982a, 324, S. 1197).

Der Schauspieler geht vollständig in seinen Rollen und Masken auf. Insofern ist er nicht nur der ideale »Affe«, sondern auch der ideale Hysteriker. Das Subjekt als Schauspieler oder, allgemeiner gefasst, Künstler: Einer, der sich aufs »Erkünsteln« versteht, zuletzt auf das Erkünsteln seiner selbst:

> »Die Falschheit mit gutem Gewissen; die Lust an der Verstellung als Macht herausbrechend, den sogenannten ›Charakter‹ beiseite schiebend, überflutend, mitunter auslöschend; das innere Verlangen in eine Rolle und Maske, in einen *Schein* hinein; ein Überschuss von Anpassungsfähigkeiten aller Art« (Nietzsche, 1982b, 361, S. 234).

Die so verstandene Leerheit des Hysterikers hält man aus klinischer Sicht durchaus für ein psychopathologisches Phänomen – was auch so interpretiert werden könnte, dass es letztlich eine Frage der angelegten Sichtweise ist, ob das Phänomen der Kategorie des Psychopathologischen, des Normalpsychologischen oder des Ästhetischen zugeordnet wird. Eine Trennungslinie könnte allenfalls dort gezogen werden, wo der als »Normvariante« noch durchgehende hysterische Charakter zusätzlich Symptome ausbildet, die mit einem mehr oder weniger ausgeprägten und subjektiv empfundenen Leidensdruck einhergehen. Speziell die Psychoanalyse, die der Hysterie ja ihre Erfindung verdankt, erkennt im einen wie im anderen Fall das Vorliegen eines grundsätzlichen Mangels, den der Winnicott-Schüler Masud M. R. Khan in einem älteren, aber immer noch äußerst informativen Beitrag so charakterisiert:

> »Diese innere Leere macht das eigentliche Dilemma des Hysterikers aus, und sie spricht vor allem gegen einen positiven Gebrauch des analytischen Prozesses mit dem Ziel der Selbsterkenntnis und Persönlichkeitsentwicklung. Die Hysterie ist weniger eine Krankheit als eine Technik, die Leere zu bewahren und sich selbst fern zu bleiben, und diese ›Abwesenheit von sich selbst‹ wird durch Symptome verdeckt« (Khan, 1990, S. 87).

Ein zugegebenermaßen vernichtendes Urteil, was das Ansehen der Hysterie im Urteil eines spätfreudianischen Psychoanalytikers betrifft! Dem Hysteriker wird bescheinigt, dass er a) aller Erwartung und allem vielversprechenden Anschein zum Trotz wenig von einer psychoanalytischen Therapie profitiert – ein Eindruck, mit dem Khan schon zu seiner Zeit nicht allein stand; und dass er b) bestrebt ist, an seiner inneren Leere festzuhalten und zu diesem Zweck eine Vielzahl von verhaltenstechnischen Hilfsmitteln einsetzt; und dass schließlich c) das einzig wirklich Produktive, was er vorzuweisen hat, seine Symptome sind. Wir müssen uns folglich einen wenigstens groben Überblick darüber verschaffen, worauf Khan diesen strengen psychoanalytischen Richterspruch stützt. Ich beschränke mich auf einige Kernpunkte.

Bereits Freud war der Meinung, dass der Hysteriker weder wahrhaft zu lieben vermag noch es erträgt, wahrhaft geliebt zu werden. Freuds triebtheoretischer und an der männlichen Sexualentwicklung orientierter Ansatz gibt als Gründe dafür den Kastrationskomplex und den Penisneid der Frau an. In verallgemeinerter Form: Der Hysteriker kann sich einerseits nicht lieben lassen, weil die Liebe des Anderen auf den ihm anhaftenden Mangel (der Kastration) verweist, dessentwegen er sich minderwertig, unterlegen, schwach und abhängig fühlt. Auf der anderen Seite ist seine eigene Liebesfähigkeit blockiert durch destruktive Affekte, worunter an erster Stelle der Neid zu nennen ist, der sich gegen das idealisierte Objekt richtet. In der Erforschung der Hysterie ist zudem schon früh aufgefallen, dass der

Hysteriker nicht den Anderen, sondern das Begehren des Anderen begehrt und insofern mit dessen Begehren identifiziert ist. Der Hysteriker evoziert das Begehren des Anderen als sein eigenes und verhindert gleichzeitig, dass dieses Begehren »an sein Ziel kommt«. Dies erklärt die außerordentliche Anpassungsfähigkeit des Hysterikers wie auch die Not, dem Begehren des Anderen entsprechen zu müssen, weil er ein eigenes Begehren, das es vielleicht noch gar nicht gibt, nicht kennt. Und es erklärt, warum am Ende der Geschichte stets die Frustration lauert. Dieser psychodynamische Aspekt der Hysterie findet sich besonders in den von Lacan inspirierten Richtungen der Psychoanalyse (dazu Israël, 1983) ausgearbeitet.

Khan nähert sich bereits deutlich den neueren Theorien zur Ätiologie der Hysterie an, wenn er darauf hinweist, dass die maßgebliche unbewusste Angst des Hysterikers die sei, einem Objekt ausgeliefert zu sein, von dem er annimmt, dass dessen Liebe falsch oder vergiftet ist. Khan thematisiert hier einen pathogenetischen Faktor, der in der frühen Beziehung zu einer ambivalenten, das heißt äußerlich versorgenden und zugleich emotional zurückweisenden Mutterfigur lokalisiert ist. Daraus resultiert das latente Misstrauen des Hysterikers in späteren Beziehungen, das sich in dem Vorwurf äußert, nicht »wirklich« geliebt oder »nur« körperlich-sexuell begehrt und in dieser Hinsicht benutzt zu werden. Wie auch immer man die einzelnen ätiologischeKomponenten bewerten mag, was in der Bilanz bleibt, ist das hinter allen Masken des hysterischen Begehrens untergründig sich haltende Gefühl, unerfüllt, unbefriedigt, leer zu sein. An der Oberfläche erscheint diese basale Selbstempfindung als sedimentierter Groll und »Missmut« (vgl. Kahn, 1990). Die hysterische Persönlichkeit hält, wie Khan vermerkt, an der Leere als dem kleineren Übel fest, weil das größere Übel unter anderem darin bestünde, »gefunden« zu werden und damit einer das Selbst bedrohenden Feindseligkeit und Bemächtigung ausgesetzt zu sein. Der Preis für das defensive Festhalten an der Leere besteht jedoch in der latenten Depression, die auch in neueren Beiträgen als charakteristisch für das Persönlichkeitsbild der Hysterie angenommen wird.

Zu diesem Charakteristischen der Hysterie gehört auch, dass sich deren Maskeraden und Inszenierungen mühelos eingliedern lassen in die Phänomenologie eines gesellschaftlichen Trends, der heute weit über den speziellen Einzelfall hinaus Mehrheiten wechselnder Größe und Zusammensetzung ergreift und die Qualität einer kollektivpsychologischen Disposition angenommen hat. Nachdem der hysterische Reaktionsmodus, wie man weiß, aus der individuellen konversionshysterischen Symptomatik so gut wie verschwunden ist, hat er allem Anschein nach in einer um sich greifenden »Hysterisierung« allgemeiner sozialer Verhaltensformen eine neue Heimstatt gefunden. Den mittlerweile sprichwörtlichen, allerorts anzutreffenden oder gesuchten *Hype* hat Christoph Türcke auf sozialphilosophischer Ebene bereits vor längerer Zeit in ein umfassendes Konzept der *Erregten Gesellschaft* eingefügt, der es darum geht, »alles Geschehen in eine erregende, aufmerksamkeitsheischende Reizflut zu verwandeln« (Türcke, 2010 [2002], Klappentext). Herstellung und Aufrechterhaltung einer maniformen Dauererregtheit entsprechen dem hysterischen Habitus, dem aus angeführten Gründen Erfahrungen nachhaltiger Befriedigung nicht gelingen. Anzutreffen ist in diesem Zusammenhang das Phänomen der Affektualisierung, ein hysterischer Mechanismus, der als Pendant zur eher zwangsneurotisch veranlagten Intellektualisierung die künstliche Verstärkung (Übertreibung, Aufbauschung, Dramatisierung) von Emotionen meint. Verstärkt in diesem Sinne wird nicht nur die eine oder andere spezielle Emotion, sondern das Vorkommen des Emotionalen überhaupt. So wie es seit Längerem zum Standardrepertoire von Nachrichtensprechern gehört, mit affirmativem Unterton die »Wut und Trauer« zu erwähnen der von Unglücksfällen, Anschlägen und anderen mutmaßlich nicht selbst verschuldeten Katastrophen Betroffenen, so überbieten sich Unterhaltungsmedien darin, jede persönlich gefärbte Verlautbarung Prominenter oder anderweitig bekannter Vertreter des öffentlichen Lebens als »emotionale Botschaft« als »ungeheuer starken emotionalen Auftritt« zu apostrophieren. Dies auch dort, wo es um trivialste Angelegenheiten geht. Ein mittlerweile schon wieder der Stereotypie anheimgefallenes Vokabular der künstlichen Affektverstärkung wurde eigens dafür erfunden: Dazu gehört seit geraumer Zeit das Unwort der »Eskalation«, das mit penetranter Einförmigkeit auf jede Steigerung von Problemen und Konfliktspannung in politischen oder sonstigen Auseinandersetzung Anwendung findet und dessen Wirkung darin besteht, die behauptete affektive Intensität der Vorgänge, von denen die Rede ist, überhaupt erst zu erzeugen, »herbeizureden«, wie man gemeinhin und durchaus zutreffend sagt. Dahinter entdeckt man leicht eine geheime Lust an eben dieser Eskalation oder wenigstens das geschäftliche Interesse an der Erzeugung einer entsprechenden Angstlust beim Rezipienten, der zum Beispiel mit diesem Kunstgriff möglichst lange auf der entsprechenden Online-Nachrichtenseite gehalten werden soll.

Doch noch einmal zurück zum Verlangen nach Dauererregtheit, dem entfesselten Bedürfnis nach Spitzenerlebnissen, permanenter Neuigkeit und Sensation. Gerhard Schneider (2011, S. 51ff.) bringt in einem Beitrag, der direkten Bezug zu Christoph Türckes Begriff der »erregten Gesellschaft« nimmt, das Phänomen in Zusammenhang mit einer charakteristischen Veränderung des Zeiterlebens, die der Soziologe Zygmunt Bauman (2003) für die Mentalität der »flüchtigen Moderne« konstatiert. »In der Flüchtigen Moderne« so Bauman, »wird die Zeit in eine Vielzahl *pointillistischer* Momente zerlegt. [...] Von jedem Zeitpunkt wird angenommen, dass er die Möglichkeit eines neuen Urknalls [...] des individuellen Universums in sich berge« (ebd., S. 181). Es geht hier also darum, eine ununterbrochene Abfolge von Ekstasen reiner Gegenwärtigkeit zu erleben, in denen sich sozusagen permanente Neuschöpfungen des Selbst *ex nihilo* ereignen. All dies hat natürlich rein imaginären Charakter, real verändert sich gar nichts. Im Kontext der Symptomatologie des Hysterischen ist es interessant, dass Bauman von »*pointillistischen* Momente[n]« spricht. In der Malerei war der Pointillismus eine Stilrichtung innerhalb des französischen Impressionismus. Und der Stil des Hysterischen wird aufgrund seiner Verhaftung im farbig Augenblickhaften, Transitorischen, »Flüchtigen« seit Langem als »impressionistisch« bezeichnet.

Es bedarf keiner großen gedanklichen Anstrengung, um in der Suche nach Erregung und Hochgefühl ein Gegenmittel gegen den Zerfall von Identität, Kohärenz und Kontinuität zu finden, die die postmodernen Erfahrungswelten den Subjekten zumuten. Die Ekstase der Gegenwärtigkeit verspricht all das als Reales herzustellen, was die Verkünder von irreduzibler Ambiguität und Differenz bereits in die Mottenkiste der Bewusstseinsgeschichte verbannt oder als imaginäre Konstrukte entlarvt haben: Präsenz, Fülle, Unmittelbarkeit. Daher gewinnt die Emotion eine solch überragende Wichtigkeit. Denn sie vermittelt dem Selbst die Empfindung von Authentizität, Kongruenz und Eindeutigkeit, während die gedankliche Reflexion genau diese Qualitäten fraglich macht und in Auflösung überführt. Schneider (2011, S. 64) hat diese Programmatik auf die Formel gebracht: »Erregung statt Bedeutung«. Wo Bedeutung, Sinn abhanden zu kommen droht oder bereits abhandengekommen ist oder wo Sinn erst gar nicht mehr gesucht wird, ist es umso überlebenswichtiger, Erregung zu mobilisieren. Die repetitive, maniforme, ja suchtartige Qualität der Mobilisierung jedoch zeigt, dass der eigentliche Mangel auf diesem Weg nicht zu beheben, das »Bedeutungsloch« im Selbst nicht zu verschließen ist. An dieser Stelle ergibt sich ein weiteres Mal die Parallele zur Struktur der

Hysterie, von der Khan wie auch psychoanalytische ForscherInnen nach ihm feststellen, dass der Hysteriker eine frühe Behinderung in der Ausbildung und Anwendung seiner Ich-Funktionen erfahren hat, und dass er, um dieses Unvermögen zu kompensieren, im Zuge einer beschleunigten Sexualentwicklung damit angefangen hat, auf die »sexuelle Lösung« als universelles Heilmittel zu setzen und zu diesem Zwecke seine körperlichen Erregungs- und Attraktivitätspotenziale auszubeuten. Diese Kalkulation geht am Ende so gut wie nie auf. Ihr regelmäßiges Scheitern gibt vielmehr den Blick auf ein »Dahinter« des Leidens frei, das »Loch im Selbst«, das dem Hysteriker in den allermeisten Fällen verborgen bleibt.

## Falsches Selbst – oder nicht einmal das

Wir richten des Weiteren den Blick auf eine Erscheinungsform des entleerten Selbst, die sich in eher unauffälligen Merkmalen Ausdruck verschafft, wenn auch die Anzeichen des Mangels bei genauerer Prüfung nicht zu übersehen sind. Man scheut sich sogar, von einer Pathologie im eigentlichen Sinne zu sprechen – nicht nur weil beim Betroffenen oftmals kaum Spuren von subjektivem Leidensdruck zu bemerken sind, sondern weil sein persönlicher Habitus, wenn überhaupt, dann nur unmerklich oder innerhalb des Spektrum zulässiger Schwankungen von den Rollenmustern und Erwartungen abweicht, die die jeweilige soziale Umgebung an den Einzelnen stellt und die er meist von früh auf verinnerlicht hat. Der meist abschätzig gebrauchte Begriff der *Normopathie*, der verständlicherweise in diagnostischen Manualen nicht auftaucht, versucht einem Modus und Grad von Anpassung gerecht zu werden, deren scheinbare Marginalität und Unauffälligkeit die einzigen Hinweise darauf liefern, dass irgendetwas nicht stimmt.

Dass etwas nicht stimmt, macht sich zuweilen dann doch dort bemerkbar, wo die in sozialen und beruflichen Bahnen fest eingefahrene Funktionalität ins Stocken gerät oder gar entgleist, sei es als Folge von Überlastung und Burnout oder ausgelöst durch unerwartete *life events* wie Trennung, schwere Erkrankung, Arbeitslosigkeit oder persönliche Verluste anderer Art. Man darf aber auch den Fall nicht übersehen, dass ein schon lange untergründig schwelendes, nur undeutlich wahr- und nicht ernstgenommenes Unbehagen sich auch ohne Hinzutreten besonderer Erschwernisse über die Zeit anreichert, eine kritische Masse erreicht und zum auslösenden

Moment eines Aufwachens wird, das Menschen in die psychotherapeutische Praxis führt. Nicht selten sprechen sie dann dort davon, trotz allem, was sie richtigerweise und sinnvollerweise tun, keine Freude und wirkliche Befriedigung erleben zu können; dass sie alles erreicht hätten, was es zu erreichen gab, und ihnen dennoch der Sinn ihres Leben abhandengekommen sei; dass es sich, wenn sie tiefer in sich hineinschauten, in ihnen leer anfühle und dass sie im Grunde nicht wüssten, wer sie »eigentlich« seien.

Die etwas diffus und oftmals keineswegs »krankheitswertig« erscheinende Symptomatik, die ich in Grundzügen beschrieben habe, deutet auf eine latent depressive Problematik und Identitätsproblematik hin. Die Sache, um die es dabei eigentlich geht, wird man aber besser treffen, wenn man in ihr die Anzeichen der Erschütterung oder Dekompensation einer Struktur erkennt, die Winnicott (1984 [1960]) das *falsche Selbst* genannt hat. Es besteht hier nicht die Notwendigkeit, in die Geschichte dieses Konzeptes und die Kontroversen, die darum geführt wurden, tiefer einzusteigen (Lesmeister, 2009, S. 85ff.). Nur so viel sei zum ausreichenden Verständnis angeführt: Das falsche Selbst stellt eine aus kumulativen Erfahrungen von *Gefügigkeit* geronnene Persönlichkeitsformation dar. »Gefügigkeit« ist der Ausdruck, den Winnicott selbst im gegebenen Zusammenhang verwendet. Er beschreibt die Psychodynamik meist sehr früh in der Entwicklung einsetzender Interaktionsmuster, in der das im Zustand vollständiger Abhängigkeit befindliche Subjekt (Säugling, Kleinkind) gezwungenermaßen lernt, sich dem Begehren des Objektes zu unterwerfen, weil es andernfalls dessen Verfügbarkeit, Schutz und Liebe verliert oder sich darüber hinaus dessen zerstörerischen Angriffen ausgesetzt sieht. Die Gefügigkeit erzwingenden Objekte werden verinnerlicht und zu Instanzen des Über-Ichs und Ich-Ideals ausgebaut, die den ursprünglich mit dem äußeren Objekt sich abspielenden Entfremdungsvorgang intrapsychisch wiederholen und festschreiben. Die maligne Wirkung des verinnerlichten Entfremdungsgeschehens besteht nun darin, das Subjekt von den internen Quellen psychophysischer Lebendigkeit, wie sie in den Potenzialen und Ausdrucksformen des primären Selbst oder Kernselbst angelegt ist, vollständig und dauerhaft abzuschneiden. Anstelle der Befriedigung, die aus den Formen primärer Selbstartikulation hervorgehen würde – Winnicott nennt hier vor allem die Aspekte von Spontaneität, Kreativität, Originalität – treten nun die vorwiegend narzisstischen Gratifikationen, die für die jeweiligen »Gesten der Gefügigkeit« (Leistung, Erfolg, angepasstes Wohlverhalten usw.) gewährt werden. Im Grunde handelt es sich hier um das System eines Mutter-Surrogats, dessen Nahrung jedoch nie wirklich zufriedenstellt, den eigentlichen Hunger nicht stillt. Das eigentlich Zufriedenstellende läge eben überhaupt nicht in Gratifikationen, welcher Art diese auch sein mögen, sondern im inneren Anschluss an die Potenziale des »wahren Selbst« und der Möglichkeit, diese Potenziale im Sinne der Selbstwirksamkeit welt- und objektbezogen zu verwenden. Weil den im Silberkäfig des falschen Selbst Gefangenen die innere Verbindung zum lebendigen Kernselbst fehlt, fühlen sie sich trotz aller Zufuhr und Bestätigung, die sie erhalten oder sich verschaffen, im Tiefsten leer und unreal. Die Folgen der Dissoziation reichen aber noch ein Stück weiter. Statt die Ressourcen des wahren Selbst als Quelle von Vitalität und Selbstvertrauen zu erleben, werden sie nun zur Quelle von Angst – Angst vor eben dieser Lebendigkeit und den »verbotenen«, schuld- und schambeladenen Möglichkeiten, die sie gewährt. In tragisch-paradoxer Verkehrung verwandelt sich das wahre Selbst seinerseits in ein schwarzes Loch, einen Abgrund, in dem Kräfte lauern, die das Ich mit Zerstörung bedrohen.

Für Entfremdungsvorgänge im Selbst, die nicht unbedingt an die katastrophalen Verwüstungen der Psychose oder die trostlosen Gefilde der Melancholie heranreichen, liefert Winnicotts Modell ein verhältnismäßig einfaches und handliches Schema – vielleicht zu einfach, als dass die Kritik nicht zahlreiche Ansatzstellen gefunden hätte (ebd., S. 123ff.). Doch die möglichen Beanstandungen sollen hier nicht im Vordergrund stehen. Eine unzweifelhafte Stärke der winnicottschen Konzeption des wahren Selbst besteht darin, dass sie nicht auf ein Set präformierter persönlicher Eigenschaften abhebt, in denen dieses »Wahre« eingeschlossen sei, sondern vielmehr allgemeine Modalitäten benennt, deren Anwendung auf Erfahrungsmaterial das »Wahre« des Selbst erst fortlaufend hervorbringt. Diese Modalitäten sind in der Hauptsache die bereits genannten von Spontaneität, Kreativität und Originalität. Ein so verstandenes wahres Selbst ist also kein von vornherein determiniertes, sondern ein entstehendes und werdendes. Wer in der Lage ist, die genannten Qualitäten in der Gestaltung seines Lebens walten und wirksam werden zu lassen, erschafft sich sein wahres Selbst, nicht ein für alle Mal, sondern bereit und fähig zur Transformation; nicht in solipsistischer Introversion, sondern in Wechselbeziehung zu Anderen; nicht in jeder beliebigen Ausformung, sondern im Rahmen eines individuellen Möglichkeitsraumes, den man wohl für jeden Menschen als gegeben annehmen muss. Das entscheidende Agens der Selbstwerdung liegt folglich in einer Art innerer Beweglichkeit und Tätigkeit, einer, wenn man so will, dynamischen Selbstsetzung, über deren Richtung und Ziel nicht immer schon vorab entschieden ist. Es ist dieses Vermögen, das sich an den organismischen Manifestationen des gesunden Kindes beobachten lässt und was auf einer anderen Betrachtungsebene, der imaginalen Ebene des archetypischen Kindes, Nietzsche (1982c, S. 294) so unübertroffen zum Ausdruck bringt, wenn er dieses Kind »ein Neubeginnen, ein Spiel, ein aus sich rollendes Rad, eine erste Bewegung, ein heiliges Ja-Sagen« nennt.

Wir haben Unterschiede zu machen hinsichtlich der Tiefe und Reichweite einer derartigen Dissoziation. Am einen Pol Menschen, deren Unechtheit, Fassadenhaftigkeit, »Unlebendigkeit« nicht nur psychologisch geschulten Beobachtern auffallen, und die eine psychologisch geschulte Beobachterin wie Helene Deutsch dazu veranlasst hat, von »Als-ob-Persönlichkeiten« zu sprechen, die keineswegs besonders krank zu sein scheinen, es aber in der abgründigsten Weise sind. Am anderen Pol: wir alle. Keineswegs nur aus freiem Willen ziehen wir es vor, unsere »wahren« Antriebe und Affektionen nicht unter allen Umständen anderen preiszugeben oder uns selbst einzugestehen. Wir folgen der Angst davor, die Liebe zu verlieren, beschämt oder beschuldigt zu werden, Anstoß zu erregen oder Chaos zu verursachen, und tauschen so bereitwillig einen Teil unserer potenziellen Lebendigkeit ein gegen die meist fragwürdige Sicherheit, die uns beruhigt, aber nicht zu einem erfüllten Leben verhilft. Dafür mag es vernünftige Gründe geben. Aber auch das ist falsches Selbst im Verständnis Winnicotts, sozusagen normales und unentbehrliches falsches Selbst im Dienst des Überlebens und der Anpassung. Freud (1930a) hat in diesem Zusammenhang von einem persistierenden »Unbehagen« gesprochen, das hinter der habituellen Abwehr bereitliegt. In der Fortsetzung und Steigerung wird daraus die depressive Gestimmtheit von Leere und Sinnlosigkeit, die in Krisensituationen zutage tritt und in aufdringlichen Symptomen das Fehlende einklagt.

Man darf nicht übersehen, dass zum falschen Selbst ein gewisses Maß an struktureller Stabilität gehört. Psychoanalytisch ausgedrückt, müssen bestimmte Ich-Funktionen vorhanden und intakt sein, allein schon, um das System geregelter Verhaltensabläufe im Verkehr mit dem Außen und sich selbst aufrechtzuerhalten und nicht ständig seelischen oder sozialen Schiffbruch zu erleiden. Die Abläufe, um die es hier geht, sind überwiegend leistungsthematisch und von effizienzorientierter Anstrengung geprägt. Das Erscheinungsbild der Normalität muss innerhalb bestimmter Grenzen gewährleistet sein. Darin liegt der Grund, weshalb wir die Ausprägungsformen des falschen Selbst meist in Verbindung mit höherem oder nur mittelmäßig beeinträchtigtem Strukturniveau der Persönlichkeit antreffen, also eher bei neurotisch, depressiv oder narzisstisch akzentuierten Persönlichkeiten, allerdings auch bei psychopathischen oder bestimmten Varianten der Perversion. Psychotische oder Borderline-Persönlichkeiten verfügen im Allgemeinen nicht über die erforderlichen ich-strukturellen »Betriebsvoraussetzungen« zur Ausbildung eines falschen Selbst.

## Ich-verarmte Persönlichkeiten

Ein gut organisiertes und effizientes falsches Selbst stellt eine beträchtliche Ich-Leistung dar. Was aber wird aus denen, die auf der einen Seite nie ausreichend mit sich selbst bekannt geworden sind; bei denen nie die nötigen Voraussetzungen bestanden haben, die es ihnen ermöglicht hätten, aus den inneren Quellen von Spontaneität, Kreativität und Originalität zu schöpfen? Und die auf der anderen Seite aber ebenso wenig in der Lage oder vielleicht auch gar nicht bereit sind, die zu einer »normalen« Lebensbewältigung erforderlichen Anpassungsleistungen zu erbringen? Es sind zwei Mankos zugleich: Weder existiert der Anschluss an die lebendigen Potenziale des Kern-Selbst, noch reicht die operative Ich-Kompetenz aus, um sich auf sozialen und beruflichen Feldern, auf den Feldern des Liebens, Arbeitens und Genießens etwas zu erschaffen, was wenigstens so aussieht wie ein eigenes und gelungenes Leben. Es bleibt nicht viel, wenn man sich weder einzupassen vermag in das mehr oder weniger normierte Getriebe gesellschaftlicher Produktion und Reproduktion, aber auch nicht über die Kraft oder den Willen verfügt, ein individuiertes Selbst zu sein. All das bedeutet nicht, dass diese Persönlichkeiten, unter denen sich viele junge, adoleszente befinden, durch eine besonders schwerwiegende, »lärmende« und leicht zu klassifizierende psychopathologische Symptomatik die Aufmerksamkeit auf sich zögen. Was man in zunehmender Zahl beobachtet, auch und gerade in der psychotherapeutischen Praxis beobachtet, sind Bilder von ausgedehnter Ich-Verarmung, durchzogen von einer blanden Depressivität, die weniger durch ihre Tiefe als ihre Durchgängigkeit auffällt. Ich werde mich im Folgenden mit einigen hervortretenden psychologischen Merkmalen dieses, wie mir scheint, zeitspezifischen Persönlichkeitstyps unter klinischen und psychotherapeutischen Gesichtspunkten näher befassen. Dabei werde ich mich auf Aspekte des strukturell-psychodynamischen Persönlichkeitshintergrundes sowie der psychotherapeutischen Zugänglichkeit konzentrieren und die kontroversen Fragen von Ätiologie und Psychogenese eher zurückstellen.

Zur Charakterisierung der ich-verarmten Persönlichkeit lassen sich fünf spezifische Merkmalskomplexe heranziehen. Diese existieren nicht isoliert, sondern in Wechselwirkung miteinander und in Verbindung mit möglichen anderen Dispositionen und Strukturen. Diese Merkmalskomplexe, die maßgeblich zum Bild einer Leere des Selbst beitragen, umfassen:

- Psychischer Entwicklungsstillstand
- Willenslähmung
- Chronische Langeweile
- Resonanzsucht
- Formen oral-narzisstischer Regression

## Psychischer Entwicklungsstillstand

Der Begriff des Entwicklungsstillstandes liefert wohl die allgemeinste Beschreibungsdimension, mit der sich die psychische Verfasstheit der ich-verarmten Persönlichkeit charakterisieren lässt. Sie schließt in gewisser Hinsicht die übrigen genannten Faktoren ein, die in der einen oder anderen Weise zum Entwicklungsstillstand beitragen.

Entwicklungsstillstand zeigt sich im Rahmen der psychoanalytisch-psychotherapeutischen Situation daran, dass kein signifikanter psychodynamischer Prozess zustande kommt, weder auf intrapsychischer Ebene noch auf intersubjektiver und Beziehungsebene. Die psychischen Formationen geraten nicht in Bewegung, erfahren nicht den notwendigen Grad an Verflüssigung, aus der neue Bildungen hervorgehen könnten. Entsprechend der von Jung gewählten alchemistischen Metaphorik könnte man das auch so ausdrücken, dass im *vas hermeticum* der analytisch-psychotherapeutischen Situation nicht die nötige »Betriebstemperatur« entsteht, um die Ausgangselemente in transformative Prozesse zu überführen. In triebtheoretischer Sprache formuliert hieße dies, dass es an ausreichend starken libidinösen Besetzungen fehlt, sowohl solchen der inneren Welt, des Selbst, wie solchen der äußeren Objekte. Im Grunde herrscht der »invalide Eros«, wie Adolf Guggenbühl-Craig (1980, S. 74ff.) ihn am Beispiel der schizoid-psychopathischen Persönlichkeit beschrieben hat. Die seelischen Inhalte bleiben blass, trocken und starr oder schemenhaft und flüchtig. Sie nehmen keine Bedeutung an, die in der Reflexion erweiternd und vertiefend fortgeschrieben werden könnte. Die Erkenntnisse, zu denen die PatientInnen gelangen, gewinnen nicht den Grad an Sättigung, der sie zu Fermenten seelischer Transformation machen könnte.

Der Mangel an libidinöser Besetzung lässt sich natürlich auch in Termini von Narzissmus-Theorien formulieren: So hätten wir es im Verständnis Kohuts (1991 [1971], S. 150ff.) mit dem Fall zu tun, der anzeigt, dass die frühen (archaischen) Idealisierungen keine differenzierende Reifung durchlaufen und sich zu realisierbaren Werten und Zielen entwickelt haben. Im Zusammenhang damit steht häufig eine Störung der Sublimierungsfähigkeit – in einfacheren Worten: Die betreffenden PatientInnen können keine Lust auf oder keine Begeisterung für etwas entwickeln und keine Befriedigung aus etwas ziehen, was über praktische Zweckmäßigkeiten oder sinnlichen Genuss auf der einen Seite oder über Schwelgen in Emotionen und Größenfantasien auf der anderen Seite hinausgeht. Sie zeigen wenig Interesse und Initiative für Dinge, die nicht nur der elementaren Selbsterhaltung dienen, oder sie verfügen nicht über die Fähigkeit, solche Interessen zielgerichtet umzusetzen. Aus all dem resultiert ein Bild seelischer Stagnation, geprägt von einem Mangel an innerer Regsamkeit, mentaler Verlebendigung und Gestaltungsdrang.

PsychotherapeutInnen sollten nicht dem Irrtum verfallen, den so gekennzeichneten Entwicklungsstillstand für ein psychodynamisches Widerstandsphänomen zu halten, obgleich er sich mit Widerständen anderer Art und Herkunft verbinden kann. Es handelt sich hier um ein originäres Defizit-Syndrom, dessen Bearbeitung erhebliche und möglicherweise unlösbare Probleme aufgibt. Die therapeutische Atmosphäre erweist sich in der Regel als monoton, angestrengt und trocken – »wüstenartig« könnte man sagen –, was auf therapeutischer Seite die Neigung erzeugt, ein Übermaß an eigener Aktivität zu entfalten, um die PatientInnen zu »(re)animieren«, das heißt seelisch verlebendigen zu wollen. Diese Bemühung endet in der Regel in erheblicher Frustration und schlägt schließlich in Aggression um, die, auch wenn sie als therapeutische Konfrontation verpackt wird, den PatientInnen in keiner Weise hilft, sondern unverständlich und verstörend bleibt. Ebenso unangebracht ist es, die in der Gegenübertragung erlebte Aggression als projektive Identifikation der PatientInnen zu deuten. Die Aggression ist in diesem Fall nichts anderes als die Reaktion auf das Scheitern der eigenen Anstrengungen, einen analytisch-therapeutischen Diskurs in Gang zu bringen.

Dieser Diskurs findet eben überhaupt nicht statt. Stattdessen geschieht etwas anderes, dessen Bedeutung häufig übersehen oder unterschätzt wird: Die PatientInnen des geschilderten Typs entwickeln auf unbewusster Ebene eine Hintergrund- oder besser Untergrund-Übertragung, die man als »adhäsive« Übertragung im Sinne Donald Meltzers oder als Form der »autistisch-berührenden Position« im Sinne Thomas H. Ogdens (2006, S. 49ff.) verstehen sollte. Dabei handelt es sich um die unbewusste primordiale Fantasie einer körperlichen Anhaftung, eines deckungsgleichen Anschmiegens an den Körper der Mutter, die sich in vollkommen präverbaler, ja vielleicht sogar präsymbolischer Sphäre ereignet. Meiner Erfahrung nach ist diese Übertragung nicht deutend zu bearbeiten. Ihr Vorhandensein sorgt aber dafür, dass die PatientInnen, obgleich in analytischer Hinsicht nichts oder nur wenig Substanzielles geschieht und kaum Veränderungen eintreten, regelmäßig zu den Stunden kommen und oft erstaunlich lange in Behandlung verbleiben. Diesem Verhalten korrespondiert ein diffuses Gegenübertragungsgefühl in der Art einer gesteigerten Sorge um und Verantwortung für das »Kind«, das nicht alleingelassen werden darf. Was häufig dabei herauskommt, ist eine hartnäckige und mit allerlei Rationalisierungen untermauerte Kollusion, die die Anlage für eine »unendliche Geschichte« birgt.

## Willenslähmung

Ein weiteres Charakteristikum der ich-verarmten Persönlichkeit kann mit dem Begriff der Willenslähmung beschrieben werden. Ich verwende hier mit voller Absicht einen Begriff, der in der Geschichte der Psychoanalyse, wenn er überhaupt auftauchte, stets ein Fremdkörperdasein geführt hat und mehr oder weniger gemieden wurde. Der Willensbegriff wurde seit Freud kompromisslos durch den Triebbegriff ersetzt, wohl auch um eine Kontinuität zu unterbrechen, aus der zweifelsfrei hervorgeht, dass vieles von dem, was nach der terminologischen Wende eine triebtheoretische Einkleidung erhielt, bereits davor in den großen Willensphilosophien Arthur Schopenhauers und Friedrich Nietzsches zur Sprache gekommen war. Die bewusstseinspsychologische Konnotation, die dem Willensbegriff anhaftet, mag ein weiterer Grund der energischen Abgrenzung gewesen sein, allerdings wohl kaum der ausschlaggebende. Denn die Willensphilosophien des 19. Jahrhunderts, beginnend mit Schelling über Schopenhauer bis Nietzsche akzentuierten ja gerade die Unbewusstheit der Willensphänomene, an die psychoanalytisch anzuknüpfen leichtgefallen wäre.

Ein entscheidendes Argument zugunsten der Verwerfung des Willensbegriffs lieferte die in den 20er Jahren des 20. Jahrhunderts von Otto Rank entwickelte psychoanalytische Willenspsychologie, die dem frühen und einst treuesten Gefolgsmannes Freuds das von zahlreichen Vorgängern bereits bekannte Schicksal des verstoßenen Dissidenten bescherte. Ranks Arbeiten seit 1924/25 setzen in der Tat völlig neue Akzente, die bei wohlwollender Kenntnisnahme durchaus als Bereicherung des psychoanalytischen Wissens hätten verstanden werden können (Rank, 2006). Ranks Unterscheidung von Willen und Trieb geht in der Hauptsache dahin, im Willen eine Kraft zu sehen, die die Triebregungen beherrscht, reguliert, auf Ziele hinlenkt und im Dienst einer schöpferischen Selbst- und Lebensgestaltung verwendet. Der autonome Wille ist bei Rank der eigentliche Motor und *spiritus rector* der Individuation. Mit seinen eigenwilligen Konzeptualisierungen erschuf Rank eine neue Instanz innerhalb der seelischen Ökonomie und wies dieser in der Bildung der Persönlichkeit eine Priorität zu, die von den zeitgenössischen Freudianern eines Rückfalls in bewusstseinspsychologisches Denken verdächtigt wurde und folglich schwerlich akzeptiert werden konnte.

Während Rank die Willensphänomene unter normalen und pathologischen (vorwiegend neurotischen) Bedingungen sowie deren Dynamik in psychotherapeutischen Prozessen ausführlich und erfahrungsnah beschreibt, hat er es unterlassen, den Willen als zentrales psychisches Agens metapsychologisch präziser zu verorten. Wo genau liegt der Ursprung dieses Willens? Woraus bezieht er seine Energie? Dazu einige theoretische Aufrisse.

Will man die Verbindung zum Triebgeschehen nicht ganz abreißen, dann könnte man Ranks Willen in der Nähe des in Freuds erster Triebtheorie noch ausgewiesenen Ich- oder Selbsterhaltungstriebes ansiedeln. Der Wille bei Rank zielt jedoch nicht primär auf Selbst*erhaltung*, sondern auf Selbst*gestaltung*, was möglicherweise den Aspekt der Erhaltung einschließt oder voraussetzt. Deutlicher als die Referenz zum frühen Freud fällt deshalb die zu Nietzsche aus, der als geistiger Mentor hinter Ranks Schaffen steht. Für Nietzsche ist der Wille Antriebskraft der Selbstformung und Selbstermächtigung. Das autonome Subjekt Nietzsches ist im Wesentlichen ein Willenssubjekt. Er nennt den Willen einen angeborenen »Instinkt«. Im »Willen zur Macht« hat er ihn darüber hinaus zu einem metaphysischen Prinzip erhoben. Im Grunde muss man aber sagen, dass die genauere psychologische Natur der Willensphänomene auch in Nietzsches Werk unklar bleibt.

Eine alternative Herleitung des Willens einschließlich des damit verbundenen energetischen Aspektes ließe sich mithilfe der Narzissmus-Theorie, speziell der auf Kohut zurückgehenden bewerkstelligen. In Kohuts (1991 [1971], S. 150ff.) Modell des bipolaren Selbst enthält einer der beiden Selbstpole die Resultate der durch das Selbstobjekt vermittelten spiegelnden Beziehungserfahrungen. An dieser Stelle formiert sich das kindliche Größenselbst, aus dem dann im Zuge der narzisstischen Transformations- und Reifungsvorgänge die Ambitionen des Subjektes hervorgehen, das heißt die Bedürfnisse nach Erfolg, Stärke, Macht, Selbstwirksamkeit. In dieser Gruppe elementarer Strebungen könnte nun auch der Wille untergebracht werden, der sich demzufolge als primär narzisstisches Phänomen und getragen von narzisstischer Energie darstellen würde. Genau genommen, läge man mit dieser Zuordnung auf Umwegen wieder nahe bei Freuds Ich-Trieben, die ja theoriegeschichtlich von seiner späteren Narzissmus-Theorie absorbiert wurden. Insgesamt entsteht der Eindruck, dass sich der Wille, so, wie dessen Begriff in der Willenspsychologie Ranks ausgearbeitet wurde, am ehesten als eine »Energieform« verstehen lässt, die dem Ich zuzuordnen ist und als solche weitgehend unabhängig vom Triebgeschehen operiert. Dies würde im etwa dem Bild entsprechen, das sich Heinz Hartmann, einer der Begründer der psychoanalytischen Ich-Psychologie, von den Funktionen »primärer Ich-Autonomie« gemacht hat. Dazu gehören Wahrnehmungsleistungen, aber auch solche der Motilität und Intentionalität, die von Geburt an vorhanden, aber nicht von triebhafter Natur oder aus der Triebdynamik abgeleitet sind.

Der Wille ist folglich nicht identisch mit dem Trieb. Um im Verständnis dieses wichtigen Unterschieds weiterzukommen, als die noch offenen Fragen einer metapsychologischen Erklärung dies zulassen, erscheint es hilfreich, sich auf eine mehr phänomenologische Betrachtungsebene zu begeben. So sprechen wir beispielsweise von einem »willensstarken« Menschen und meinen damit einen Menschen, der die ausgeprägte Fähigkeit besitzt, klare Vorstellungen von Absichten und Zielen zu entwickeln, diesbezügliche Entscheidungen zu treffen und diese auch gegen innere und äußere Widerstände energisch um- bzw. durchzusetzen. Wir meinen damit *nicht* einen »triebstarken« Menschen, der vielleicht mit einem intensiven Begehren ausgestattet ist – was aber noch überhaupt nichts darüber aussagt, ob und auf welche Weise er seine Triebwünsche zu realisieren vermag. Auch Freud würde an dieser Stelle nun das Ich einsetzen und darlegen, dass dieses den Triebwünschen entweder keinerlei Widerstand entgegensetzt, also nach dem reinen Lustprinzip verfährt, oder aber das Realitätsprinzip berücksichtigt, um einen den inneren und äußeren Umständen angemessenen Weg der Triebbefriedigung zu finden. Aber was heißt »Realitätsprinzip«? Gemeint sein kann damit doch wieder nur eine Gruppe von Fähigkeiten, denen es gelingt, die Triebdynamik zu regulieren, das heißt an die jeweiligen Realisierungsbedingungen optimal anzupassen. Zur Regulation und Formung einer Triebenergie kann aber nur eine andere Energie wirksam eingesetzt werden. Und genau das leistet nach Rank der im Ich lokalisierte Wille.

Das Phänomen der Willensschwäche geht heute zumeist im Konzept der ich-strukturellen Defizite oder einer unspezifischen Ich-Funktionsschwäche auf. Damit liegt man wohl richtig, bleibt aber zu ungenau. Zu einer präziseren Vorstellung der zugrunde liegenden Störung kann noch einmal der Rückgriff auf Kohuts Modell des bipolaren Selbst verhelfen. Dem Pol der Werte, Ideale und Ziele liegt derjenige der Ambitionen (Motivationen, Strebungen, Antriebskräfte) gegenüber. Im erweiterten tripolaren Modell befinden sich dazwischen die Fähigkeiten und Fertigkeiten, die zwischen den beiden anderen Polen vermitteln. Bezogen auf dieses Schema, hätte Willensschwäche zu bedeuten, dass der Pol der Ambitionen nicht entwickelt ist und an deren Stelle primitive undifferenzierte Omnipotenzvorstellungen und ebensolche Bestrebungen bewusster oder unbewusster Art vorherrschen. Der Mangel an Ambitionen kann natürlich auch daher rühren, dass keine idealisierbaren und handlungsleitenden Werte und Ziele ausgebildet sind. Die ungünstigste und bei der ich-verarmten Persönlichkeit häufig anzutreffende Konstellation ist die, dass es sowohl an Zielen wie auch an Ambitionen fehlt, was das charakteristische Bild narzisstischer Leere, Leere des Selbst erzeugt. Diese Leere zeigt sich durchzogen von narzisstischen Größenfantasien oder diffusen, unorganisierten Wunschregungen, die eher Triebderivate darstellen. Es trifft dasjenige zu, was der Schriftsteller John Steinbeck einmal über einen bestimmten modernen Persönlichkeitstypus, dem er auf seinen Reisen begegnet ist, in die Worte gefasst hat: »Sie haben Wünsche, aber sie wissen nicht, was sie wollen«.

## Chronische Langeweile – Resonanzsucht – oral-narzisstische Regression

Von der tiefen Langeweile, die »in den Untergründen des Daseins wie ein Nebel hin- und herzieht« (Heidegger), haben wir bereits gehört. Besonders ausgeprägt und bedrohlich dürfte sich diese existenzielle Grundstimmung dort bemerkbar machen, wo es dem Ich an der Fähigkeit mangelt, die Welt der Objekte ausreichend zu besetzen und sich mittels sublimierter Interessen und Ambitionen selbstwirksam, eigeninitiativ und gestaltend auf sie einzulassen. Unabhängig von Herkunft und sozialem Status begegnen wir solchen Persönlichkeiten vermehrt in der psychotherapeutischen Praxis. Ihre häufig gar nicht artikulierbaren Leiden imponieren als blandes Zustandsbild einer narzisstischen Entleerung oder larvierten narzisstischen Depression. Ihre Aussichten, den inneren Einöden zu entkommen, sind meist eher ungünstig, da sich in der therapeutischen Situation die von Draußen bekannte Leblosigkeit und Flachheit des Selbst- und Weltverhältnisses wiederholt. Die untergründige und ans Nichts reichende Langeweile, von der in diesem Zusammenhang noch einmal gesprochen werden soll (dazu auch Kreuzer-Haustein, 2001), erweist sich dabei ebenfalls nicht als Hilfe – und zwar deswegen nicht, weil das einzige dynamische Moment, das mit zunehmender Vertiefung der Langeweile eine affektive Belebung im Selbstsystem in Gang setzen könnte, die Angst nämlich, mit allen Mitteln nieder- und ferngehalten wird. Tatsächlich haben wir es hier mit einer inneren Verfassung zu tun, in der ganz im Sinne eines alten Wolf Biermann-Wortes ein Sich-in-Gefahr-Begeben die unerlässliche Voraussetzung dafür wäre, eines Rettenden teilhaftig zu werden: »Wer sich nicht in Gefahr begibt, kommt darin um«. Die Gefahr und das zugleich Rettende ist die Angst. Mit der Angst beginnt aber nur dann das Rettende, wenn diese nicht sofort in die alten Abwehrmaßnahmen umschlägt, sondern zum Anstoß und Anfang neuer Suchbewegungen wird. Was den Zugang zur Angst, die im Nebel der tiefen Langeweile als schwarzer Schatten umgeht, verhindert, ist das, was Pascal und was man noch lange nach ihm »Zerstreuung« genannt hat. Das Wort vereint zwei Aspekte: Zum einen die Bewegung nach außen, weg von der inneren Welt, der psychischen Realität, zum anderen die Verteilung (»Streuung«) der Besetzungsenergie auf eine maximale Zahl von Punkten in diesem Außen, sodass der energetische Wert jedes dieser Punkte verhältnismäßig gering ist – folglich nicht intensiviert und schnell gewechselt werden kann. Man muss nicht weit ausholen, um daraufzukommen, dass die Instrumente der Zerstreuung gegenwärtig maßgeblich durch die sogenannten sozialen Medien, die virtuellen Welten des Internets und die Computerspiele in ständig anwachsender Fülle und Komplexität bereitgestellt werden. Eine besonders ernst zu nehmende Funktion erfüllen in dieser Hinsicht die von einer gewinnsüchtigen Industriebranche fortlaufend perfektionierten und auf den Markt gebrachten Computerspiele, die für den hier in den Blick genommenen Typus der ich-verarmten Persönlichkeit ein verführerisches Angebot darstellen, den Mangel an psychischer Regsamkeit und Erfahrungskompetenz durch Aufenthalte in fantasiereichen und aktivitätsgeladenen virtuellen Wirklichkeitsräumen zu ersetzen. Es ist hier nicht der Ort, um die allgemeine Problematik einer Beschäftigung zu diskutieren, die bekanntlich ein nicht unbeträchtliches Suchtpotenzial enthält – was 2018 die WHO veranlasst hat, die Computerspielabhängigkeit in den Katalog behandlungsbedürftiger Krankheiten aufzunehmen. Auch ohne präzise Zahlen vorlegen zu können, ergibt die praktische professionelle Evidenz, dass nicht wenige ich-strukturell schwer gestörte, häufig arbeitsunfähige oder aus anderen Gründen beschäftigungslose, dazu aufgrund von Bindungsschwierigkeiten sozial isoliert lebende PatientInnen große Teile der Tages- und auch Nachtzeiten an einer Play-Station verbringen und damit einer Aktivität nachgehen, die weniger in der Art als im Umfang die Bemühungen einer parallel stattfindenden Psychotherapie im Grund fortlaufend konterkariert. Die dort angestrebten Berührungen mit Leere, Einsamkeit, Schmerz und Verzweiflung bleiben aus, werden durch fortlaufenden Einsatz grandiositätssteigernder Surrogate, wozu auch habitueller Rauschmittel-Konsum gehören kann, blockiert oder zunichtegemacht.

Es mag angemessen erscheinen, an dieser Stelle ein Argument zu würdigen, das unter dem Stichwort »Resonanzerfahrung« gegenwärtig kontrovers diskutiert wird. Mit der Intention, verbreiteten Vorurteilen und Vorverurteilungen entgegenzuwirken, hat der intersubjektivitätstheoretisch orientierte Psychoanalytiker und Autor Martin Altmeyer (2016) in einer neueren Publikation geltend gemacht, hinter dem ubiquitären und zeitintensiven Gebrauch digitaler Kommunikationsmedien besonders unter Jugendlichen und jüngeren Menschen stünde ein natürliches und vitales Bedürfnis nach sozialer Resonanz, das durch die hohe Verfügbarkeit digitaler Kommunikationsinstrumente in besonderem Maße aktiviert und verstärkt werde. Es komme folglich darauf an, in der expandierenden Verwendung dieser Technologie das primär »gute« Grundanliegen zu erkennen, sich der umgebenden Welt zu öffnen und mit den vielen anderen, die diese Welt bevölkern in ein resonantes Verhältnis zu treten, das rückwirkend das eigene Selbst in seinem In-der-Welt-Sein spiegelt und identitätsstiftend bestätigt. Man wird Altmeyers These insoweit zustimmen als Resonanzerfahrung von Beginn der Lebenszeit an ein unabdingbares Erfordernis gelingender Selbstentwicklung darstellt und als Quelle von Selbstgefühl und Selbstgewissheit zeitlebens eine herausragende Rolle spielt. Und man wird ihr im Weiteren darin zustimmen, dass das Universum der Internet-Kommunikation einen schier unendlichen Raum bietet, der das genuine Resonanzbedürfnis aufruft und in einer bisher nie dagewesenen Weise sozusagen verlässlich befriedigt. Mit diesen Feststellungen scheinen aber die Grenzen des altmeyerschen Plädoyers bereits erreicht. Denn was dieses in seiner durchweg einseitigen Positivität wenig berücksichtigt, ist doch die genauere psychologische Charakteristik und Qualität der Resonanzerfahrung, von der hier die Rede ist. Ein erhellend kritisches Licht auf Aspekte, die bei Altmeyer deutlich zu kurz kommen, werfen Überlegungen Hartmut Rosas (2019, S. 37ff.), der die Qualität von Resonanzerfahrung in ein Verhältnis setzt zum Grad an Verfügbarkeit oder Unverfügbarkeit eben der Objekte oder Aspekte von Welt, von denen Resonanz erwartet wird. Rosa stellt in diesem Zusammenhang unmissverständlich fest, dass wirklich lebendige Resonanz am ehesten unter der Bedingung von Unverfügbarkeit zustande kommt, also dort, wo nicht das Bestreben vorherrscht, die Objekte, von denen Resonanz erwartet oder erhofft wird, zum Zwecke der Resonanzerzeugung unter Kontrolle zu bringen; und dass umgekehrt dort, wo die Objekte allzeit verfügbar sind oder kontrollierend verfügbar gemacht werden sollen, die Resonanzqualität zunehmend verblasst, entleert, wertlos wird, die Welt »zurückweicht«. Die Welt, die zur Resonanz gezwungen werden soll, bleibt, auch wenn sie noch so viel »Information« liefert, letztlich stumm. Und weil diese Stummheit und Leerheit vom Empfänger unterschwellig wahrgenommen werden, entsteht das, was wir als »zwanghafte Resonanzsucht« beobachten können.

Es kann nun kein Zweifel daran bestehen, dass die Apparaturen digitaler Technologie in davor nicht vorstellbarem Maße dazu beigetragen haben, Welt und Andere verfügbar, das heißt zugänglich, abrufbar, präsent »resonant« zu machen. Ein Mausklick im Internet genügt, um nahezu jeden beliebigen Weltausschnitt in die mediale Präsenz zu holen. Von nahezu jedem beliebigen Ort der Welt aus können Nachrichten gesendet, übermittelt und in »Echtzeit« empfangen werden. Es geht hier mitnichten darum, diesen Zugewinn an informationeller Verfügbarkeit in kulturpessimistischer Manier zu disqualifizieren. Es geht einzig darum, informationelle Verfügbarkeit und informationelle Austauschprozesse von lebendiger Resonanz zu unterscheiden, auch wenn eine solche Unterscheidung im Einzelfall schwierig ausfallen kann. Wenn man beobachtet, und jeder kann eine solche Beobachtung machen, dass – grob geschätzt über eine Vielzahl von Beobachtungsfällen – von zehn Fahrgästen in einem U-Bahnabteil acht mit ihrem Smartphone beschäftigt sind, ist die Frage nicht die, ob diese acht Personen etwas Sinnvolleres täten, wenn sie in ein Buch vertieft wären. Die Frage ist die, warum es wohl so schwer scheint, ruhig, ohne mediale Zerstreuung und ohne sonst etwas zu tun, nicht wie bei Pascal im Zimmer, sondern in einer U-Bahn zu sitzen und in diesem Zustand eine Strecke weit zu fahren.

Es dürfte sich folglich als schlüssig erweisen, dass die Apparate digitaler Kommunikation mit ihren allzeit und allerorts verfügbaren Resonanzangeboten ein hochgradiges Verführungspotenzial für jene Persönlichkeiten bergen, die ich als ich-verarmt bezeichne. In welchem Umfang solche Persönlichkeiten von diesen Angeboten vermehrt Gebrauch machen, kann hier nicht untersucht und allgemeingültig beurteilt werden. Es ist aber psychologisch nahe liegend, davon auszugehen, dass ein Zustand chronischer innerer Leere die Bereitschaft zur medialen Resonanzbeschaffung fördert, und dass darüber hinaus die gekennzeichnete Art von Resonanz den Zustand innerer Leere nicht nur nicht behebt, sondern vielmehr diese Leere vertieft, und zwar durch Sucht. Dabei braucht man nicht einmal anzunehmen, dass ein Zustand innerer Leere bereits vorliegen müsste, um in eine suchtartige Entwicklung zu geraten. So gibt es Hinweise darauf, dass die resonanzsuchenden Aktivitäten in sozialen Netzwerken wie *Facebook* oder *Instagram*, die oft mehrere Stunden Lebenszeit pro Tag in Anspruch nehmen, anfänglich nicht aus dem Gefühl eines diesbezüglichen Mangels aufgenommen werden, sondern umgekehrt diesen Mangel überhaupt erst erzeugen und fortlaufend intensivieren. Die jüngst unter dem appellativen Titel *Unfollow!* erschienen Selbstbekenntnisse einer jungen Frau, der es trotz besseren Wissens um die Sinnlosigkeit ihres Tuns kaum gelingt, ihrer *Instagram*-Sucht zu entkommen, stellen exemplarisch unter Beweis, wie ein Medium, das angeblich einem natürlichen menschlichen Resonanzbedürfnis förderlich sein soll, sich als Chimäre entlarvt, die systematisch den Kontakt einer Person zur umgebenden Welt, zu signifikanten Anderen und zu sich selbst aushöhlt und zerstört (Schink, 2020).

Nun sollte man nicht der Neigung verfallen, die Persönlichkeitszüge der Ich-Verarmung zu dämonisieren. Das heißt aber umgekehrt nicht, die Augen vor den zum Teil enormen Hindernissen zu verschließen, die sich einer erfolgreichen psychoanalytisch-psychotherapeutischen Arbeit entgegenstellen. Dazu gehört, um im Zusammenhang mit der besprochenen Suchtneigung einen letzten Punkt zu erwähnen, die oftmals kaum beeinflussbare oral-narzisstische Regressionsneigung. Die unbewussten oralen Begierden in Gestalt von Unersättlichkeit und Verschlingungswünschen treten oftmals manifest als Übertragungsphänomene in Erscheinung, werden aus Scham oder Angst vor sozialer Missbilligung aber häufig zurückgehalten oder verbleiben in einem präsymbolischen »Beta-Zustand«, der sich dann in entsprechend beschaffenen komplementären Gegenübertragungsgefühlen der TherapeutInnen bemerkbar macht: Überforderung, Erschöpfung, Gefühlen des Ausgesaugt-Werdens, des Ungenügens und Versagens. Häufiger vermitteln solche PatientInnen aber auch den Eindruck einer blanden Leere, aus der jegliche Trieb- und Affektdynamik verschwunden scheint. Die analytische Psychotherapie bei PatientInnen mit rudimentärer Ich-Leistung und hoher Oralität weist in der Regel eine schlechte Prognose auf, weil solche Persönlichkeiten selbst so gut wie nichts für sich tun können und alles von omnipotenten Objekten erwarten, die sie aber ausrauben müssten, weil die unbewusst als feindselig und hasserfüllt erlebten Objekte von sich aus nichts geben. Es ist ihnen kaum möglich, aus signifikanten Selbst-Erfahrungen zu lernen, weil sie nicht in der Lage sind, solche Erfahrungen symbolisch zu transformieren und zum Nutzen ihrer seelischen Entwicklung umzuarbeiten. Dieser Stillstand gibt einen Hinweis auf das Loch in der psychischen Textur, auf etwas Totes, von dem aber ein enormer Sog ausgeht. Es ist das Syndrom eines Entwicklungsstillstandes, zu dem wir am Ende dieser Analyse zurückkehren.

## Restitutionsversuche

Das »Loch«, die Leere im Selbst, gehört zum Unerträglichsten, *ist* das Unerträglichste, was mit allen Mitteln unter Kontrolle gebracht, abgewehrt, kompensiert werden muss. Die normalpsychologischen und psychopathologischen Modi der Kompensation von Leere sind bekannt, vielfach beschrieben und auch in den vorausliegenden Betrachtungen punktuell berücksichtigt. Sie beinhalten in der Hauptsache ein Spektrum autoplastischer Veränderungen, die in der Terminologie der Psychoanalyse Kleins unter dem Begriff der manischen Abwehr zusammengefasst werden. Die Formen manischer Abwehr entfalten ihre Wirkung in zwei Bewegungsrichtungen, die sich meist miteinander verbinden: Flucht vom Inneren ins Äußere, das heißt weg von psychischer Realität in sinnlich-materielle Realität, und Flucht aus Passivität in Aktivität, aus beschäftigungsloser

Ruhe in zerstreuende Tätigkeit welcher Art auch immer. »Ohne alle Beschäftigungen im Einzelnen zu prüfen, genügt es, sie als Zerstreuungen zu verstehen«, heißt es bei Pascal (1978 [1670], 137, S. 76). Das passive Hingegeben-Sein ans Innere am Nullpunkt der Entschleunigung öffnet den Dämonen der Tiefe die Pforte: Düsternis, Trauer, Kummer, Verdruss, Verzweiflung sind die Namen derer, die Pascal anführt (ebd., 131, S. 75). Hinzunehmen dürfen wir den schlimmsten von allen: »Der Tod, an den man nicht denkt, ist leichter zu ertragen als der Gedanke an den Tod überhaupt« (ebd., 166, S. 92). Die vom *horror vacui* erzwungene Absperrung nach innen erfährt zusätzliche Verstärkung mittels einer kompensatorischen Maßnahme, die uns in einem nächsten Kapitel noch genauer beschäftigen wird: dem Mechanismus der Leidübertragung an andere. Die Leere muss weitergegeben werden, indem man anderen Leid zufügt. Von Simone Weil (1954) stammt der paradox anmutende Gedanke: »Anderen Böses tun, heißt etwas von ihnen empfangen. Was? Man hat zugenommen. Man hat sich ausgedehnt. Man hat eine Leere in sich ausgefüllt, indem man sie bei anderen verursacht« (ebd., S. 15). Zur Wahrheit gehört es aber, sich genau dieser nicht darstellbaren Leere, die sich in der Angst vor dem »Entgleiten des Seienden als Ganzem« (Heidegger) ankündigt, zu stellen: »Die Wahrheit lieben, heißt die Leere ertragen und also den Tod hinnehmen. Die Wahrheit ist auf seiten des Todes« (ebd., S. 22).

Dieses Kapitel hat zu Beginn der Leere im Selbst eine spezielle Deutung verliehen und sie als Folge und Ausdruck eines Transzendenzverlustes interpretiert. Allerdings, so der weitere Gedankengang, mutet es mehr als wahrscheinlich an, dass das *fundamentum inconcussum* – dessen aus religiösen und metaphysischen Materialien gewonnene Festigkeit bis in die Neuzeit hinein verbürgt schien – doch wohl zu keinem Zeitpunkt der bekannten Menschheitsgeschichte das »Loch im Selbst« wirklich ausfüllte und auf diese Weise verschloss, sondern dass dieses Fundament lediglich als mehr oder weniger verlässlich tragender Boden fungierte, dessen Vorhandensein den bevölkerten Kosmos, das Leben oberhalb der Schutzschicht vor dem darunter gelegenen endlosen Raum der Nichtexistenz absichern sollte. Der Transzendenzverlust ist gleichbedeutend mit dem Wegbrechen dieses Bodens, was die darauf Existierenden in einen Zustand des endlosen Fallens versetzt, genauso wie es in Nietzsches Frage »Stürzen wir nicht fortwährend?« (siehe zuvor) ausgesprochen wird.

Von den PsychoanalytikerInnen – soweit diese sich auf die von Freud vertretenen wissenschaftlichen und weltanschaulichen Grundsätze beriefen – kann man sagen, dass sie kein größeres Problem mit einem kulturumfassenden Transzendenzverlust hatten. Freud, der »gottlose Jude« (Gay, 1988), war geschult am wissenschaftlichen Materialismus des 19. Jahrhunderts, der stets eine antimetaphysisch-atheistische Position einschloss. Der aufgeklärte Verzicht auf Jenseitshoffnungen, übernatürliche Tröstungen und präexistente Sinnstrukturen des Daseins blieb bis zum Ende die durchgehende Signatur seines Denkens, die ihn gegen Transzendenzverlockungen jeglicher Art immunisierte. Freud sah im Menschen das *animal rationale*, das sein Leben lang damit beschäftigt ist, sein Triebleben in einen nie ganz gelingenden Ausgleich mit den Kulturanforderungen zu bringen. Und die einzige Hoffnung, dieser prekären Lage einigermaßen Herr zu werden, setzte er nicht auf metaphysische Hilfsangebote, sondern auf Sublimierungsleistungen wie die »leise Stimme des Intellekts« (Freud, 1927c, S. 377) und einen bescheidenen »Fortschritt in der Geistigkeit« (Freud, 1939a [1934–1938], S. 225), zu der er die Menschheit immerhin befähigt hielt.

Ganz anders sein ehemaliger Günstling und erwählter Nachfolger Jung, mit dem sich vor allem deswegen auf Dauer kein gedeihliches Auskommen fand, weil dieser genau das, was Freud eine intellektuelle Tugend bedeutete – der Verzicht auf Transzendenz – für den ärgsten Mangel und das deutlichste Anzeichen der geistigen Entwurzelung und Verarmung des modernen Menschen hielt. Im Umkreis der Geschichte der Psychoanalyse blieb Jung bis in die Gegenwart der Einzige, der es sich zur Aufgabe gemacht hat, das verlorene, weil zerstörte transzendente Fundament der Menschenseele mithilfe psychologischer Bausteine neu zu errichten, den untergegangenen alten Mythos durch einen dem modernen Menschen gemäßen neuen Mythos, aber eben wieder durch einen Mythos, zu ersetzen. Dieser Mythos ist der eines Unbewussten, das sich ausnimmt wie ein in den innerpsychischen Raum gespiegelter vormaliger Götterhimmel: Ein Kosmos dynamisch aufeinander bezogener Zentren, späterhin Archetypen genannt, die so etwas wie die Möglichkeitsform menschlicher Erfahrung und subjektiven Erlebens vorgeben. Geeint wird dieses in sich differente Komplexgefüge durch eine Superstruktur, die Jung »das Selbst« nennt – ein Name, dessen psychologischer Bedeutungsgehalt wenig gemein hat mit dem gleichlautenden Begriff der psychoanalytischen Ich- oder Selbstpsychologie, dessen inhaltliche Füllung vielmehr auf altindische, gnostische und hermetische Wurzeln zurückverweist. Dieses Selbst bildet als *complexio oppositorum* oder gar *coincidentia oppositorum* eine immanent-transzendente psychische Ganzheit, der Jung in letzter Steigerung die Qualitäten eines Gottesbildes zuweist. Damit ist zwar der Gott der Theologen nicht gerettet, aber dessen psychologisch darstellbares Abbild – *imago dei* – als neuer Grund seelischer Subjektivität wiederhergestellt.

Jungs Konzeption des ganzheitlichen Selbst entspringt einer genialen Intuition und reiht sich in die alte Tradition des Nachdenkens darüber ein, was den Menschen »im Innersten zusammenhält«. Gleichwohl kann diese Konzeption von verschiedenen Ansatzpunkten her einer kritischen Beleuchtung unterzogen werden. Was im vorliegenden Zusammenhang vor allem interessiert, ist die Frage nach dem Verbleib der Leere, des Loches innerhalb dieser Konzeption des Selbst. Die jungsche Psychologie gibt darauf die nur vordergründig überzeugende Antwort, dass die Negativität in all ihren Erscheinungsformen im Selbstsystem enthalten sei und mit zur, wie es meist heißt, »dunklen Seite« dieses Selbst gehöre. Man fragt sich natürlich sofort, ob mit dieser Erklärung der Gefahr nicht der eigentliche Stachel genommen ist. Wenn das nihilistische Loch nur ein Teil eines übergeordneten Ganzen ist und dank einer »kompensatorischen Funktion«, die diesem Ganzen als regulatives Prinzip innewohnt, in Grenzen gehalten werden kann – worum sollte man sich dann noch Sorgen machen? Kann man die Defizienz, das Fehlende zum integralen Bestandteil eines positiv Vorhandenen machen, ohne diese Defizienz in ihrem Kerngehalt abzuschwächen? Anders gefragt: Kann der Untergang, die vollständige Defizienz des Göttlichen Bestandteil eines Gottesbildes sein?

Jungs Selbstmodell verharmlost die Macht der Negativität im Namen einer Ganzheit, die sie immer schon eingebunden zu haben vorgibt. Es sei denn, diese Negativität verselbstständigte sich immer mehr und nähme ein Ausmaß an, die das Selbst als Ganzes bedrohte und damit auch dessen kompensatorische Leistung zum Erliegen brächte (Hultberg, 2009). Auch die Superstruktur als Ganzes könnte von innen heraus zerstört werden. Und genau das wäre dann doch die erneute Katastrophe des Gottesverlustes. Die Loskettung von der Sonne ließe sich eben durch nichts kompensieren. Die nicht unrealistische Möglichkeit eines solchen Verlaufs der Dinge zeigt, dass auch das von Jung neu eingezogene Fundament des innerpsychischen Gottesbildes, dass auch der psychologische Transzendenzersatz keine Sicherheitsgarantie bietet. Die Geschichte kann vor nur leicht veränderter Kulisse von vorne beginnen.

Jungs Konzeption des ganzheitlichen Selbst und seiner daran angeschlossenen Religionspsychologie eignet ein restaurativer Grundzug. Mit neuen, und das heißt tiefenpsychologischen Mitteln, sollen alte Verhältnisse wiederhergestellt werden. Unter der Perspektive des »Gottestodes« oder, allgemeiner ausgedrückt, des Transzendenzverlustes kann man das von diesem Verlust gekennzeichnete Selbst ein posttraumatisches Selbst nennen. Dieses posttraumatische Selbst ist ein psychischer *ground zero*, der Ort einer Katastrophe, die, genau besehen und von Nietzsche auch so erkannt: eines Mordanschlags. An einem solchen Ort, auf den ich mich hier in bildhafter Weise beziehe, kann man nicht einfach wieder neu bauen. Und mir scheint, dass Jung genau an diesem Ort der Katastrophe wieder gebaut hat, und zwar nach alten Plänen und mit einem ungeheuren Aufwand an aus Jahrtausenden zusammengetragenem Material, und dass er mit diesem Neubau am Ort des Traumas das Trauma unkenntlich gemacht hat, indem er es religionspsychologisch kunstvoll umgestaltet und in den Neubau integriert hat. Immerhin könnte man das Bild so weiter ausführen: Jung hat an der Stelle des Loches aus archetypischen Bauelementen eine Kathedrale errichtet, deren Krypta das Grab des toten Gottes enthält. Diese Krypta mit dem Grab des toten Gottes ist die Höhlung des Selbst. Und die Mythen und religiösen Symbole, mit denen er sich hauptsächlich befasst, sind die Inschriften und Malereien auf den Wänden dieser Grabkammer. Sie künden vom ehemaligen Leben des nun toten Gottes. Das, was er für das immer noch Gegenwärtige, Lebendige hielt, sind die großartigen Spuren einer umfassenden Absenz, eines Untergegangenen – gleich Sternen, die längst erloschen sind, deren Licht wir aber noch wahrnehmen.

Während bei Jung die Defizienz des tragenden Grundes durch das religionspsychologische Postulat der Gottesebenbildlichkeit des Selbst verdeckt und kompensiert wird, lässt sich bei der Mehrheit von PsychotherapeutInnen und PsychoanalytikerInnen, die keinerlei Neigung zu neuen Mythen innerpsychischer Transzendenz verspüren, eine Tendenz ausmachen, die Leere im Selbst, soweit sie ins Gesichtsfeld tritt, mit ganz anderen, sozusagen daseinsimmanenten Mitteln, zum Verschwinden zu bringen. Obgleich es heute zum professionellen Credo gehört, die *facts of life* – das heißt die Realitäten von Endlichkeit, Differenz, Begrenzung, kurzum des Mangels – anzuerkennen und das therapeutische Vorgehen an solchen Grundsätzen auszurichten, sieht es doch gelegentlich danach aus, als sei die Frage der Gottesleere oder allgemeiner der metaphysisch-transzendenten Leere im Selbst in Gänze auf die Ebene der irdischen Elternschaft verschoben worden. Der Objektfunktion einer frühen »Umweltmutter«, ihrem Empathie- und Spiegelungsvermögen, ihrer Fähigkeit zum Halten und zur flexiblen Anpassung an die Bedürfnislagen des Säuglings wird die Macht zugetraut, die entstehenden Grundstrukturen des Selbst so auszubilden und zu befestigen, dass das werdende Subjekt fortan vor dem Allerschlimmsten geschützt sei: dem Zusammenbruch der Kontinuität des Seins-Erlebens und dessen Abfließen durch das Loch der Leere und Nichtexistenz. In diesen Annahmen manifestiert sich vor allem ein Glaube der therapeutisch Tätigen, ähnlich dem anderen Glauben daran, dass ein Mensch, der sein Leben im Vertrauen auf Gottes Güte und schützende Hand führt, nie vollständiger Verzweiflung und Sinnvernichtung anheimfallen könne. Trotz gelegentlicher Evidenz für die Bewahrheitung des einen oder anderen Glaubens wissen wir genauso gut, dass die darin aufgestellten Gleichungen nicht immer aufgehen. Und läge es nur daran, dass wir an der Güte, Präsenz und Zuverlässigkeit der einzig verbliebenen guten Objekte, an die wir uns noch halten können, dennoch immer wieder zweifeln müssen, verfolgt von dem paranoischen Verdacht, dass auch sie uns im Letzten verraten und verlassen haben könnten.

Bedenkliche Begleitumstände der beschriebenen Personalisierung existenzieller Phänomene liegen zum einen in der ungeheuren Überhöhung elterlicher Verantwortung und daraus folgender Verursachungsschuld (siehe Kap. III dieses Buches) sowie zum anderen in der Pathologisierung existenzieller Gegebenheiten. In einem kurzschlüssigen Referenzverfahren wird das spätere Auftreten nihilistischer Krisen des Selbst auf einen meist gar nicht rekonstruierbaren, aber auf Basis einschlägiger klinischer und entwicklungspsychologischer Theorien zwingend zu vermutenden Mangel an ausreichend guter »Beelterung« zurückgeführt. Dabei ist es ja durchaus zutreffend, dass die persönlichen narzisstischen Beschädigungen das ontologische Loch freilegen und das Subjekt der negativen Schwerkraft umso stärker aussetzen. Aber dieses Loch ist immer da. Nur ist das »gesunde« Individuum dank stabilerer Strukturen des Selbst gegen dessen Sogkraft in der Regel besser geschützt. Aber jede tiefere persönliche Lebenskrise, wozu angesichts zunehmender Gebrechlichkeit und des herannahenden Todes vor allem auch diejenigen des höheren Alters zu rechnen sind, öffnet den Eingang zur ontologischen Leere im Selbst mehr oder weniger weit. Dies trifft auch dort zu, wo die biografischen Daten der persönlichen Frühgeschichte keine auffälligen Hinweise auf gravierende psychische Mangelerfahrungen oder traumatisierende Ereignisse liefern. Die notwendigen Differenzierungen, die hier vorzunehmen wären, dienen nicht primär der

Verbesserung psychotherapeutischer Techniken. Sie dienen einer Veränderung der psychotherapeutischen Haltung, indem sie den Blick auf die basale existenzielle Verfasstheit der Menschen, die psychotherapeutische Hilfe in Anspruch nehmen, erweitern und vertiefen.

»Jeden Glauben abweisen, der die Leerräume ausfüllen, die Bitternisse lindern soll«, so notiert Simone Weil (1954, S. 79) in der ihr eigenen Radikalität der Selbstanforderung und des Ausdrucks. Der Glaube kann vielerlei Form annehmen. Da sind nicht nur die schnellen Tröstungen gemeint, die die Religionen bereitstellen, sondern alle Spielarten von »Einbildungen« (ebd., S. 127ff.), die dabei helfen, die Leere zu verdecken. In einer ähnlichen Bedeutung wie Jacques Lacan gebraucht Simone Weil dafür auch den Begriff des Imaginären. So betrachtet, haben wir im zuvor Besprochenen zwei Varianten des Imaginären kennengelernt, die von ganz gegensätzlicher Machart sind, jedoch demselben Zweck dienen. Bei Jung ist es das innerpsychische Gottesbild, auf das der Verdacht der »Einbildung« fällt. Es postuliert eine Totalität des psychischen Seins, die ihr Gegenteil, das negierende Nichtsein mitumfasst und damit ontologisch neutralisiert. Außerdem könnte sich dieses Gottesbild insofern als Blendwerk erweisen, als es die Erfahrung Gottes als eines ganz Anderen, Verborgenen und Unbekannten erschwert oder gar verhindert. So heißt es bei Simone Weil: »Gott und das Übernatürliche sind im Universum verborgen und gestaltlos. Es wäre gut, wenn sie in der Seele verborgen und namenlos blieben. Sonst läuft man Gefahr, unter diesem Namen etwas Imaginäres zu begreifen« (ebd., S. 135). Für diesen imaginären Gott – und für anderes Imaginäres – verwendet Weil den Begriff des Götzen (ebd., S. 140ff.). »Götze« wäre demnach das alte Wort für eine imaginäre Ersatzbildung, die dem Original in beeindruckender Weise nahekommt, dieses aber gerade im täuschenden Nahekommen entscheidend verfehlt.

Haben wir auf den einen Seite Jungs psychotheologischen Restitutionsversuch, dann begegnen wir auf der anderen im ganz säkular angelegten Glauben der modernen Psychoanalyse – jedenfalls in einigen ihrer gegenwärtig einflussreichsten Strömungen – dem anderen Götzen, den wir bereits ausfindig gemacht haben: dem Götzen der idealisierten Elternfiguren, die nach dem endgültigen Transzendenzverlust zu Stellvertretern der ehemaligen Götter auf Erden aufgestiegen sind. Auf diesen Eltern lastet ein imaginärer Anspruch. Die Idealisierung oder besser Idolisierung, auf die wir hier treffen, ist aber nicht die von Kindern gemachte. Sie stammt von den PsychoanalytikerInnen selbst. Und sie postuliert einen Grad komplexer Perfektion, die sogar noch das Eingeständnis eines Nichtkönnens, der Akzeptanz menschlicher Unzulänglichkeiten und Grenzen umfasst. Denn auch dies soll den Kindern zu deren Besten ja mitgegeben werden: dass Eltern nicht vollkommen sind. Man hat es demnach mit dem Leitbild einer zu höchster Reife gelangten Kompetenz zu tun, deren heilsamer Wirkung zugetraut wird, das Leben gegen das Nichtleben, den Sinn gegen die Sinnlosigkeit, das Glück gegen das tragische Scheitern abzudichten. Um solcher Hilfen teilhaftig zu werden, hat man sich in früheren Zeiten an die Götter gewandt. Gewechselt haben also nur die Zuständigkeiten.

Man kann die beiden so konträr erscheinenden Restitutionsversuche als kompensatorische bezeichnen. Kompensatorisch, weil es ihnen darum geht, der Negativität ein nach Möglichkeit stärkeres Positivum entgegenzusetzen oder wenigstens eine Art von Ausgleich im Kräfteverhältnis herbeizuführen. Auf eine derartige Lösung zu kommen, ist nahe liegend und verständlich. Und trotzdem stellt sich die Frage nach der Möglichkeit einer nicht-kompensatorischen Reaktion, einer Haltung, die weder in Opposition, noch in heroischem Aushalten aufgeht. Eine solche Haltung könnte die der *Hinnahme* sein, einem abwartenden Geschehen-Lassen, einem »Verweilen beim Negativen«, um es in der Sprache Hegels (1988 [1807], S. 26) auszudrücken. Vielleicht auch einem Hineinhören in die Leere und einer Empfänglichkeit für die darin waltenden Schwingungen. Die Leere bleibt eine »entsetzliche Gefahr. Dennoch muss man sie auf sich nehmen, und sogar einen Augenblick lang ohne Hoffnung. Doch soll man sich nicht in sie hineinstürzen« (Weil, 1954, S. 76f.). In einem Beitrag über *Das traumatisierbare Subjekt* umkreist die Wiener Psychoanalytikerin Angelica Löwe (2020) Weisen der nicht-kompensatorischen Leere-Erfahrung im literarischen Werk von Doris Lessing und Imre Kertész. In Lessings halb autobiografischen Roman *Das goldene Notizbuch* durchlebt die Protagonistin, die sich wegen einer Schreibblockade in Analyse begeben hat, eine lange Phase des Verstummens und der Suche nach der eigenen Stimme, in der ihr nichts bleibt, als »mutig und eigensinnig die ins Nichts hineingestellte eigene Existenz zu ertragen« (ebd., S. 79). Bei Imre Kertész, der als 14-Jähriger nach Auschwitz, dann nach Buchenwald kam und die Lager überlebte, durchzieht die »Urerfahrung« (ebd., S. 81) vollständiger Ohnmacht und traumatischen Ausgeliefertseins das gesamte spätere schriftstellerische Werk. Die Schicksale vergleichend und resümierend schreibt Löwe:

»Wir können das Selbst – wie Lessing – als jenen leeren Raum, ›der wie eine Form des Lauschens, der Aufmerksamkeit ist‹, verstehen oder als jenes Kertész peinigende und immer stumme Bewusstsein, das sich als ein ›immer vorhandenes und präsente Bewusstsein‹ über ihn erwies. Hier wie dort werden wir unweigerlich Zeuge einer Wahrheit, die in ihrem Kern unerträglich ist [...]. An diesem Ort stellt sich das Gefühl von Wahrheit ein. Es ist ein kalter Raum, getaucht in nüchternes Licht, in dem nichts zur Identifikation, zum Bleiben einlädt, ein Raum, aus dem man am liebsten flüchten möchte. Und doch: Das Licht der Wahrheit zwingt einen zu bleiben« (ebd., S. 84f.).

## Technologische Abschaffung der Leere

Jenseits der im Vorhergehenden umkreisten Phänomene, in denen der latente Nihilismus des Selbst maskiert oder unverhüllt zutage tritt und Syndrome unterschiedlichster Art und Ausprägung verursacht, haben wir es heute mit Entwicklungen zu tun, die das Fehlende, das »Loch im Selbst« zum Verschwinden bringen, indem sie es entweder erfolgreich künstlich verschließen oder den Träger dieses Selbst so umbauen, dass ein Loch gar nicht mehr identifiziert zu werden braucht, mithin die Gefühle von Verlust und Schmerz oder gar die Drohungen des Wahnsinns gegenstands- und grundlos werden. Damit gehen solche Bestrebungen über die im letzten Abschnitt behandelten Restitutionsbestrebungen psychologischer Art hinaus. Die Mittel dieser Überbrückung und dieses Umbaus sind überwiegend solche, die heute von der digitalen Technologie im Verein mit den innovativen Leistungen der Bio- und anderen Naturwissenschaften zur Verfügung gestellt werden. Das gemeinsame Ziel all dieser ambitionierten Projekte liegt in der umfassenden Optimierung der menschlichen Subjekte auf der Grundlage und mithilfe hochentwickelter Anthropotechnik.

### Huxleys Vision

Die Anfänge solcher Pläne zur Menschenverbesserung reichen erstaunlich weit zurück. Man muss dazu an ein hellsichtiges Werk erinnern, das in der kontroversen Debatte um Peter Sloterdijks *Regeln für den Menschenpark* (1999) neue Aktualität erlangt hat. Die Rede ist von Aldous Huxleys *Schöne neue Welt* (1932). Es handelt von der Zukunftsvision einer Gesellschaft im Jahre 2450. Alle Menschen sind künstlich in der Retorte erzeugt. Krankheiten gibt es nicht mehr, auch sonstiges Leiden nicht. Die Embryonen und Föten werden durch entsprechende biochemische und genetische Eingriffe so programmiert, dass sie später einen unveränderlichen Platz in einem sozialen Klassensystem einnehmen und zeitlebens bestimmte Aufgaben zu erfüllen haben. Daneben werden alle kontinuierlich mit einer Glücksdroge versorgt. Besonders interessant ist in unserem thematischen Zusammenhang, dass in dieser programmierten Gemeinschaft das Eingehen tieferer zwischenmenschlicher Beziehungen verboten ist. Emotionen, Leidenschaften, Wünsche und Begehren werden missbilligt und sanktioniert. Stattdessen wird oberflächliche sexuelle Promiskuität empfohlen. Den Tod gibt es noch, sein Zeitpunkt ist jedoch für alle in etwa gleich, und er verläuft mild und schmerzlos.

Ich will hier nicht weiter auf die Einzelheiten der Romanhandlung eingehen, auch darauf nicht, dass die autoritär verfügte Menschenzüchtung nicht perfekt ist, dass das System Risse zeigt, dass einzelne Individuen auf die Idee kommen, aus dem »Menschenpark« auszubrechen, um sich ihre Individualität und Freiheit zurückzuerobern. Die mutigen Versuche enden tragisch. Worauf es für uns ankommt, ist die Tatsache, dass von Huxley hier in luzider Vorausschau ein Menschentypus beschrieben wird, von dem man mit einiger Berechtigung sagen kann, dass er über kein Ich oder Selbst im herkömmlichen psychologischen Verständnis dieser Begriffe verfügt. Weder gestalten die Individuen ihr Leben selbst, noch können sie sich psychologisch entwickeln. Ich habe im Vorausgegangenen mehrfach darauf hingewiesen, dass seelische Transformation im Sinne der Selbstentwicklung (Individuation) nur unter der Voraussetzung möglich ist, dass die Subjekte in ihrem Begehren auf eine Grenze treffen, an etwas anstoßen, womit sie sich konflikthaft auseinanderzusetzen haben. Treffenderweise sind in Huxleys *Schöne neue Welt* genau die Erfahrungsmöglichkeiten ausgeschaltet, die ein solches Anstoßen in sich bergen: Die Erfahrung von Mangel, Vulnerabilität und Leiden sowie die Erfahrung tiefer zwischenmenschlicher Beziehungen, in denen das Objekt des Anstoßens der Andere in seiner Andersheit ist. Natürlich könnte man auch argumentieren: Die Menschen in Huxleys narkotisiertem Habitat verfügen über kein eigenes Begehren. Dies liefe in der Bilanz aufs Gleiche hinaus. Denn das individuelle Selbst konfiguriert sich im Begehren, ebenso wie umgekehrt nur ein konfiguriertes Selbst zu einem differenzierten Begehren in der Lage ist.

Die Bewohner der »schönen neuen Welt« leben gleichförmig und ohne authentisches Selbst dahin, anscheinend im Einklang mit ihrem Dasein, friedlich und harmlos. Weder kann man ihre psychische Verfassung als psychotisch bezeichnen, noch scheint die in ihnen zu vermutende Leere eine destruktiv-saugende zu sein, die sie zu gefräßigen Monstern macht. Sie verhalten sich nicht wie Zombies. Und genau darin, dass sie das nicht tun, manifestiert sich das Resultat des bio- und psychotechnischen Umbaus der Subjekte. Der Mangel ist nicht kompensiert, er entsteht gar nicht erst, weil strukturverändernde Eingriffe die Voraussetzungen dafür zum Verschwinden gebracht haben, dass er entstehen und folglich empfunden werden könnte. Es ist auch nicht so, dass man von einem verdrängten oder auf andere Weise abgewehrten Mangelgefühl zu reden hätte. Der Mangel ist – wenn man dies so sagen darf – auch aus dem Unbewussten entfernt. Er hat nirgendwo mehr eine Repräsentanz. »Verworfen« könnte man ihn im Sinne Freuds und Lacans nennen. Obgleich es sich bei Huxleys Imagination noch um eine Übergangsform solcher Transformation zu handeln scheint, kündigt sich darin das ungeheuerlich Neue an, das in den technologischen Phantasmagorien der zeitgenössischen Trans- oder Posthumanisten auf eine letzte Steigerung und Vollendung zustrebt.

## Profil und quantifiziertes Selbst

Bevor ich mich der neuen Heilslehre der Transhumanisten zuwende, die es darauf abgesehen haben, die angeblichen Behinderungen und Beschwernisse der bisherigen Menschenart endgültig hinter sich zu lassen, sei der Blick auf Bestrebungen vielleicht weniger spektakulärer, aber doch verbreiteter Art gerichtet, denen es gelungen scheint, die Aushöhlung des Selbst vergessen zu machen, indem sie dieses Selbst gewissermaßen umdefinieren zu einer zweidimensionalen »Benutzeroberfläche«, hinter oder unterhalb der keine unausgefüllte Tiefenstruktur mehr existiert.

Seit dem letzten Drittel des vergangenen Jahrhunderts hat ein enormer Individualisierungsschub die westlichen Industrienationen ergriffen. Eine wohl unvermeidliche Auswirkung dieses von den Sozialwissenschaften weithin bestätigten Befundes zeigt sich nun darin, dass Singularität, das heißt eine bestimmte Form individueller Einzigartigkeit und Besonderheit zur soziokulturellen Norm erhoben worden ist (Reckwitz, 2017). Dieses Phänomen birgt in sich eine tiefe Paradoxie. Denn wenn Singularität zur Norm, das heißt zu einer allgemeinen und im Ich-Ideal der Subjekte installierten Erwartung wird, ist sie ja gerade das, was sie zu sein beansprucht, nicht mehr. Zusätzlich problematisch wird diese Entwicklung, wenn der Individualisierungsanspruch mit einem Format von Selbstoptimierung eine feste Verbindung eingeht. Das Ergebnis dieser Legierung besteht dann in einer für den soziokulturellen Markt warenförmig zurechtgemachten Singularität, die auf überzeugende Performanz, ökonomische Attraktivität, Kontrolle und messbare Effizienz programmiert ist. Es ist das Format einer »glatten«, purifizierten Singularität, die möglichst alle anstößigen, widerständigen und unverfügbaren Seins-Aspekte ausschließt.

Ein sehr spezieller Abkömmling der nachgezeichneten Entwicklungen lässt sich dort ausmachen, wo sich das vormalige Selbst in ein *Profil* verwandelt. Das ursprünglich in der Kriminalistik beheimatete Profil präsentiert eine online gestellte Selbstbeschreibung, die persönliche Daten, Texte, Fotos, Videos und dergleichen einschließt. Es kann selbstverfasst sein wie die persönlichen Profile in den sozialen Netzwerken oder in der Verwendung als Dating- oder Bewerbungsprofil. Es kann aber auch wie das Konsumentenprofil aus systematischer Beobachtung der Internetaktivitäten eines Nutzers durch IT-Konzerne hervorgegangen sein. Nun wäre ja gegen eine öffentlich gemachte und mit Kommunikationspartnern geteilte Selbstbeschreibung grundsätzlich nichts weiter kritisch vorzubringen. Das Problem, um das es hier einzig geht, besteht aber in der offenkundigen Tendenz, die mehr oder weniger zweckorientierte Selbstbeschreibung mit Selbst, Ich oder Identität einer Person gleichzusetzen. Diese bedenkliche Reduktion hat Andreas Bernard im Blick, wenn er in seiner Studie über *Das Selbst in der digitalen Kultur* (2017, S. 184) resümiert: »Der Kern (!) des Menschlichen ist das, was an ihm verdatet und medial kommuniziert werden kann. Das Ich: ein Profil.« Das Selbst entleert sich in seiner bisher angenommenen seelischen Tiefendimension, die ja nicht ohne die Realität des Unbewussten zu denken ist. Es ergießt sich förmlich in das performativ zurechtgemachte Design einer Oberfläche, wird von dieser aufgesogen und identisch mit ihr. Begriffe wie »Innenraum« oder »Innerlichkeit« sind im System »wettbewerblicher Individualität« (ebd., S. 198ff.) obsolet geworden. Sie werden nicht mehr benötigt.

Am offenkundigsten präsentiert sich die problematisierte Entwicklung in den Manifesten der sogenannten *Quantified Self-Bewegung*. Deren Anhänger geht es darum, »so viele Daten wie möglich über ihr Leben zu sammeln [...] und dann herauszufinden, wie sie diese Daten nutzen können, um sich selbst als Person zu optimieren« (O'Connell, 2017, S. 172).

Solche Daten betreffen so gut wie alle Lebensbereiche: Gesundheit, Schlaf, Sport, Sex, Essen, Stimmung, Standort usw. Sie werden im Zuge eines systematischen »Self-Trackings«, das sich digitaler Messinstrumente bedient, kontinuierlich erfasst und mit anderen Akteuren im Internet ausgetauscht. Ganz explizit gilt die höchstmögliche Selbstoptimierung mit den Mitteln systematischer Selbst-Überwachung als vorrangiges Ziel solcher Anstrengung. Die Auflösung jeglicher personalen Tiefendimension wird dabei nicht etwa als unvermeidlicher Verlust bedauert, sondern ganz ausdrücklich, ja geradezu emphatisch als Endzweck begrüßt. In den Worten eines führenden Theoretikers der Bewegung:

> »Wenn wir uns selbst quantifizieren, gibt es kein Bestreben, hinter unserem alltäglichen Leben eine tiefere Wahrheit zu entdecken. Anstatt dessen geht es uns darum, unsere trivialsten, beiläufigsten Gedanken und Handlungen, die wir ohne technische Hilfe nicht einmal bemerken würden, als das Selbst zu verstehen, das wir besser kennenlernen sollten« (Gary Wolf, zit. n. Bernard, 2017, S. 100).

Ein wichtiger Aspekt dieses Wandels betrifft das immense Gewicht der sozialen Resonanz, des sozialen Vergleichs und Rankings. Die Anzahl der Follower und Like-Bewertungen in den sozialen Medien entscheidet nicht selten über Glück und Unglück, Freundschaft und Feindschaft, Erfolg und Misserfolg der auf dieser Bühne agierenden Subjekte. Bernard dazu: »die Entfaltung des Selbst ist […] an permanente mediale Repräsentationen gebunden. Die eigene Person wird als öffentlich zirkulierendes Abbild verstanden, dessen Attraktivität und Wert in einem kontinuierlichen Prozess bestätigt und zurückgespiegelt werden muss« (ebd., S. 199f.). Es scheint, als habe der alte Grundsatz *esse est percipi* (sein ist wahrgenommen werden) in der medialen Kultur der Gegenwart eine radikale Karikatur seiner selbst gefunden. Der in allen beteiligten Wissenschaftsdisziplinen gesicherte Befund, dass Genese und Entfaltung des Selbst in hohem Maße von intersubjektiver Resonanz und Anerkennung abhängig sind, wird hier zur einer Maskerade verflacht, die den Kerngehalt solcher Erkenntnisse einerseits verzerrt, die Einseitigkeiten interaktionistisch-soziogenetischer Selbstmodelle andererseits auf eine groteske Spitze treibt. Wenn Sein nichts anderes bedeutet als wahrgenommen werden, dann darf man sich nicht wundern, wenn personales Sein auf eine zweidimensionale »sichtbare« Außenschicht zusammenschrumpft, hinter der nichts weiter ist und zu sein braucht, und die je nach Art der sie erreichenden Resonanz bestätigt und aufrechterhalten oder negiert und zerstört wird.

Zusammenfassend lässt sich feststellen, dass die Schrumpfung des Selbst zum Profil einem Umbau entspricht, der die Spur des Fehlenden, des Mangels im Subjekt, aber auch das Unverfügbare im Subjekt (das Unbewusste) erfolgreich auslöscht. Die Art dieses Umbaus mag simplizistisch und naiv erscheinen. Man darf dabei aber nicht vergessen, dass es gerade das grob Vereinfachte ist, das sich zunehmend größter Beliebtheit und Überzeugungskraft erfreut. Wenn das angestrebte Ziel in zweckrationaler Kontrolle und Effizienzsteigerung besteht, *muss* dort, wo es um psychische, personale und interpersonale Realität geht, immer vereinfacht werden.

## Das Selbst im Transhumanismus

Der Umbau der Subjekte kann, wie bereits angemerkt, noch wesentlich weiter gehen, was die Frage nach den Schicksalen des Selbst entweder vollständig erledigt oder in gewisser Weise unentscheidbar macht. Die Menschen in Huxleys Roman sind ja trotz Retortenzüchtung noch biologische Menschen. Und auch den biologischen Tod gibt es noch. Die Vertreter des Trans- oder Posthumanismus, einer Bewegung, die sich seit der Jahrtausendwende vor allem in den USA ausgebreitet hat, haben sich vorgenommen, auch diesen letzten biologischen Restbestand noch zu beseitigen. Deren Programm in kürzestmöglicher Fassung: Angestrebt wird die schrittweise Ablösung des biologischen Menschen durch einen künstlichen, technisch aufgebauten und digital gesteuerten Menschen. Von primärem Interesse ist dabei die Ersetzung des biologischen Gehirns. Ray Kurzweil, der geniale Herold der Bewegung, glaubt fest daran, dass es in nicht allzu entfernt liegender Zeit möglich sein werde, den gesamten Informationsgehalt des menschlichen Gehirns – und das heißt einen wesentlichen Teil des evolutionären Erbes des biologischen Menschen – auf einen technischen Träger zu kopieren. Parallel dazu werde es schrittweise gelingen, die natürlichen Organe des menschlichen Körpers durch künstliche Produkte zu ersetzen, und dies nicht nur auf makroorganischer, sondern auch auf mikroorganischer Ebene (Kurzweil, 2014). Das Zusammenwirken einer Gehirnsoftware, die die gesamte evolutionäre Information des bisherigen *homo sapiens* gespeichert hat und von den fortschreitenden Errungenschaften künstlicher Intelligenz unterstützt und weiterentwickelt wird, ergäbe den perfekten

Cyborg, der sich nach und nach in ein rein technisches Geschöpf, den Androiden und – einer Hoffnung extremster Transhumanisten zufolge – am Ende in reine Energie überführen ließe. Da dieses Geschöpf in allen seinen Bauteilen reparierbar wäre, hätte der darin als reine, mit Bewusstsein versehene Information existierende »Mensch« Unsterblichkeit erlangt.

Das transhumanistische Credo beruht auf Prämissen, die gegenwärtig wissenschaftlich keineswegs gesichert sind, von den Vertretern dieser Richtung aber für absolut zukunftsfähig gehalten werden. Die zentrale und tragende Prämisse ist dabei die, dass es grundsätzlich möglich und in absehbarer Zeit realisierbar sein werde, die Arbeitsweise des menschlichen Gehirns vollständig zu entschlüsseln und die dadurch erhaltene Information in hochkomplexen digitalen Netzwerken abzubilden und zu speichern. Der mit einem solchen digitalisierten Gehirn ausgestattete Androide, so die transhumanistische Logik, müsste folglich alle mentalen und psychischen Funktionen aufweisen wie der normale biologische Mensch – und darüber hinaus zu einer unendlichen Steigerung seiner Leistungsfähigkeit in der Lage sein. Der Androide könnte nicht nur schneller und effizienter denken als sein biologischer Vorgänger, er würde auch zu Gefühlen und sogar zu einem Ich- oder Selbstgefühl, zu Selbstbewusstsein befähigt sein, da ja diese subjektiven Phänomene ebenfalls nur auf informationsverarbeitenden Prozessen des zunächst natürlichen oder dann simulierten digitalen Gehirns beruhen.

Wir sehen uns hier an einem Punkt angekommen, der im Hinblick auf die Problematik des leeren Selbst Fragen aufwirft, deren präzise Beantwortung kaum mehr möglich erscheint. Kann man einem humanoiden Roboter ein Selbst zuschreiben? Oder verkörpert er das, was an die Stelle des Selbst getreten ist und was somit auch das »Loch im Selbst« verschließt? So etwas wie ein leeres Selbst, ein ausgehöhltes Selbst, gäbe es nicht mehr, weil es kein Selbst im herkömmlichen humanen Sinne mehr gäbe. Wenn aber das Selbst nichts als eine Gehirnfunktion ist und diese Gehirnfunktion mithilfe digitaler Technik nachgebildet ist, warum sollte dann kein digitales Selbst denkbar sein und der humanoide Roboter ganz ohne Selbst dastehen? Das Selbst ist eine Projektion der digitalen Schaltkreise. Es gibt – und das ist ein Glaubenssatz nicht nur des Transhumanismus, sondern aller, die den Weg dahin bereitet haben – *nichts* hinter den digitalen Schaltkreisen, genauso wie es *nichts* hinter der Gehirnfunktion gibt. Und nichts heißt in diesem Fall: nicht einmal eine Leere.

Bei all dem muss man sich vor Augen halten, dass die Frage des Selbst kein hochrangiges Thema des transhumanistischen Denkens darstellt.

Demzufolge fallen auch die verstreuten Ansichten drüber durchaus nicht einheitlich aus. Der amerikanische Wissenschaftsjournalist Mark O'Connell, der eine lange Reise zu den Zentren und durch die »Gemeinden« der Transhumanisten unternommen und dies in einem spannenden Buch dokumentiert hat, formuliert die vielleicht drängendste Frage, die allen Kritikern der transhumanistischen Bestrebungen früher oder später in den Sinn kommt, so:

> »Die aufwühlendste philosophische Frage, die alle stellen, ist die grundlegendste: Wäre das dann noch ich? Inwieweit wäre die Reproduktion oder Simulation noch ›ich‹, wenn die unberechenbare Komplexität meiner Nervenbahnen und neuronalen Prozesse irgendwie kartiert und emuliert werden und auf einer anderen Plattform als den anderthalb Kilo glibberigem Nervengewebe in meinem Schädel zum Laufen gebracht werden könnte? Selbst wenn man berücksichtigt, dass der Upload bewusst vollzogen wird und das neue Bewusstsein vom Verhalten her nicht von meinem Verhalten zu unterscheiden ist, bin das dann ich? Reicht es, wenn die gespeicherte Version glaubt, sie sei ich?« (O'Connell, 2017, S. 82).

Man erkennt das Ausmaß und die Reichweite der sich einstellenden Fragen, Ambiguitäten und Zweifel, für die sich dem nivellierenden Erfolgsoptimismus der transhumanistischen Ideologie zum Trotz gute rationale Gründe anführen lassen. So gelangt denn O'Connell nach einer langen Unterhaltung mit einer Gruppe transhumanistischer Aktivisten zu dem Schluss: »Ihr ganzes Ethos ist eine radikale Extrapolation klassisch amerikanischen Strebens nach Selbstverbesserung, die so weit geht, dass die Vorstellung eines Selbst vollständig ausradiert wird« (ebd., S. 176). Den Worten einer anderen Skeptikerin zufolge erlebt das Selbst im Kontext des transhumanistischen Projekts dagegen eine geradezu kosmische Apotheose des kapitalistischen Traums von Effizienz, absoluter Unabhängigkeit und Technikbeherrschung: »Der Cyborg stellt auch das furchtbare apokalyptische Telos der eskalierenden ›westlichen‹ Herrschaftsform der abstrakten Individuation eines zu guter Letzt von jeder Abhängigkeit entbundenen, endgültigen Selbst dar: Der Mann in den Weiten des Weltraums« (zit. n. ebd., S. 178).

Werfen wir an dieser Stelle erneut einen Blick auf den Science Fiction-Film, der ja die Figur des humanoiden Roboters seit den Anfängen des Genres kennt und in zunehmender technischer Vervollkommnung einsetzt, dann ergibt sich ein durchaus differenziertes Bild. Die humantechnisch hochentwickelten Androiden der neueren Hollywood-Produktionen sind äußerlich von einem natürlichen Menschen nicht mehr zu unterscheiden. Der zu einer gewissen Bekanntheit gelangte Androide *David 8* in Ridley Scotts *Prometheus – Dunkle Zeichen* (2012) ist ein ausgesprochen attraktiver Mann, nicht nur intelligent, auch freundlich, einfühlsam, charmant, eine Zeit lang zumindest geradezu der sympathischste männliche Charakter der Raumschiffcrew. Seine Intelligenz erstreckt sich nicht nur auf den kognitiven Bereich, sondern auch auf die Emotionalität – der anderen! Das heißt, er kann sich in deren innerpsychische Zustände »einfühlen«, er kann deren Gefühläußerungen »lesen«, ohne selbst Gefühle zu haben. Man gewinnt den überzeugenden Eindruck, er besäße so etwas wie eine individuelle Persönlichkeit, obwohl man weiß, dass er nach Belieben vervielfältigt, geklont werden kann. Ob er sich in seinen »inneren« nichtrationalen Bauelementen und Funktionen zu entwickeln vermag, bleibt unklar. Es könnte sich um ein Beispiel jener »abstrakten Individuation« und jenes »endgültigen Selbst« handeln, wie dies im obigen Zitat anklingt. Im Übrigen scheint das auf perfekte Kontrolle angelegte Design des Humanoiden nicht immer verlässlich geschlossen. In *Alien: Covenant* (2017), Ridley Scotts Fortsetzungswerk zu *Prometheus*, offenbart der Roboter eine elementare Begierde: Er empfindet Neid auf den Menschen, der ihn geschaffen hat, wohingegen er selbst (bislang noch?) keine neuen Wesen hervorzubringen vermag. Dieser Neid wir dann zur Quelle eines außerordentlich zerstörerischen Agierens. Mit Lacan könnte man davon sprechen, dass sich hier der Einbruch des Realen in Form eines unkontrollierbaren Affektes ereignet mit katastrophalen Folgen.

Ein letzter Aspekt muss in die Betrachtung miteinbezogen werden – derjenige nämlich, der den transhumanistischen Humaningenieur ganz besonders am Herzen liegt: Die Überwindung jeglicher Form des Leidens und des Todes sowie die Erlangung der Unsterblichkeit. Von welcher Art die Haltung zur Sterblichkeit ist, die der Autor O'Connor im Zuge seiner Erkundungen unter Transhumanisten antrifft, verdeutlichen die folgenden Worte eines Anhängers:

> »Man kann jeden Moment sterben, und das ist unnötig und inakzeptabel. Als Transhumanist habe ich keine Achtung vor dem Tod. Ich habe keine Geduld für ihn und er ärgert mich. Wir sind eine neurotische Spezies – aufgrund unserer Sterblichkeit, weil der Tod uns ständig im Nacken sitzt« (zit. n. O'Connor, 2017, S. 56).

Ein anderer meint,

> »dass das Altern eine menschliche Katastrophe unvorstellbaren Ausmaßes sei. Da draußen geschehe ein Massaker, bei dem jeder Mensch methodisch und umfassend ausgelöscht werde, und er sei einer von sehr wenigen Menschen, die das als die humanitäre Katastrophe erkannten, die es war« (ebd., S. 224).

Solche Worte zeugen von einer »Umwertung der Werte«, wie es sie in der Geschichte der Menschheit vermutlich noch nie gegeben hat. Kritische Geister wären wohl geneigt, genau diese Umwertung für die eigentliche Katastrophe zu halten. Ich habe mehrfach dargelegt, dass und warum Leugnung und Annihilierung von Leiden und Sterblichkeit unvereinbar sind mit einer Idee von Individuation, also einer an der Auseinandersetzung mit Widerständen, Hindernissen, Grenzen und Konflikten sich vollziehenden Entwicklung des Selbst. Was unter dem Zeichen der Auslöschung dieser existenziellen Momente des Anstoßens von einer solchen Entwicklung übrig bleibt, ist vermutlich jenes »endgültige Selbst«, das eine Form der Erstarrung, des Stillstandes darstellt, mithin gerade den Zustand repräsentiert, der überwunden und verworfen werden sollte: den des Todes, ja man darf sagen des ewigen, unsterblichen Todes.

Natürlich ist dieses »endgültige Selbst« dazu ausersehen, die Insignien der Allmacht und Körperlosigkeit, kurz der Göttlichkeit zu tragen. »Die technologische Vorstellungskraft projiziert ein Fantasiebild von Göttlichkeit, mit zugehörigen prometheianischen Ängsten, auf die Gestalt des Automaten«, bemerkt O'Connor zu diesem Punkt (ebd., S. 153). Wobei man hinzufügen müsste, dass die transhumanistischen Akteure gerade von den »prometheianischen Ängsten« – das sind die Ängste vor der Rache der wahren Götter und auch davor, dass ihnen ihre vergöttlichte Neuschöpfung über den Kopf wachsen könnte – weithin unbelastet erscheinen. Der radikale Impetus der Befreiung vom Körper – das materielle Substrat des neuronal-digitalen Codes kann beliebig gewechselt werden – nimmt die Bedeutung einer Erlösung an und macht verständlich, warum »Transhumanismus [...] manchmal als zeitgenössische Reinkarnation der gnostischen Häresien dargestellt [wird]« (ebd., S. 83). Kurzum, dass das transhumanistische Programm quasispirituelle, kryptoreligiöse Züge trägt, dürfte keinem aufmerksamen und verständigen Beobachter der Szene entgehen. Man steht dabei vor dem merk- und denkwürdigen Phänomen, dass das einst göttliche Selbst nach den Schicksalen der fortschreitenden Entgöttlichung und einer langen Kette von Verwandlungen am Ende im Opus einer technisch-informationellen Neuschöpfung als vergöttlichtes Selbst wiederkehrt. Dem Erfindungsgeist des modernen Menschen scheint es gelungen, den technischen »Doppelgänger« einer vormals spirituell gedachten und erfahrenen Realität hervorzubringen (dazu ausführlich Krüger, 2019). Das ontologische Unglück des Transzendenzverlustes wäre damit nicht nur »verwunden«, sondern ein für alle Mal überwunden.

Sollte ein »transhumanistisches Selbst« jemals Realität werden, so lässt sich mit hinreichender Gewissheit vorhersagen, dass es für dieses Selbst keine Psychoanalyse mehr geben wird. Keine Psychoanalyse jedenfalls, die auf der herkömmlichen und bis in die Gegenwart gültigen Annahme beruht, wonach die Anerkennung von Mangel, Endlichkeit und Konflikt die mithin entscheidende Voraussetzung darstellt, unter der lebendiges seelisches Begehren entstehen und in spannungsreicher Auseinandersetzung mit inneren und äußeren Realitäten zur Entwicklung eines wandlungsfähigen Selbst befähigen kann. Über Fragen von Freiheit, Würde und Autonomie des Subjektes muss an dieser Stelle noch gar nicht gesprochen werden. Es genügt der Hinweis auf den gar nicht so unwahrscheinlichen Fall, dass das transhumanistische Phantasma, das dafür sorgen sollte, den Gedanken an ein »Loch im Selbst« gar nicht mehr aufkommen zu lassen, sich in seinem grenzenlosen Vollkommenheits- und Erlösungsanspruch als Wegbereiter einer ebenso grenzenlosen Leerheit und Wesenlosigkeit erweisen könnte.

# III Das tragische Selbst

## Einleitung

Das Interesse der nachfolgenden Untersuchung richtet sich auf die Frage, ob das im Geist der Antike wurzelnde Phänomen des Tragischen, und im Speziellen der tragischen Schuld, eine Anwendung finden kann in der psychoanalytischen Theorienbildung, und zwar eine Anwendung, von der man sich eine Bereicherung des psychoanalytischen Denkens erwarten darf. Ein solcher Übertragungsversuch müsste sicher über den naiven Begriff des Tragischen hinausgehen. In der alltagssprachlichen Verwendung bezeichnet das Attribut »tragisch« meist ein Ereignis, das uns in einer besonderen Hinsicht »schlimm« und »erschütternd« vorkommt, meist jedoch ohne genauer zu wissen, worin dieses Schlimme und Erschütternde eigentlich besteht und was seine Besonderheit ausmacht unter all dem Schlimmen und Erschütternden, was sonst noch geschieht. Eine gründlichere Analyse wird aufzeigen können, dass das Tragische in der Regel etwas Schlimmes meint, aber nicht alles Schlimme tragisch zu nennen ist. Mit der Einführung eines elaborierten Begriffs des Tragischen verbindet sich die Hoffnung, Konfliktkonstellationen einer besonderen Art, die sich im Lebensvollzug eines Menschen einstellen können und auch mit einer gewissen Regelmäßigkeit einstellen, hinsichtlich ihrer psychologischen Spezifität präziser zu erfassen, was dann natürlich auch Auswirkungen hätte für den psychotherapeutischen Umgang mit diesen. Die spezielle Dimension der tragischen Schuld berührt dabei unmittelbar die im vorangegangenen Kapitel behandelten Probleme ethischer Verantwortung im Kontext psychotherapeutischer Prozesse.

Ein Einwand, der gleich an dieser Stelle aufzugreifen ist, betrifft die von verschiedenen Seiten vorgebrachten Zweifel an der Aktualität des Tragischen. Das hat nicht nur damit etwas zu tun, dass dem Begriff des Tragischen ein gewisses Pathos anhaftet, das nicht mehr recht in unsere Zeit zu passen scheint. Die Bedenken gehen tiefer und beziehen sich auf eine Verfallsgeschichte des Tragischen, die schon recht früh begonnen hat. George Steiner, renommierter Literaturwissenschaftler und Kulturtheoretiker, rekonstruiert den fraglichen Niedergang an der Geschichte der dominierenden künstlerischen Form, die den Bedeutungsgehalt des Tragischen von alters her aufgenommen hat: der Tragödie als dramatisch gestaltetem Bühnenstück. *Der Tod der Tragödie* (G. Steiner, 2014 [1961]), die im klassischen Zeitalter der Griechen ihre erste und vielleicht nie wieder erreichte Blüte erlebte, vollzog sich nach G. Steiners Deutung vor allem unter dem kulturellen Einfluss des Christentums, dessen Erlösungsvorstellung in scharfem Kontrast zur definitiven Untröstlichkeit und Heillosigkeit der alten tragischen Stoffe stand. Deshalb hat, so G. Steiner, das christliche Mittelalter keine brauchbaren tragischen Dichtungen hervorgebracht. Und es bedurfte der Erosion der christlichen Erlösungszuversicht im ausgehenden Mittelalter und der aufgeklärten Emanzipation des Subjektes, um eine Renaissance des Tragischen in den Werken William Shakespeares und Friedrich Schillers möglich zu machen. Fragt sich, weshalb dann auch in der antireligiös und postmetaphysisch orientierten Moderne nur noch vereinzelt nennenswerte Tragödien gelingen wollten. G. Steiners etwas paradox anmutende Antwort: »Doch die Tragödie ist jene Kunstform, die der unerträglichen Last von Gottes Gegenwart bedarf. Sie ist nun tot, weil sein Schatten nicht mehr auf uns fällt, wie er auf Agamemnon, Macbeth oder Athalie fiel« (ebd., S. 274). Ich verstehe G. Steiner so, dass eine Bedingung des Tragischen darin liegt, dass es eine Macht gibt, die Einfluss – nicht nur guten – auf menschliches Schicksal nimmt und die wir anerkennen müssen, ohne über sie zu verfügen. Nichts ist tragisch, wenn einem alles sinnlos oder absurd vorkommt. Angesichts der Verheerungen gegenwärtiger Zeiten, der immer noch anzustimmenden uralten »Klage über die Unmenschlichkeit des Menschen und über die Verschwendung des Menschen« (ebd., S. 275) gewinnt der Autor am Ende des großen und tiefgründigen Essays doch noch einmal Hoffnung hinsichtlich Zeitgemäßheit und Zukunftsaussicht eines tragischen Bewusstseins: »Vielleicht ist die Kurve der Tragödie doch ungebrochen« (ebd.).

Nach vorherrschendem Verständnis liegt der Bedeutungskern des Tragischen wesentlich im Begriff der tragischen Schuld. Auf deren Deutung und Einfügung in einen Kontext psychoanalytischer Diskurse laufen die nachfolgenden Erörterungen zu. Dazu hält es der Autor für angebracht, sich in

Umrissen und unter bestimmten Schwerpunktsetzungen Rechenschaft darüber abzulegen, welchen Stellenwert und Gebrauch der Begriff der Schuld überhaupt in der psychoanalytischen Theorie gefunden hat. In engem Zusammenhang damit soll das Konzept der (moralischen) Handlungsverantwortung – soweit dieses für die psychoanalytisch-psychotherapeutische Praxis von Relevanz ist – einer genaueren Prüfung unterzogen werden. Die nachfolgenden Ausführungen gliedern sich somit in einen ersten Teil, der dem Schuldbegriff in der Psychoanalyse nachgeht, und einen zweiten Teil, der sich speziell der Thematik der tragischen Schuld zuwendet.

## Schuld und Verantwortung in Psychoanalyse und Psychotherapie

### Schuld und Schuldgefühl

In einem ersten Schritt erscheint es angebracht, den Begriff der Schuld von dem des Schuldgefühls zu unterscheiden und beide Bezeichnungen in ein psychologisch plausibel begründetes Verhältnis zueinanderzusetzen. Beide Begriffe sind in psychoanalytisch-psychotherapeutischen Diskursen gebräuchlich, der Begriff des Schuldgefühls aus Gründen, die noch zu erörtern sind, deutlich häufiger und seiner Bedeutung nach klarer als der Begriff der Schuld. Es liegt nahe, das Schuldgefühl als affektive Repräsentationsform einer Schuld zu verstehen, wobei es vorläufig nicht darauf ankommt, worin diese Schuld genau besteht. Den von Mathias Hirsch (2007) stammenden Vorschlag, von Schuldgefühl nur im Fall einer »irrationalen« Schuld zu sprechen und das affektive Korrelat einer »realen« Schuld als Schuldbewusstsein zu bezeichnen, halte ich nicht für überzeugend. Schuldgefühl im Sinne Hirschs sollte demnach nur die Erscheinungsformen fantasierten, also zum Beispiel neurotischen Schulderlebens abdecken, während Schuldbewusstsein für ein Erleben anerkannter, realitätsbezogener Schuld reserviert bliebe. Dieser Vorschlag setzt voraus, dass sich »reale« und »irreale« Schuld sicher und konsistent voneinander trennen ließen, was bei genauer Prüfung nicht zutrifft. Ich werde daher die Ausdrücke Schuldgefühl, Schuldbewusstsein oder Schulderleben als weitgehend synonym gebrauchen. Der Ansatz, der hier gewählt und im Weiteren beibehalten wird, zieht die Trennungslinie nicht zwischen realen und fantasierten Schuldereignissen – obgleich diese Unterscheidung sehr wichtig sein kann –, sondern zwischen den Phänomenen realer und fantasierter Schuld einerseits und dem Schuldgefühl andererseits, das da sein kann oder auch nicht. Jedes Schuldgefühl, sobald es da ist, verweist auf eine Form von Schuld – real oder fantasiert. Aber Schuld geht im Schuldgefühl nicht auf. Man kann Schuld nicht auf ihre affektive Ausdrucks- und Darstellungsform im Schuldgefühl reduzieren.

Das Zusammenspiel von Schuld und Schuldgefühl ist vielgestaltig und variabel: Dass es reale Schuld ohne Schuldgefühl gibt, ist die uns aus der klinischen Theorie und Praxis bekannte Kondition dort, wo es sich um schwere narzisstische Pathologie, Psychopathie oder Perversion handelt. Auch Schuldgefühl ohne erkennbare reale Verfehlung kommt vor. Wir kennen dies vorzugsweise bei schweren depressiven Zustandsbildern, wo sich das Schuldempfinden bis ins Wahnhafte steigern kann. Die Unschärfe liegt in einem mittleren Bereich, mit dem wir es aber vielleicht am häufigsten zu tun haben. Wenn wir Schuld etwa daran festmachen, dass eigenes Verhalten bei einem anderen Menschen zu einer körperlichen oder seelischen Verletzung geführt hat, erweist es sich im Allgemeinen als recht schwierig, ein allgemeingültiges Maß für das »Reale« einer solchen Schädigung festzulegen. Nehmen wir an, ein Ehepartner verlässt seine Familie. Auch wenn er gute Gründe dafür hat und die Trennung einvernehmlich erfolgt, ist es gut möglich, dass sich Schuldgefühle bei ihm einstellen, zum Beispiel wegen der zurückbleibenden Kinder. Nehmen wir zusätzlich an, die Trennung sei gegen den Willen des Partners erfolgt und dieser reagiere auf den unerwarteten Verlust aufgrund einer bestimmten neurotischen Disposition besonders empfindlich. Wäre es als »irrational« anzusehen, wenn die Schuldgefühle des sich trennenden Partners daraufhin stärker als in einem fiktiven Durchschnittsfall ausfielen? Der neurotische Verarbeitungsmodus des verlassenen Partners ändert nichts an der Tatsache, dass ihm seelisches Leid zugefügt wurde, das er seinen persönlichen Voraussetzungen nach eben nur so verarbeiten kann und das bei vorhandener Empfänglichkeit entsprechend nachhaltigere Auswirkungen auf das Schulderleben dessen haben wird, der dieses Leid verursacht hat. Und dadurch wird sein vorher angemessen, »realistisch« erscheinendes Schuldgefühl nicht auf einmal unangemessen, »unrealistisch« und »irrational«. Das einfache Beispiel verdeutlicht, dass eine psychologisch trennscharfe Unterscheidung zwischen realer und nichtrealer Schuld und analog realitätsbezogenem und irrationalem (irrealem) Schuldgefühl offenbar nur an den (psychopathologischen) Extrempolen des Spektrums von Schuldverarbeitung gelingt beziehungsweise psychologisch sinnvoll durchzuführen ist. Also entweder dort, wo bei offenkundig schuldhaftem Verhalten jegliches subjektive Schuldgefühl ausbleibt oder dort, wo sich bei nur äußerst geringfügiger Verfehlung ein extrem ausgeprägtes Schulderleben einstellt.

Was das Verhältnis von Schuld und Schuldgefühl betrifft, wäre noch der von Hirsch behandelte Fall hinzuzufügen, dass das Schuldgefühl, und besonders ein solches, an dem hartnäckig festgehalten wird, der Abwehr dienen kann – nämlich der Abwehr von Schuld (ebd., S. 304ff.). Hirsch zitiert in diesem Zusammenhang Michael B. Buchholz, der darauf hinweist, dass man »gelegentlich auf eine Tendenz [trifft], die Wahrnehmung der eigenen Schuld Kindern oder Partnern gegenüber in ein Schuldgefühl umzudeuten und vom professionellen Therapeuten zu erwarten, dass er mit Hilfe therapeutischer Technik von solchen ›Restneurosen‹ befreit« (zit. n. ebd., S. 305). Ebenso begegnen wir in der psychotherapeutischen Praxis häufiger Menschen, denen es außerordentlich schwerfällt, entwicklungsnotwendige und der eigenen Individuation dienende Trennungen zu vollziehen. Auf bewusster Ebene wird der Ablösungsschritt wegen der damit einhergehenden Schuldgefühle bzw. der Angst vor solchen vermieden. Auf einer tieferen Ebene können die Dinge aber so liegen, dass am Schuldgefühl festgehalten wird, um nicht schuldig zu werden. Der oder die Betreffende will im Zustand der Unschuld verharren und den Preis der Trennung nicht bezahlen. Auf diesen Zusammenhang wird man jedoch nur dann aufmerksam, wenn man versteht, dass Trennung stets und nicht nur im neurotischen Kontext ein schuldbehafteter Vorgang ist.

## Nähere Bestimmungen von Schuld

Wir haben bereits festgestellt, dass es sich beim Schuldgefühl um ein sozusagen wertfreies psychisches Phänomen handelt: einen Gefühls- oder Affektzustand, der mit bestimmten Vorstellungen und Selbst-Attributionen einhergeht. Diese Selbstzuschreibungen (Selbstanklagen, Selbstverurteilungen usw.) weisen entsprechend der Beschaffenheit des Über-Ichs, des Gewissens der jeweiligen Person, immer einen Wertcharakter auf. Nichtsdestoweniger lässt sich das Schuldgefühl einschließlich seiner kognitiven Komponenten als psychisches Phänomen empirisch-psychologisch erfassen und untersuchen, ohne sich dabei auf das Feld normativer Wertbegrifflichkeit begeben zu müssen. Das ändert sich sofort, sobald man sich dem Phänomen der Schuld zuwendet. Schuld ist nicht einfach ein Gefühl oder eine Vorstellung, die man von sich selbst oder anderen hat. Schuld ist ein komplexes Konstrukt, dem eine moralische, juristische oder auch existenziell-metaphysisch-religiöse Definition, häufig eine Verbindung aus den genannten Elementen zugrunde liegt. Bliebe man dabei nun stehen, dann wäre es in der Tat nur möglich, über Schuld in der Sprache der Ethik, der Rechtswissenschaft, der Philosophie oder Theologie zu sprechen. Man muss aber dabei nicht stehenbleiben. Man kann weitergehen und bemerken, dass sowohl der moralischen wie rechtlichen und religiösen Deutung von Schuld Annahmen und Bestimmungen inhärent sind, die allgemeine Strukturen menschlichen Seins und Verhaltens betreffen, und die auf dieser Ebene auch einer psychologisch-psychoanalytischen Betrachtung und Analyse zugänglich sind. Ich will hier drei dieser möglichen Bestimmungen anführen und kurz erläutern.

In den vermutlich allermeisten Fällen sprechen wir von Schuld erstens dort, wo eine Übertretung (Transgression) stattgefunden hat. Das Subjekt hat eine Grenze überschritten, die durch moralische oder Gesetzesnormen gezogen ist. Gemeinhin spricht man in einem solchen Fall von einer Tatschuld, weil der Status des Schuldigseins durch aktives und meist auch subjektiv zurechenbares Handeln herbeigeführt worden ist. Unter diesem Blickwinkel müsste eine Psychoanalyse der Schuld immer eine Psychoanalyse der Voraussetzungen und besonderen Strukturmerkmale einer Übertretung sein.

Der zweite hier zu beachtende Typus von Schuld lässt sich kennzeichnen durch ein gestörtes Verhältnis von Gabe und Gegengabe. Man könnte hier im erweiterten Sinne von einer beziehungsethischen Dimension von Schuld sprechen. Schuldigsein meint die Tatsache, dass man einem anderen, von dem man ein Gut erhalten hat, etwas schuldet. Der Schuldige »steht in der Schuld« des anderen. Diesen anderen kann eine konkrete Person, eine Gemeinschaft und deren normative Ordnung repräsentieren, aber auch das Leben, das Dasein als solches, das einem (von wem auch immer) »geschenkt« worden ist. Notwendige und daher unvermeidbare Schuld ergibt sich daraus, dieser Gabe des Daseins – dem, was ich von den Generationen vor mir, der Gemeinschaft, in die ich hineingeboren bin, erhalten habe – nur unvollkommen genügen, nur unzureichend mittels einer Gegengabe entsprechen zu können. Das Faktum eines Immer-schon-schuldig-Seins wird im Gegensatz zur Tatschuld als Daseins- oder Existenzschuld bezeichnet. Diese steht im Mittelpunkt daseinsanalytischer Konzeptionen von Schuld, wovon noch zu sprechen sein wird.

Der dritte Typus eines Schuldzusammenhanges, den ich hier aufnehmen möchte, stellt im Grunde keine neue und eigenständige Kategorie dar, sondern erweist sich mehr als Form des Zusammenwirkens von Tat- und Daseinsschuld. Er bringt darüber hinaus den Schuldbegriff in einen expliziten Zusammenhang mit dem kausalen oder Verursacherprinzip, weshalb ich von einer Verursachungsschuld spreche, in der *culpa* (Schuld) und *causa* (Ursache, Grund) zusammenfallen. Das Phänomen der Verursachungsschuld wird im Kontext der Diskussion des Verhältnisses von Determination, Schuld und Verantwortung in der Psychotherapie eine wichtige Rolle spielen.

## Das Problem des Moralischen in der Psychoanalyse

Im Gegensatz zum Konzept des Schuldgefühls hat man um den Begriff der Schuld in der Psychoanalyse meist einen großen Bogen gemacht. Der in manchen Kreisen bis zur Aversion gesteigerte Vorbehalt hing und hängt natürlich damit zusammen, dass der Schuldbegriff nicht nur einen moralischen Bedeutungsgehalt transportiert, sondern darüber hinaus von alters her das weite Feld metaphysischer und religiös-theologischer Fragestellungen eröffnet. Weil spätestens seit Immanuel Kants Vernunftkritik eine empirische Wissenschaft – und die Psychoanalyse verstand sich von ihren Gründungstagen an als solche – nicht dazu da und auch nicht in der Lage ist, über moralische Fragen zu befinden, hat man sich konsequent auf das subjektive Phänomen des Schuldgefühls konzentriert. Im Gegensatz zur Schuld im moralischen oder gar metaphysisch-religiösen Wortsinn ist das Schuldgefühl, wie bereits dargelegt, ein empirisch fassbares Phänomen, über dessen Ursprung, Genese und Dynamik sich überprüfbare Aussagen machen lassen.

Von Beginn an war es Sigmund Freud darum zu tun, Theorie und Praxis der neu gegründeten Wissenschaft der Psychoanalyse von allen moralischen Elementen freizuhalten. Man versteht dies umso besser, wenn man sich vergegenwärtigt, dass in der Jahrhunderthälfte, in der Freud zu seinen bahnbrechenden Entdeckungen gelangte, noch ein Begriff wie der des »moralischen Irreseins« *(moral insanity)* zur offiziellen psychiatrischen Nomenklatur gehörte. Schließlich verschob der Übergang von der traumatologisch konzipierten Verführungstheorie zur Theorie der unbewussten Fantasien zwangsläufig den Fokus des Interesses von der Real-Schuld der

Täter auf das mehr oder weniger neurotische Schuldgefühl, das sich als Folge inzestuöser und aggressiver Fantasie-Inhalte einstellt. Damit war eine Entwicklung eingeleitet, die erst dann eine tendenzielle Korrektur erfuhr, als man innerhalb der Psychoanalyse neu über die traumatische Genese psychischer Störungen nachzudenken begann. Für Freuds Haltung hingegen stellt Hirsch resümierend fest, dass er »die Psychoanalyse für nicht geeignet oder berechtigt [hielt], sich um die Bedeutung und die Wirkung realer Schuld zu kümmern« (ebd., S. 54).

Vor dem Hintergrund seines naturwissenschaftlichen Selbstverständnisses war es Freud leicht möglich, den gesamten Komplex des Normativ-Moralischen projektiv bei C. G. Jung und in geringerem Maße bei den anderen sogenannten Dissidenten unterzubringen. Ich erinnere in diesem Zusammenhang daran, dass Freuds Vorwurf – nachlesbar in *Zur Geschichte der psychoanalytischen Bewegung* (Freud, 1914d) – wesentlich auf den Punkt hinauslief, Jung unterlege dem Unbewussten eine moralische Tendenz, womit er eine sittliche »Vervollkommnungstendenz« meinte und das, was Jung später als »Individuationstendenz« bezeichnete, sicher nicht korrekt traf. Aber das Moralische war der Stein des Anstoßes. Es reichte für Karl Abraham (1982 [1914], S. 306) aus, um Jung zu bescheinigen, dass er mit solchen Ideen den Anspruch, Psychoanalytiker zu sein, verwirkt habe und stattdessen Theologe geworden sei.

Aus der uns heute möglichen Distanz betrachtet, konnte das Projekt der Entmoralisierung des Psychologischen allerdings kaum gelingen, jedenfalls nicht in der angestrebten Radikalität. Es blieben nicht unerhebliche Reste, die jedoch kaum bemerkt oder der kritischen Reflexion unterzogen wurden. Dies gilt sowohl für die Praxis wie die Theorie der Psychoanalyse. Freud verstand sich als Forscher und Arzt. Für ihn als Arzt war die psychoanalytische Behandlung – die »Kur«, wie sie damals noch hieß – ein quasimedizinischer Eingriff, der dazu diente, die Funktionsweise des psychischen Apparates im Dienste der Gesundheit zu verbessern. Die dafür geeignete Methode sah man in der Bewusstmachung von Unbewusstem, die geeignete Haltung in der kühl-distanzierten Professionalität des Chirurgen. Nun mag man vielleicht nicht unbedingt behaupten wollen, dass die Arbeit des Chirurgen eine primär moralisch geprägte oder von moralischen Zielen geleitete sei. Aber vielleicht eben doch, weil »Gesundheit« ein spezifisches normatives Konzept beinhaltet, für die meisten Menschen zum Ensemble des Erstrebenswerten und damit Guten gehört und infolge dieser Verwendung bereits in das Gebiet einer Ethik des »guten Lebens«

fällt. Viel offensichtlicher wird dieser Zusammenhang noch, wenn man sich Formulierungen anschaut, die Freud für die Ziele psychoanalytischer Therapie gefunden hat. Eine der bekanntesten und prägnantesten lautet: »Ihre Absicht [gemeint: die der Analyse] ist ja, das Ich zu stärken, es vom Über-Ich unabhängiger zu machen, sein Wahrnehmungsfeld zu erweitern und seine Organisation auszubauen, so daß es sich neue Stücke des Es aneignen kann. Wo Es war, soll Ich werden« (Freud, 1933a, S. 86). Das hört sich recht formal an, ist es aber überhaupt nicht. Denn wie lässt sich begründen, dass das Ich stark und unabhängig von inneren und äußeren Zwängen sein sollte? Auf empirischem Weg geht das nicht. Die Aussage impliziert ein zumindest normatives, wenn nicht ethisches Postulat, das auf die neuzeitliche Figur des ich-zentrierten autonomen Individuums Bezug nimmt. Ähnliches gilt, um dies hier nur skizzenhaft anzudeuten, für andere zentrale Bestandteile der psychoanalytischen Theorie, speziell für die entwicklungspsychologische Theorie der psychosexuellen Reifungsschritte. Es bedarf keiner tiefgründigen Exegese, um auch darin die normative Setzung auszumachen. Alles, was Freud dazu sagt, lässt keinen Zweifel daran, dass er das schlechthin Erstrebenswerte der Trieb- und Ich-Entwicklung im Erreichen des Genitalprimats sieht, dem wiederum spezifische und zeitgebundene Vorstellungen über Geschlecht, Geschlechter-Verhältnis und kollektive moralische Standards zugrunde liegen. Auf eine kurze Formel gebracht: Das verordnete Ideal ist das genital reife heterosexuelle männliche Subjekt und, wie wir heute noch hinzufügen würden, das weiße männliche Subjekt.

## Das Ethische, der Wille und die Wahl

Ohne sich des impliziten normativen Gehalts der eigenen theoretischen und klinischen Konzeptionen bewusst zu sein, war die Ausrichtung des analytischen Prozesses an »Entwicklungszielen« auch das, was Freud an der von Sándor Ferenczi und Otto Rank verfassten *Schrift Entwicklungsziele der Psychoanalyse* (1924) außerordentlich missfiel. Und als dann kurz danach Rank auch noch damit begann, dem *Willen* die größte Bedeutung für den Erfolg der therapeutischen Anstrengungen beizumessen, war Freuds Geduld auch mit diesem überaus geliebten Schüler am Ende. Das Konzept des Willensaktes, das außerhalb der rankschen Beiträge nirgends in der Psychoanalyse Fuß fassen konnte, ist eng korreliert mit normativethischen Aspekten. Denn freie Willensentscheidungen sind als Wahl der Verantwortung des Subjektes zurechenbar, eben auch schuldhaft-moralisch zurechenbar. »Überhaupt ist Wählen ein eigentlicher und stringenter Ausdruck für das Ethische«, heißt es bei Sören Kierkegaard (1996 [1844], S. 715). Für das Ethische und für die Freiheit, »denn mit dem Wählen-Können eröffnet sich der Horizont der Freiheit und damit die Dimension des Guten und Bösen« (Pieper, 1997, S. 82). Freud hingegen erschien die Idee freier Willensakte, wie immer man diese verstehen und begründen mochte, völlig unannehmbar. In den *Vorlesungen zur Einführung in die Psychoanalyse* (1916–17a [1915–17], S. 104) belehrt Freud seine Zuhörer darüber, dass »ein tief verwurzelter Glaube an psychische Freiheit und Willkürlichkeit in Ihnen steckt, der aber ganz unwissenschaftlich und vor der Anforderung eines auch das Seelenleben beherrschenden Determinismus die Segel streichen muss.« Ranks Modifikationen stellen nicht so sehr die Rolle des Unbewussten als vielmehr den strengen Determinismus infrage, der nach Freud unerschütterlicher Überzeugung den gesamten psychischen Apparat beherrscht. Und sie konfrontierten Freud mit einer Widersprüchlichkeit, die einen Hinweis auf die verleugnete Schattenseite gibt. Denn obgleich er auf theoretischem Gebiet auf einem durchgängigen Mechanismus kausaler Determination beharrte, appellierte er, wie Rank (2015 [1929], S. 19ff.) scharfsinnig registrierte, in seiner praktischen analytischen Arbeit ständig an die bewusste Willensanstrengung des Patienten, etwa sich zu erinnern oder Widerstände zu überwinden.

Noch einige Bemerkungen zur Normativität psychoanalytischer Theorie und Praxis: Man kann mit guten Gründen behaupten, dass die handlungsleitenden, impliziten, normativen Prämissen, die auch stets ethische Postulate und Zielsetzungen der psychoanalytischen Arbeit reflektieren, bis heute einen großen Sektor des Ungedachten oder zumindest nicht ausreichend oder zu Ende Gedachten bilden. In dieser Hinsicht ist die Psychoanalyse im Laufe ihrer Geschichte im Grunde immer normativer geworden, ohne dass man in dieser Entwicklung in größerem Umfang ein bedenkenswertes Problem erkannt hätte. Zu Zielen wie Trieb- und Ich-Reifung kamen Liebes-, Beziehungs- und Bindungsfähigkeit, Kreativität, Spontaneität, Transformation des Narzissmus in Richtung Weisheit, Humor und Kreativität, von den vielfältigen Modellen der Selbstfindung und Selbstentwicklung gar nicht zu reden. Man kann doch gar nicht übersehen, dass Psychoanalyse auch dort, wo sie angeblich noch »tendenzlos« betrieben wird, den Analysierten dazu verhelfen soll, in der einen oder anderen Hinsicht »bessere Menschen« zu werden. Wohl wissen wir, dass Liebe und Hass gleichstarke Urkräfte des Seelenlebens sind, aber stärken möchten wir doch die Liebe und nicht den Hass. Selbstfindung im Prinzip ja, aber wir wären wenig angetan, wenn sich PatientInnen als narzisstische Machtmenschen oder sadistische GewalttäterInnen selbst fänden. Wenigstens jedenfalls sollte Psychoanalyse ihren Beitrag zu einem gelingenden guten Leben leisten, womit ein Topos eingeführt ist, der schon bei Aristoteles ins Themen- und Aufgabengebiet der Ethik gehört.

Die starken und zugleich unerkannten normativen Unterströmungen von Psychoanalyse und Psychotherapie wurden in jüngerer Zeit vereinzelt kritisch thematisiert (Heenen-Wolff, 2018; Lesmeister, 2018), zumeist dort, wo deren Theorie- und Praxisformen in offensichtliche Kollision gerieten mit einschneidenden Veränderungen posttraditionaler Lebens- und Umgangsformen, so zum Beispiel auf den Gebieten von Gender, sexueller Identität und Präferenz. Dass die Psychoanalyse als praktische Psychotherapie entgegen offizieller Lehrmeinung nicht anders als normativ-moralisch sein kann, wurde indessen schon früh von Rank bemerkt und schlüssig analysiert. In *Wahrheit und Wirklichkeit* (2015 [1929], S. 21) führt er dazu aus:

> »Die Psychoanalyse begann als Therapie, ihre Erkenntnisse stammen daher und die Psychotherapie muss ihrer Natur nach moralisch oder zumindest normativ orientiert sein. Ob es sich nun um den medizinischen Begriff der ›Normalität‹ oder den sozialen der Anpassung handelt, die Therapie kann nie vorurteilslos sein, weil sie von dem Standpunkt ausgeht, dass etwas anders sein soll, als es ist – ganz gleichgültig wie man es formuliert. Die Psychologie dagegen soll beschreiben, was ist, wie es ist, und womöglich erklären, warum es so sein muss. Diese beiden diametral entgegengesetzten Prinzipien hat nun die janusköpfige Psychoanalyse notwendigerweise vermischt; und die mangelnde Einsicht in diesen Tatbestand sowie seine spätere Verleugnung führten schließlich zu einer solchen Verwirrung, dass nunmehr die Therapie psychologisch und die Theorie moralisch orientiert ist statt umgekehrt.«

Einer der wenigen, vielleicht der einzige, der das Problem aufgegriffen und – unter ganz anderen theoretischen Voraussetzungen als Rank – erneut in Angriff genommen hat, ist Jacques Lacan. In seiner *Ethik der Psychoanalyse* (1996) führt er den Nachweis, dass es nicht nur eine Ethik der psychoanalytischen Haltung gibt – eine Ansicht, die heute von den meisten PraktikerInnen auf diesem Gebiet fraglos geteilt wird –, sondern eine Ethik der Psychoanalyse als solcher. Mit anderen Worten: Jede psychoanalytische Praxis folgt einer Ethik, die Frage ist nur welcher. Es geht also gar nicht darum, den analytischen Raum von Moralität freizuhalten, sondern ohne in ein »Moralisieren« zu verfallen, diesen Raum auf die in ihm wirksamen ethisch-moralischen Postulate hin zu erkunden und sich mit diesen auseinanderzusetzen. Lacan denkt das Problem des Ethischen in der Psychoanalyse konsequent zu Ende, indem er die Unvermeidlichkeit des Ethischen in der psychoanalytischen Arbeit anerkennt und ihr darüber hinaus eine klare und bewusst gewählte Ausrichtung gibt: Gegen die traditionelle aristotelische und kantsche Ethik setzt er eine Ethik des Begehrens, worauf an dieser Stelle im Einzelnen nicht eingegangen werden kann.

Was Rank für eine auf Verwechslung von Prinzipien beruhende Januskꝍpfigkeit der Psychoanalyse hält, sieht für mich eher nach einem schwer vermeidbaren Dilemma aus: Die Psychoanalyse versteht sich einerseits als wissenschaftlich fundierte Praxis und ist insofern daran interessiert – muss daran interessiert sein –, im Umgang mit PatientInnen normativ und das heißt in erster Linie moralisch abstinent zu agieren. Die Nondirektivität der analytischen Methode ist das technische Konzept, das diese Haltung in die analytische Arbeitsweise umsetzt. Andererseits sind psychoanalytische Theorien und Behandlungskonzepte mit normativen und ethischen Elementen imprägniert, was gar nicht anders sein kann und was sich aus einer »Interessenkollision« erklärt: Einerseits wollen PsychoanalytikerInnen die Entwicklung ihrer PatientInnen nicht präjudizieren und direktiv steuern, anderseits wollen sie aber, dass diese Entwicklung zu etwas »Gutem« und nicht zu etwas »Schlechtem« oder gar »Bösem« führt. Beide Interessensrichtungen sind Aspekte ihres Begehrens, und sie eröffnen ein spannungsreiches Feld, in dem AnalytikerInnen sich fortlaufend zu orientieren haben. Diese Sachlage bestätigt Lacans Auffassung, der zu Folge der Diskurs der Psychoanalyse jenseits aller Satzungstexte über Grenzverletzung, Missbrauch und ähnlichen Verstößen mitten in einem ethischen Feld angesiedelt ist, das als solches nicht umgangen werden kann. Das zugrunde liegende Dilemma kann meines Erachtens nicht aufgelöst, sondern nur in ständiger kritischer Selbstreflexion auf seine Auswirkungen hin überprüft und auf diese Weise »verwunden« werden.

## Subjektive/personale und objektive/transpersonale Schuld

Der uns heute geläufige Schuldbegriff impliziert die Annahme, dass die jeweilige schuldhafte Verfehlung subjektiv zurechenbar sei. Das Schuldigsein ist hier immer ein subjektiv-personales, das heißt das Subjekt trägt die Verantwortung in moralischer oder rechtlicher Hinsicht für die von ihm verübte, schuldhafte Tat. Der subjektiv-personalisierte Schuldbegriff ist, historisch betrachtet, im Wesentlichen von christlicher Prägung und hat als solcher in der Neuzeit, der Epoche der Konstitution des autonomen, selbstmächtigen Individuums, seine bis heute gültige Ausformung erfahren. Ich sage »im Wesentlichen«, weil auch in vorchristlicher Zeit bereits ein Verständnis subjektiver Schuldhaftigkeit vorhanden war, so zum Beispiel in der römischen Rechtsauffassung. Und schon in der *Nikomachischen Ethik* des Aristoteles findet sich im zweiten Buch eine differenzierte Bestandsaufnahme von Arten der Verfehlung, die Aristoteles (1995, S. 131ff.) in Kategorien wie absichtlich/unabsichtlich, freiwillig/erzwungen usw. einteilt und dabei auch die verminderte Zurechenbarkeit bei Handlungen nicht vergisst, die unter dem Einfluss heftiger Affekte wie Zorn oder im Zustand der Trunkenheit geschehen. Allerdings erscheint dieses vorchristliche Schuldverständnis noch nicht in solchem Maß moralisch imprägniert wie dies dann unter dem Einfluss der christlichen Lehre geschehen ist.

Der Begriff der objektiven oder transpersonalen Schuld beschreibt eine Form von Schuld, die die Einzelne zwar nicht persönlich herbeigeführt hat, die ihn aber dennoch betrifft und die er dennoch tragen muss. Ein Beispiel dafür wäre die transgenerational »vererbte« Schuld wie etwa die durch die Verbrechen der Nationalsozialisten verursachte Schuld, für die Deutsche der nachfolgenden Generationen nicht unmittelbar im Sinne einer persönlichen Tatschuld verantwortlich zu machen sind, die von diesen als Angehörige des deutschen Volkes und Nachfolger der Tätergenerationen aber in der einen oder anderen Weise mitgetragen werden muss. Der archaische Vorläufer dieser transgenerationalen Schuld ist der auf der Generationenfolge lastende Fluch, der auf ein anfängliches Verbrechen und eine davon herrührende Befleckung zurückgeht. Diesem Typus der Schuld kommt im antiken Mythos und in den darauf basierenden Tragödienstoffen eine außerordentliche Bedeutung zu.

Ähnlich verhält es sich mit der an früherer Stelle erwähnten objektiven oder transpersonalen Schuld in Form der Daseins- oder Existenzschuld. Auch in diesem Fall ist das Schuldigsein ein sozusagen der persönlichen

Existenz vorausgehendes Faktum, das nichtsdestoweniger jeder persönlichen Existenz »mitgegeben« wird. Man könnte auch sagen: Das transpersonale Schuldigsein gehört zur *conditio humana*. Unter der Annahme, dass das Geborenwerden nicht in der freien Entscheidung des Subjektes liegt, kann diesem die Daseinsschuld, die nach Martin Heidegger darin besteht, den Möglichkeiten des Sein-Könnens nicht in vollem Umfang entsprechen zu können, nicht persönlich im Sinne der Verursachung zugerechnet werden. Dennoch ist jeder Einzelne von diesem »Los der Menschen« schicksalshaft betroffen.

Das Phänomen der Daseinsschuld kann, wie bereits erwähnt, aus dem Verhältnis von Gabe und Gegengabe verstanden werden. Die fundamentalste Gabe ist die des Lebens. Ingo Werner Gerhartz (2016, S. 166f.) schreibt dazu:

> »Schon das Leben ist eine solche Gabe und erzeugt so Schuld gegenüber den eigenen Vorfahren sowie gegenüber der Welt als lebensspendende Natur und der Ordnung lebenserhaltender Kultur, welche die Bedingungen der Möglichkeit der Existenz jedes Einzelnen Menschen darstellen [...]. Mit Heidegger gilt: ›Das Dasein ist als solches schuldig‹, insofern diese existenzielle oder ›Daseinsschuld‹, untrennbar an die Gabe des Lebens gebunden, immer schon besteht.«

Dass es sich, wie Hirsch meint, bei dieser Art transpersonaler Schuld um keine Tatschuld handle, trifft allerdings nur bedingt zu. Zahlreiche Ursprungs- und Gründungsmythen sowie religiöse Dokumente berichten von einer »Ur-Schuld«, durch die meist in Form einer folgenschweren Übertretung, der schuldhaften Tat eines Gründungsheroen oder Kulturstifters, ein primäres und gewissermaßen unverschuldetes Schuldigsein aller Menschen in die Welt gekommen ist. Das im christlichen Mythos zentrale Ereignis des Sündenfalls mit der daraus hervorgegangenen Folgelast der Erbsünde charakterisiert diesen Zusammenhang in prägnanter Weise, wobei, wie vielfach gezeigt wurde, die Komplexität der primären Verschuldungssituation – die Paradiesszene – die Frage nach der eigentlichen und wahren Schuld letztlich in einer kaum auflösbaren Mehrdeutigkeit belässt.

In der Tat eröffnet die nähere Analyse den Blick auf eine enge Wechselwirkung von personalen und transpersonalen Schuldaspekten. Dies soll im Folgenden am Beispiel der Trennungsschuld näher veranschaulicht werden.

## Personale und transpersonale Dimensionen von Schuld am Beispiel der Trennungs- und Individuationsschuld

Die Thematik der Trennungsschuld (dazu Hirsch, 2007, S. 223ff.) nimmt in der psychotherapeutischen Praxis einen breiten Raum ein. Das liegt einfach daran, dass es in psychoanalytisch-psychotherapeutischen Prozessen über weite Strecken für PatientInnen darum geht, sich aus kindlichen Abhängigkeiten zu lösen und schrittweise »zu sich selbst zu finden«, das heißt zu einem unabhängigen selbstverantwortlichen Individuum zu werden. Aus diesem Grund ist die Trennungsproblematik immer ein integraler Bestandteil der Selbstwerdungs- oder Individuationsproblematik, was gleichzeitig bedeutet, dass zwischen Trennungsschuld und Individuationsschuld ein unauflöslicher Zusammenhang besteht. Eine Schuld der Individuation gibt es vor allem deswegen, weil es eine Schuld der zur Individuation nötigen Trennungen gibt. Was aber macht die Schuld der Trennung aus? Eine Antwort könnte lauten: Trennung bedeutet Schuld, weil sie einem Anderen, wer oder was immer dieser sei, einen empfindlichen Verlust zufügt. Diese Deutung verstehen wir sofort besser, wenn wir uns auf die transpersonale Ebene von Trennungs- und Individuationsphänomenen begeben.

Individuation meint immer Vereinzelung, Absonderung, Abfall von einem vor- oder übergeordneten Ganzen, Entzweiung des Einen, handele es sich dabei um Natur, die Familie, die Mutter, das Kollektiv oder Gott. Darüber ist von frühesten Zeiten an in den unterschiedlichsten philosophisch-metaphysischen oder religiösen Zusammenhängen nachgedacht worden. Auf dem Gebiet jüdisch-christlicher Religiosität dominiert der bereits angeführte Topos des Sündenfalls. In Friedrich W. J. Schellings Freiheitsschrift von 1809 begegnet uns das Ereignis als Verselbstständigung des Eigenwillens gegenüber dem göttlichen Universalwillen, woraus dann im Falle extremer Vereinseitigung und Verabsolutierung des Eigenwillens das Phänomen des Bösen hervorgeht. Bei Schopenhauer ist es die von Differenz und Besonderheit geprägte Welt der Vorstellungen, die sich vom zugrunde liegenden einheitlichen Willen abgelöst hat. Nicht ganz unähnlich verhält es sich bei Nietzsche, für den die individualisierten und damit unterschiedenen Dinge und Inhalte unseres Bewusstseins apollinische Manifestationen darstellen, die sich aus dem einheitlichen dionysischen Urgrund des Seins herausdifferenziert und diesen dadurch hinter sich gelassen haben.

Weshalb und woher aber nun die Schuld? Das ist im Grunde ganz einfach. Wenn man sich aus einem Ursprungszusammenhang herauslöst, um als Individuum in die Verselbstständigung zu treten, nimmt man etwas mit, was davor allgemeiner Besitz war und was man als Gabe erhalten hat. Manche Mythen, die die aggressiven Momente der Trennung stärker betonen, sprechen wie im Falle des prometheischen Abfalls von Diebstahl oder Raub: der gewaltsamen Entwendung des Feuers und sogar der Fähigkeit, selbst Menschen zu erschaffen. In diesem Vorgang, der natürlich auch eine fundamentale Übertretung beinhaltet, liegen die archaischen Wurzeln der Trennungsschuld. Und aus ihm leiten sich die frühen und frühesten Vorkehrungen her, die dazu dienten, diese Schuld abzutragen und das in der Gabe Erhaltene oder im Raub Angeeignete auszugleichen. Und die Form, in der dieser Ausgleich vollzogen wurde, war das Opfer. Man musste etwas zurückgeben. Man musste bezahlen.

Jung hat die beschriebenen Sachverhalte in einer relativ unbekannt gebliebenen Schrift unter dem Titel *Anpassung, Individuation, Kollektivität* (1981 [1916], S. 481ff.) explizit behandelt und für seine in Entstehung befindliche Theorie der Individuation nutzbar gemacht. Er verfasste diesen Text in der Krisenzeit nach der tief schuldhaft erlebten Trennung von Freud und damit der PsychoanalytikerInnen-Gruppe. Jung meint, dass der Prozess der Individuation dem (sozialen, archetypischen) Kollektiv einen »Wert« entzieht – das ist der Diebstahl. Dafür müsse man aufkommen, indem man die Früchte seiner Individuation dem Kollektiv wieder zugutekommen lässt, etwa in Form von Leistungen, schöpferischer Produktivität oder anderen selbst erzeugten Gütern. Dieser Gedankengang hat natürlich seine Fallstricke, weil er auf eine Forderung nach Anpassung hinauslaufen kann. Und was geschieht, wenn das Kollektiv das zurückerstattete Äquivalent des »geraubten« Wertes gar nicht anerkennt, gar nicht haben will? Das Opfer ist umsonst. Das individuierte Subjekt wird auf tragische Weise selbst zum Opfer und endet als Außenseiter, Ausgestoßener, Verfemter. Das werden wir an späterer Stelle noch genauer in Augenschein nehmen.

Ausgehend von einer unmittelbar zugänglichen personal-subjektiven Ebene von Trennungs- und Individuationsschuld gelangen wir also auf eine Ebene von Schuld, die unterhalb des subjektiven Schulderlebens liegt, die Ebene eines objektiven, prä- oder transpersonalen, im Sprachgebrauch Jungs auch archetypischen Schuldbegriffs (Harre, 1987). Dieser stellt offenbar die allgemeine Bedingung der Möglichkeit subjektiven Schulderlebens dar, und auf diesem ruht der subjektive Schuldbegriff gewissermaßen auf. Personale und transpersonale Schuldmomente stehen nicht unverbunden beziehungsweise alternativ nebeneinander, sondern liegen im gekennzeichneten Bedingungsgefüge notwendig ineinander. Wir machen uns einerseits (subjektiv) schuldig, indem wir zu einem separierten Einzelwesen werden. Und gleichzeitig sind wir immer schon schuldig dadurch, dass wir als separierte Einzelwesen geboren sind. Der Abfall, so könnte man sagen, hat immer schon stattgefunden: als konstitutives Merkmal der menschlichen Seinsweise, als »unvordenkliches«, transzendentales, zeitloses Ereignis (bei Schelling und der spätantiken Gnosis) oder als Sündenfall jüdisch-christlicher Deutung. Weil dies »immer schon so ist«, entsteht auf dieser Ebene im Allgemeinen auch kein bewusstes Schuldgefühl. Die subjektiven Manifestationen von Schuld zeigen sich dort, wo die objektiven Verschuldungszusammenhänge sich personalisieren, das heißt in der konkreten individuellen Lebens- und Konfliktdynamik und innerhalb derselben in besonderem Maße im Fall pathologischer Ausprägungsgrade. Und genau an dieser Schnittstelle setzt die persönliche Verantwortung ein. Hirsch betont, dass die Tatsache prä- oder transpersonalen Schuldigseins das Subjekt nicht personaler Verantwortung entlasten dürfe (Hirsch, 2007, S. 41). Die Frage, die Kafka seinen Protagonisten Josef K. in *Der Prozeß* (1983) stellen lässt: »Wie kann denn ein Mensch überhaupt schuldig sein?« beruht auf der Annahme, dass »individuelles Schuldigwerden auf der Basis einer existenziellen Basisschuld« (Hirsch, 2007, S. 41) überhaupt nicht mehr denkbar sei. Die zutreffende Folgerung, die sich aus der existenziellen Basisschuld ergibt, wäre aber nicht die, dass man ihretwegen gar nicht mehr schuldig werden kann, sondern dass man umgekehrt gerade nur *durch* sie schuldig werden kann und muss.

## Schuld, Determination und ethisches Subjekt

Das Konzept personal zurechenbarer Schuld basiert auf der prinzipiellen Möglichkeit freier, in der Verantwortung des Subjektes liegender Willensakte und steht dadurch in einem notwendigen Gegensatzverhältnis zu Theorien seelischen Funktionierens und Verhaltens, die einer rein kausaldeterministischen Logik folgen. Freuds Bannstrahl, den er gegen die Idee einer »psychischen Freiheit und Willkürlichkeit« (siehe zuvor) richtet, hat nichts von seiner Wirksamkeit verloren. Da die psychoanalytischen Theorien von Freud und Jung an bis in die Gegenwart allesamt von kausal-deterministischer Bauart sind, ergibt sich schon daraus, dass sie in der Konzeptualisierung moralischer Phänomene wie dem der Schuld an eine Grenze stoßen. Es sei denn, man erklärt diese Phänomene wiederum kausal-deterministisch, was jedoch das Problem nur an eine andere Stelle verschiebt.

Ein Blick auf die logische Struktur klinischer Fall- oder Krankengeschichten bestätigen diese Feststellung. Ätiologie, Symptomgenese und damit zusammenhängende biografische Entwicklungen werden auf der Grundlage subjektiver Erinnerungsdaten aus einer Position der Nachträglichkeit rekonstruiert. Was dabei herauskommt und zum Beispiel als Bestandteil eines Psychotherapieantrages die Finanzierung einer Behandlung durch den Versicherungsträger legitimiert, ist ein kausal-deterministisch strukturiertes Narrativ, das den Anschein von Wissenschaftlichkeit beansprucht. Die nunmehr vorliegende Geschichte ist zu weitaus größeren Teilen nicht überprüfbar, weder mittels empirischer Untersuchungsmethoden noch auf der Grundlage von Dokumenten. Was uns im vorliegenden Zusammenhang aber mehr beschäftigen muss, ist die Tatsache, dass das Subjekt dieser Geschichte in all seinen Entscheidungen und Aktionen wie an Fäden gezogen erscheint. Die Möglichkeit freier Willensakte wird nicht thematisiert, was zum einen daran liegt, dass deren Thematisierung als entbehrlich gilt, und zum anderen mit dem Umstand zu tun hat, dass zu deren Thematisierung keinerlei Konzepte theoretisch-metapsychologischer Art vorhanden sind.

Unter dem Horizont deterministischen Denkens bleibt die Frage nach persönlicher Verantwortung und Schuld entweder ausgespart oder verschwindet in Wirkungszusammenhängen, die sowohl *causa* wie *culpa* auf Instanzen verschieben, die gewissermaßen außerhalb eines ethischen Subjektes angesiedelt sind. Dieses taucht als solches gar nicht mehr auf. So führen kausale Rekonstruktion und Analyse entwicklungspsychologischer Ereignisse und Verläufe natürlicherweise auf die Kindheit zurück. Die Suche gilt den ersten Ursachen, dem Frühen und immer Früheren. Da die frühesten Lebensphasen des Subjektes von einer Verfassung maximaler Abhängigkeit, psychischer Plastizität, Beeinflussbarkeit und Verwundbarkeit geprägt sind, kommt man, von Vererbungsfaktoren einmal abgesehen, zwangsläufig dahin, die ursächlich bestimmenden Faktoren der seelischen Entwicklung, auch der pathologischen seelischen Entwicklung, im Außen zu verorten, nämlich in der psychologischen Umwelt, die gut genug sein, aber auch versagen kann. Dadurch werden – erneut zwangsläufig – die Primärobjekte mit einer immensen Verursachungsschuld belastet. Von einer Verursachungsschuld muss man hier sowohl im ursächlichen wie im moralischen Sinn reden. Denn die verursachenden Akteure dieser für das heranwachsende Kind prägenden Umwelt sind keine leblosen Objekte, sondern moralisch verfasste Subjekte, die »Gutes« wie »Böses« zu bewirken vermögen. Die eben auch moralisch zu deutende Verursachungsschuld nicht nur der Mütter (ebd., S. 63f.), sondern aller an der Betreuung des Kindes beteiligten relevanten Bezugspersonen der frühen Umgebung, lässt sich überhaupt nicht kleinreden oder einem Entlastungsbedürfnis der therapeutische Hilfe Suchenden anhängen. Es sind unsere eigenen Theorien, die auf diese Schlussfolgerung zulaufen. Und dies umso mehr in einer Zeit, in der Trauma-Ätiologien zur tonangebenden Doktrin innerhalb der psychotherapeutischen Profession geworden sind.

Der Determinismus kann sich natürlich auch andere Wege suchen. Wer statt auf frühe Umweltfaktoren mehr auf interne Ursachen psychischer Dynamik und Entwicklung setzt, wird diese Ursachen, so wie Freud dies getan hat, in Stadien der Triebentwicklung, Urfantasien oder wie Melanie Klein in den ersten Manifestationen des Todestriebes auffinden. Der Determinismus beginnt nicht im Außen, sondern in den Tiefen des Unbewussten. Dass mit dieser Verständnisweise ebenfalls eine ethische Problematik berührt ist, zeigte sich spätestens anlässlich der Polemik, die in den 70er Jahren des vorigen Jahrhunderts von Alice Miller vorgetragen wurde und die auf den Vorwurf hinauslief, die psychoanalytische Triebtheorie belaste das Kind im Stile einer »schwarzen Pädagogik« mit der gesamten Verantwortung für und Schuld an allem psychischen Unheil, das ihm im Leben widerfahren würde. Sie mache es einseitig zum Trieb-Täter (Miller, 1982).

Die kausal-deterministischen Theoriemodelle tendieren dazu, dem handelnden Subjekt jede personal-schuldhafte Zurechenbarkeit abzusprechen und es damit als ethisches Subjekt auszuschalten. Schuldhafte Verantwortung wird stattdessen auf externe Instanzen oder Partialobjekte verschoben. Wenn wirkmächtige Faktoren, die auf unbewusste Determinanten und frühe umweltbedingte Prägungen zurückgehen, das Verhalten bestimmten, wird die Frage nach persönlicher Verantwortung gegenstandslos. In dieser Hinsicht gibt es keinen prinzipiellen Unterschied zwischen den Aussagen »Meine Eltern sind schuld.«, »Mein Unbewusstes ist schuld.« oder – was neueren Forschungsprioritäten Rechnung tragen würde – »Mein Gehirn ist schuld.«. Das ethische Subjekt löst sich in deterministischen Kausalketten und verdinglichten Partialobjekten auf. Die Disziplin, die diesem

Verfall verhältnismäßig hartnäckig widersteht, ist die Rechtsprechung. Sie tut dies, indem sie den Pol der Verursachung von dem der subjektiven Verantwortung radikal abtrennt: Eine »böse« Kindheit ändert nichts an späterer Schuldfähigkeit.

## Umgang mit Schuld in der Psychotherapie

Während sich PsychotherapeutInnen, um nicht in die Untiefen moralischer Problemstellungen zu geraten, am liebsten beim Schuldgefühl aufhalten, beschäftigen sich nicht wenige ihrer PatientInnen durchaus mit dem Problem realer Schuld, und zwar nicht derjenigen ihrer frühen elterlichen Bezugspersonen, sondern ihrer eigenen, die sie eines vergangenen oder gegenwärtigen unangemessenen Verhaltens ihren Kindern gegenüberüber empfinden. Ich spreche hier also nicht von Menschen, die unter der Wirkung eines grausamen intrapunitiven Über-Ichs stehen oder ausgeprägte masochistische Persönlichkeitszüge aufweisen, sondern von meist weniger psychopathologisch beeinträchtigen, aufgeklärten und nachdenklichen Individuen, die, was psychologisches Wissen anbelangt, insbesondere Wissen um förderliche und nichtförderliche Aspekte elterlichen Verhaltens, auf der Höhe der Zeit sind und sowohl sich selbst als auch ihre PsychotherapeutInnen mit diesem Wissen und der sich daraus ergebenden Frage der Schuld konfrontieren. Dabei handelt es sich in der Regel auch keineswegs um rationalisierende oder intellektualisierende Abwehrmanöver. Vielmehr spiegeln die Fragen, die solche Menschen bewegen, die mittlerweile in Allgemeinwissen übergegangenen wissenschaftlichen Erkenntnisse über die Bedingungen einer gesunden psychischen Entwicklung insbesondere in der für lebenslange Prägungen überaus empfänglichen Frühzeit des Lebens. Sie fragen sich, ob sie es im Umgang mit ihren Kindern an der nötigen Empathie haben fehlen lassen; ob sie auf überkontrollierende Weise und aus eigener Bedürftigkeit heraus deren Ablösung und Verselbstständigung behindert haben; ob sie unbewusst ihre Schattenseiten auf die Kinder übertragen haben – kurzum: ob sie als Mutter oder Vater in der einen oder anderen Hinsicht oder auch im Ganzen »gut genug« waren oder sind. Solche PatientInnen beschäftigen sich mit dem, was hier Verursachungsschuld genannt wird, und indem sie dies tun, nehmen sie unsere diesbezüglichen in allgemeinverständlichen Ratgebern verbreiteten und durchaus richtig verstandenen Theorien außerordentlich ernst.

Allerdings scheint die Thematisierung moralisch konnotierter Schuld vonseiten der PatientInnen bei nicht wenigen PsychotherapeutInnen ein beträchtliches Unbehagen zu verursachen. Der Eindruck entsteht, als löse die Situation spezifische Abwehrreflexe aus, die darauf gerichtet sind, sich der Konfrontation mit der Sache, um die es in diesem Fall geht, auf die eine oder andere Weise schnellstmöglich zu entziehen. Eine in dieser oder ähnlicher Form gehörte und viel zu schnell einsetzende Intervention besteht zum Beispiel in der Aussage, dass »es hier [gemeint: in der Therapie] ja nicht um Moral geht, sondern um Verstehen und Veränderung«. Man will das Moralische vermeiden, reagiert dabei aber gerade aus einem quasimoralischen Über-Ich-Modus, indem man den PatientInnen zu verstehen gibt, dass ihre Betrachtungsweise unangemessen und für die Psychotherapie wenig hilfreich sei. Was aber, wenn es doch um das Moralische, um die Auseinandersetzung mit Schuld ginge?

Nicht viel besser steht es mit einem anderen Typus von Entgegnung, der PatientInnen vermitteln soll, dass sie, was ihr infrage gestelltes Verhalten angeht, zur betreffenden Zeit und unter den gegebenen inneren und äußeren Umständen nicht anders handeln konnten als sie es getan haben. Die hinter dieser Intervention liegende Intention zielt ebenfalls auf Über-Ich-Entlastung, kommt aber in Wahrheit ebenfalls einer Beschwichtigung gleich mit dem Zweck, das Thema der Schuld für bedeutungslos zu erklären und aus dem Diskurs zu verbannen. Außerdem positionieren sich PsychotherapeutInnen mit einem solchen Kommentar noch in anderer Hinsicht auf fragwürdige, zumindest bedenkenswerte Weise. Sie sehen PatientInnen im Grunde als deterministisch programmierte Automaten, als ein Gefüge von Ursachen und Wirkungen, die als solche hingenommen werden müssen. Aber selbst wenn es zutrifft, dass menschliches Entscheiden und Handeln zu jedem Zeitpunkt einer kausalen Determination unterliegt, kann es für das moralische Selbstverständnis und die Selbstbestimmung als Person doch außerordentlich bedeutsam sein, alternative Entscheidungs- und Verhaltensoptionen vorstellen und reflektieren zu können, die unter einer veränderten Bewertungsperspektive mehr im Einklang stünden mit derzeitigen Werten und Beurteilungsmaßstäben. So etwas muss nicht in sinnlosen moralisierenden Selbstvorwürfen enden, sondern kann beitragen zu einer inneren Transformation und Neubesinnung, in der Gefühle von Erschütterung, Bedauern und Trauer die führende Rolle übernehmen. Dafür aber ist die selbstverantwortliche Anerkennung von Verursachungsschuld unerlässlich.

## Das ungelöste Dilemma von Determination und Verantwortung

Im Vorangehenden zeichnen sich deutlich die Umrisse eines Dilemmas, ja einer Kluft ab, die sich zwischen durchgehend kausal-deterministisch ausgelegten Theoriemodellen einerseits und bestimmten Postulaten auftun, auf die wir in der praktischen psychoanalytisch-psychotherapeutischen Arbeit nicht verzichten wollen und wohl auch nicht sollten. Auf den eklatanten Widerspruch zwischen theoretisch-metapsychologischem Denken und »voluntaristischer«, das heißt an freie Willensakte appellierende Behandlungspraxis hat Otto Rank, wie bereits erwähnt, in den 20er Jahren bereits aufmerksam gemacht, ohne dass dies irgendeinen Einfluss auf den psychoanalyseinternen Diskurs genommen hätte. Das fragliche Dilemma stellt sich folgendermaßen dar. Wir betrachten unsere PatientInnen, wir erklären ihre Persönlichkeitsentwicklung und die Genese ihrer Symptome durchgehend im Lichte deterministischer Theoriemodelle. Jede klinische Kasuistik, jeder Psychotherapieantrag an die Krankenkasse legt davon Zeugnis ab: So und so ist es gekommen, weil dies und jenes vorausgegangen ist. So und so *musste* es kommen, weil dies und jenes vorausgegangen ist. Damit soll natürlich nicht gesagt sein, dass die kausale Interpretation psychischer Entwicklungsverläufe als solche unberechtigt wäre. Sie ist es überhaupt nicht. Jeder Versuch, dies grundsätzlich zu bestreiten, würde gegen eine Evidenz verstoßen, die durch empirisches Erfahrungswissen nahegelegt wird. Auf der anderen Seite zeigt sich aber, dass wir als PsychotherapeutInnen im Allgemeinen erwarten oder wenigstens darauf hoffen und damit rechnen, dass sich die uns zur Behandlung Anvertrauten irgendwann über das Niveau kausaler Zwangszusammenhänge hinaus erheben und Verantwortung für ihr Leben übernehmen, einschließlich dessen, was sie schuldhaft getan oder unterlassen haben. Die Verantwortung, an die hier gedacht wird, schließt in einer paradoxen Bedeutungserweiterung ja sogar die Verantwortung für dasjenige ein, was ihnen widerfahren ist, was ihnen angetan worden ist und wofür sie Verantwortung im buchstäblichen Sinn gar nicht zu tragen hatten. Verantwortung bedeutet in diesem Fall: das gelebte Leben als das je eigene anzuerkennen, es sich zu eigen zu machen, unabhängig davon, wie darin die Rollen von Täter und Opfer verteilt waren und sind. Erkennen wir in einem solchen Schritt auf der einen Seite den Ausdruck psychologischer Reife, dann fragt es sich auf der anderen Seite, auf welcher inneren Grundlage er überhaupt zustande kommt und kommen sollte. Wir haben, wenn wir ehrlich sind, dafür keine Erklärung.

Man kann in der psychotherapeutischen Arbeit mit Menschen, die eine tiefe seelische Transformation durchlaufen, die Erfahrung machen, dass irgendwann ein Niveau erreicht wird, auf dem sie nichts mehr davon hören wollen, was sie in der Kindheit oder zu einer späteren Zeit im Stande der Abhängigkeit und Hilflosigkeit erlitten haben. Sie wollen auch nichts mehr davon hören, dass das, was sie getan haben, umgebogen und kausal hergeleitet wird aus dem, was sie erlitten haben. Sie wollen nichts mehr davon hören, dass ihre Aggression zurückgeführt wird auf irgendeine Defizit-Erfahrung: dass sie die unvermeidliche Folge eines frühen Empathie-Mangels sei; und dass der Hass in Wahrheit der Abwehr von Liebes- und Versorgungswünschen diene, die der überforderten Mutter nicht zugemutet werden durften. All das stimmt immer noch, aber es verliert zunehmend an Bedeutung. Und das hat nichts mit einer Abwehr zu tun. In einer solchen Phase des Prozesses vollzieht sich ein Übergang, der den Charakter eines Sprungs aufweist und vielleicht auch ein solcher ist. Zwei Ebenen des Geschehens scheinen in der Tat unverbunden nebeneinander zu existieren. Auf der Ebene der Determinierung – ganz gleich, ob von »außen« oder von »innen« – sieht sich ein Mensch als Objekt kausaler Naturgesetzlichkeit, ähnlich einem Tier oder einem Stein. Auf der Ebene der Selbstverantwortung dagegen sieht er sich als Person, als Subjekt, das mit der Fähigkeit ausgestattet ist, Entscheidungen zu treffen, die im Einklang mit seinen Werten und Zielen stehen, und für solche Entscheidungen, die freien Willensakten gleichkommen, Verantwortung zu tragen. Dieser oftmals abrupt sich vollziehende Übergang von einer Ebene deterministischer Selbstdeutung auf eine Ebene selbstverantwortlicher Entscheidung verleiht der psychotherapeutischen Situation eine völlig neue Qualität und Atmosphäre. Es sieht nun danach aus, als vollzöge sich im Bewusstsein der PatientInnen eine Art Selbstermächtigung, als richte sich in ihnen etwas auf, ein Gefühl von Autonomie und Würde. Sie spüren, dass die bisherigen Deutungen nichts an ihrer Richtigkeit verlieren, sie jetzt aber irgendwie kleiner machen als sie sind. Sie gewinnen ihre Souveränität als Subjekte ihrer Geschichte zurück oder entdecken vielmehr diese Souveränität überhaupt erst. Von außen betrachtet, mutet der Sprung, der sich in einem solchen Fall vollzieht, im Grunde unverständlich, ja irrational und paradox an. Man wird keine notwendigen und hinreichenden Gründe, keine schlüssigen Kausalketten angeben können, die zwingend und mit logischer Konsequenz zu einem solchen Neubeginn geführt hätten. Vielmehr handelt es sich allem Anschein nach um einen spontanen Akt, der für einen Moment etwas sichtbar werden lässt von der Größe und Freiheit, deren wir in aller Bedingtheit und Abhängigkeit doch fähig sind.

Die bereits gestellte Frage, auf welcher inneren Basis solche Akte der Selbstermächtigung und Selbstaneignung überhaupt möglich sind, hat die PsychoanalytikerInnen zu wenig beschäftigt. Und weil die Frage sie zu wenig beschäftigt hat, haben sie auch keine geeigneten Konzepte zum Verständnis und zur Erklärung dieses Phänomens entwickelt. Ein Hinderungsgrund lag sicher immer in der notorischen, aber immer auch unreflektierten Antipathie gegen die Idee des »freien Willens« und des Willens überhaupt – eine Antipathie, die man einem modernen und für die Wissenschaft von der Seele obligaten Selbstverständnis schuldig zu sein glaubte und weiterhin glaubt.

Dem szientistischen Skeptiker oder entschiedenen Gegner metaphysikverdächtiger Ideen wird es nicht schwerfallen, das zur Frage stehende Phänomen zumindest hypothetisch aus einer differenzierten Abfolge und Wechselwirkung kausaler Mechanismen zu erklären. Die finale Entdeckung der Selbstverantwortung wäre demnach einfach nur das Resultat einer Reihe innerpsychischer Transformationen, die man beispielsweise unter Zugrundelegung des Modells der depressiven Position nach Klein rekonstruieren und plausibel machen könnte. Das würde etwa so aussehen: Nach einem längeren Zeitraum des intensiven analytischen Durcharbeitens innerer Konflikte gelingt es den PatientInnen zunehmend, ihre Projektionen, insbesondere die aggressiven Selbstanteilen entstammenden, zurückzunehmen und in ihr Selbst zu integrieren. Dadurch ist es ihnen möglich, sich in weitaus höherem Maße als dies davor der Fall war, als aktive VerursacherInnen ihrer Handlungen zu sehen, vor allem auch solcher Handlungen, durch die sie anderen Leid und Ungemach zugefügt haben, was wiederum die Fähigkeit fördert, die mit diesen Handlungen verbundene Schuldhaftigkeit zu erleben und zu integrieren. Insgesamt konstituiert sich ein Bewusstsein größerer Getrenntheit sowie höherer Verantwortlichkeit sowohl die eigene Person wie das Verhältnis zu anderen betreffend. Mit diesen Fortschritten hätten die durch die kleinianische Brille betrachteten PatientInnen das strukturelle Niveau der depressiven Position erreicht, und es wäre daher kein Wunder, wenn sich die kausal rekonstruierbaren Veränderungsschritte am Ende des Prozesses als Gefühl eines Neubeginns bemerkbar machen würden, der dem Beobachter als spontanes In-Erscheinung-Treten des selbstverantwortlichen Subjektes imponiert.

Es muss kein Zweifel daran aufkommen, dass die kausal-deterministisch strukturierten Prozesse innerpsychischer Transformation tatsächlich in der beschriebenen Weise verlaufen, dass sie sogar notwendig so verlaufen müssen, um den bezeichneten Übergang zu den Errungenschaften der depressiven Position zu ermöglichen. Übrig bleibt aber nach wie vor die Frage, ob speziell der Vorgang, der hier mit dem Begriff der Selbst-Aneignung beschrieben wird (dazu auch Jaeggi, 2005, S. 183ff.), tatsächlich der gleichen, nämlich deterministischen Logik folgt oder nicht ein qualitativ neues Element in das Geschehen einführt. PatientInnen setzen sich in einem solchen Fall mit ihrem Ich in ein bewusst-aktives Verhältnis zu ihrer inneren Welt. Dieses Verhältnis nimmt dadurch eine willensbestimmte Note an. Die selbstreflexive Abstandsbildung zum unmittelbar Gegebenen oder sich Aufdrängenden lässt einen inneren Raum entstehen, aus dem Willensimpulse hervorgehen können, die man insoweit als Ausdrucksformen eines freien Willens betrachten darf, als sie bewusst anerkannt und angeeignet sind. Diese Freiheit ist allerdings keine unbedingte und absolute. Sie setzt auch kein absolutes transzendentales Subjekt voraus, das Philosophen wie Kant erforderlich erschien, um freie Willensakte innerhalb der Sphäre der praktischen Vernunft, des Ethischen also zu begründen. Die hier im Anschluss an Ranks Ideen vorgestellte Willensfreiheit wäre dagegen eine durchaus bedingte und stünde in der Nähe zu analogen Konzepten eines sogenannten Kompatibilismus, wie er innerhalb der Analytischen Philosophie vertreten wird. Kompatibilisten gehen von einer Vereinbarkeit deterministischer Annahmen mit dem Postulat freier Willensakte aus. Peter Bieri, dessen Buch *Das Handwerk der Freiheit* (2004) einen guten und verständlichen Überblick über diese Richtung philosophischen Denkens gibt, versteht den freien Willen als *angeeigneten* Willen (ebd., S. 381ff.). Der Wille ist nicht an sich frei. Vor dem Hintergrund nicht zu bestreitender Bedingtheiten, die sich aus Anlagen, Lebensgeschichte und Persönlichkeitsmerkmalen einer Person ergeben, kann er es aber werden, und zwar umso mehr als er zu einem von der Person artikulierten, verstandenen und gebilligten Willen wird. Diese »schwache« Definition von Willensfreiheit beseitigt nicht die letzten Fragen, die man zu dieser Problematik stellen kann, belässt das Subjekt aber in einer ethischen Verantwortung, die unter der Perspektive eines reinen Determinismus mehr als gefährdet gelten muss. Neben diesen mehr voluntaristischen Aspekten geht es wesentlich darum, das unverfügbare Moment eines »Aufwachens zu sich selbst«, eines ereignishaften Aufleuchtens von Selbst-Sein in den Blick zu bekommen, das auch dem psychoanalytischen Verstand sein letztes Geheimnis wohl noch nicht preisgegeben hat.

## Tragische Schuld und Psychoanalyse

Der nun vor uns liegende Weg zur Problematik der tragischen Schuld kommt, wie eingangs dargelegt, nicht an der allgemeineren Frage vorbei, worin sich das Tragische einer Situation oder eines Geschehens denn überhaupt zu erkennen gibt. Zur Wesensbestimmung des Tragischen existiert eine umfängliche philologische und philosophische Literatur, die über Divergenzen in Einzelfragen hinaus an bestimmten konsensuellen Einschätzungen festhält. Und nur solche sind für meine nachfolgenden Betrachtungen von Bedeutung. Ein Kernstück solchen Konsenses besagt, dass derjenige, der sich einen Zugang zum Wesen des Tragischen erschließen will, nach wie vor dorthin zurückgehen muss, wo das Tragische erstmals eine zunächst mythische und dann poetische Ausgestaltung gefunden hat: zu den Griechen des klassischen und hellenistischen Zeitalters also. »Die Idee und die Auffassung vom Menschen, die sie [die Tragödie] voraussetzt, sind griechisch. Und nahezu bis zum Augenblick ihres Verfalls sind die tragischen Formen hellenisch geblieben« (G. Steiner, 2014 [1961], S. 9). Dieser Vorgabe folgend, werde ich mich auf die im 5. Jahrhundert v. C. entstandenen sophokleischen Tragödien konzentrieren und von diesen wiederum an erster Stelle *König Ödipus* auswählen. Dies zum einen, weil der sophokleische *Ödipus* uns als PsychoanalytikerInnen aus nahe liegenden Gründen so unmittelbar angeht, und zum anderen, weil er nach allgemeiner Ansicht am reinsten den Prototyp des tragischen Helden beziehungsweise einer tragischen Handlung verkörpert. Daneben soll aber auch die etwas früher entstandene *Antigone* zur Sprache kommen, was vor allem damit zusammenhängt, dass Jacques Lacan (1996, S. 293ff.) sich in seiner Grundlegung einer Ethik der Psychoanalyse, die er als eine Ethik des Tragischen ausweist und auf die im weiteren Textverlauf zurückzukommen sein wird, vornehmlich auf dieses Werk bezieht.

Zuvor noch eine Bemerkung zur Methode: Wer vorhat, eine Brücke zwischen der griechischen Tragödie und Erkenntnissen der modernen Tiefenpsychologie zu errichten, muss eine Kluft nicht nur zeitlicher Art überwinden. Der Hiatus entsteht dadurch, dass den Griechen genau die beiden Konzepte unbekannt waren, die heute zu den tragenden Säulen psychoanalytischer Theorie und Praxis gehören, nämlich die Konzepte eines Unbewussten und einer Entwicklungspsychologie einschließlich einer auf diesen Grundlagen errichteten Krankheitslehre. Wir sind da mit einer völlig anderen Denkweise und Rezeption von menschlicher Realität konfrontiert. Dennoch muss es Verbindungen geben, sonst könnten wir mit den alten Stoffen und ihrer Bearbeitung nichts »anfangen«. Diese Verbindung lässt sich meiner Überzeugung nach aber nicht so herstellen wie Sigmund Freud es versucht hat. Im gesamten Text des *König Ödipus* wird man keinen einzigen direkten Beleg finden, die Freuds Deutung des mythischen Geschehens bestätigt. Die Theorie von auf die Mutter gerichteten inzestuösen Triebwünschen, derentwegen der Vater aus dem Weg geräumt werden muss, ist von außen an den Text herangetragen und insofern mehr oder weniger willkürlich. Alternativ und mit der gleichen Berechtigung könnte man Interpretationen anbringen, die auf anderen Grundlagen als derjenigen der Triebtheorie beruhen. Was kann man folglich tun, um näher am altgriechischen Verständnis zu bleiben und diesem dennoch einen aussagekräftigen Gegenwartsbezug abzugewinnen? Zwischen Freud und C. G. Jung entstand recht früh schon eine symptomatische Meinungsverschiedenheit darüber, welches Verhältnis man zur Mythenforschung einnehmen sollte. Freuds Interesse war, die Mythen psychoanalytisch zu deuten und sie so für die Psychoanalyse zu »gewinnen«. Jung versprach sich umgekehrt vom Studium der mythologischen Stoffe eine Bereicherung der psychoanalytischen Theorie. Ich selbst würde mich in dieser Differenz, die zu einem der ersten »Sargnägel« der Beziehung zwischen beiden Männern wurde, eher auf der Seite Jungs verorten: Das griechische Drama eignet sich nicht zur Verifizierung der Freud'schen Ödipus-Theorie. Aber es eignet sich, die auch im psychoanalytischen Wissen enthaltenen Ideen des Tragischen und tragischer Schuld in einer ursprünglichen Weise zu exemplifizieren, die zu einer zeitgemäßen Aktualisierung dieses Wissens und seiner Vertiefung beitragen könnte.

## Das Tragische: Erste Annäherung

In seiner über ein halbes Jahrhundert alten und immer noch viel zitierten Schrift *Versuch über das Tragische* schreibt Peter Szondi (1961, S. 65):

> »Wie kein anderes Werk erscheint der *König Ödipus* in seinem Handlungsgewebe von Tragik durchwirkt. Auf welche Stelle im Schicksal des Helden der Blick auch sich heftet, ihm begegnet jene Einheit von Rettung und Vernichtung, die ein Grundzug alles Tragischen ist. Denn nicht Vernichtung ist

> tragisch, sondern dass Rettung zu Vernichtung wird, nicht im Untergang des Helden vollzieht sich die Tragik, sondern darin, dass der Mensch auf dem Weg untergeht, den er eingeschlagen hat, um dem Untergang zu entgehen«.

Das ist eine erste prägnante Charakterisierung des tragischen Verlaufsmusters, und ich möchte die Gelegenheit nicht versäumen, hier gleich eine Verbindung zur psychoanalytischen Erfahrung herzustellen. Denn erinnert die von Szondi beschriebene fatale Dynamik nicht außerordentlich präzise an die Funktionsweise der Abwehrmechanismen, mit deren Hilfe sich das Subjekt vor der Wiederbelebung alter traumatischer Erfahrungen und Konflikte zu schützen trachtet? Die Abwehrmechanismen dienen der vorläufigen Rettung, führen jedoch in ihren Auswirkungen, je länger diese anhalten, genau die Situation herbei, die sie hätten vermeiden sollen und die sie doch die ganze Zeit über vermeidend-annähernd umkreist haben: die Situation der Wiederbegegnung mit dem Verdrängten und Verworfenen. Den Abwehrleistungen des Subjektes haftet eine tragische Note an. Dennoch kann zuweilen im Kontext der tragischen Karriere etwas geschehen, was am Ende über das Tragische hinausführt:

> »Die Grunderfahrung des Helden, die sich mit jedem seiner Schritte bestätigt, weicht erst zuletzt allenfalls einer anderen: dass es der Weg in den Untergang ist, an dessen Ende Rettung und Erlösung stehen« (ebd.).

Auch für diesen Ausgang liefert der Ödipus-Stoff das beste Beispiel. Der über 80-jährige Sophokles hat ihm im letzten seiner überlieferten Werke eine dramatische Form verliehen: In *Ödipus auf Kolonos* gelangt der blinde Leidensmann, geführt von seiner Tochter Antigone, nach langen Jahren der Migration nach Athen, wo König Theseus ihn gastfreundlich aufnimmt und auf seinem letzten Weg begleitet. Im Tod wird nun gerade dem, der sich über alle Maße schuldig gemacht und mit Schande befleckt hat, eine außergewöhnliche Erhöhung zuteil. Sein Heroengrab verwandelt sich in eine Stätte, von der fortan für die Bürger der Stadt eine schützende und Segen spendende Wirkung ausgeht. Dieses Ende, das manchen psychoanalytischen Ödipus-Interpreten verständnis- und ratlos zurücklässt (so etwa Politzer, 1972), fällt nicht unbedingt aus dem Bedeutungshorizont des Tragischen heraus, sondern beleuchtet ein Paradoxon von Schuld und Erwählung, das innerhalb dieses Horizontes nicht durchgehend, aber in ausgezeichneten Fällen anzutreffen ist (dazu Ewertowski, 2019, S. 75ff.). Zu diesem Verhältnis von Schuld, Leid und Erhöhung – der Begriff der Erlösung scheint mir in diesem Kontext etwas irreführend – resümiert George Steiner (2014 [1961], S. 14):

> »Doch gerade in diesem Übermaß seines Leidens liegt der Anspruch des Menschen auf seine Würde. Machtlos und zerbrochen, als blinder Bettler, der aus der Stadt gehetzt wird, erhält er eine neue Größe. Der Mensch wird durch die rachsüchtige Bosheit oder Ungerechtigkeit der Götter geadelt. Sie macht ihn nicht unschuldig, aber sie heiligt ihn, als wäre er durch Flammen geschritten. Daher findet sich in den Schlussmomenten der großen Tragödien [...] eine Verschmelzung von Kummer und Freude, von Klage über den Fall des Menschen und Frohlocken über die Auferstehung seines Geistes. Keine andere Form der Dichtung erreicht diese geheimnisvolle Wirkung; sie macht Ödipus, King Lear und Phédre zu den edelsten Gestalten, die der Geist bisher geschaffen hat.«

## Wirkungsmomente des Tragischen: Mitgefühl – Erschütterung – Katharsis

Etwa 100 Jahre nach dem Wirken der großen griechischen Tragödiendichter hat ein Mann gelebt, der zu einer bis in die Gegenwart anerkannten Autorität auf dem Gebiet des Tragischen, zu einem regelrechten Lehrmeister des Tragischen geworden ist, obwohl er als Philosoph, der er war, keine einzige Tragödie verfasst hat. Aristoteles, von dem die Rede ist, macht in seiner *Poetik* genaue Angaben darüber, welche Strukturmerkmale ein Bühnenstück aufzuweisen hat, das als tragische Handlung zu gelten beansprucht (Aristoteles, 1982, S. 19ff.). Neben Erfüllung einiger formaler Kriterien gehört für Aristoteles dazu wesentlich der beim Zuschauer intendierte Effekt. Dieser Effekt nun muss ein Affekt sein, genauer zwei in Verbindung miteinander auftretende Affekte: Der eine heißt *eleos*, lange Zeit wohl fälschlich als Mitleid im Sinne des lateinischen *compassio* übersetzt, und meint, wenn ich den Ausführungen Wolfgang Schadewaldts folge (1991, S. 9ff.), affektives Affiziert-Sein, Rührung, also mehr Mitgefühl als Mitleid. Die andere beabsichtigte emotionale Regung, *phobos*, drückt den Schrecken, das Entsetzen, die Bestürzung aus angesichts dessen, was da geschieht, im Weiteren auch Furcht oder Angst. Der Zuschauer sollte also einerseits anteilnehmend gerührt sein, weil da einem Menschen anscheinend unverdient – Ödipus ist kein »schlechter Mensch« – ein so schlimmes Unheil widerfährt, das jedem seinesgleichen auch widerfahren könnte. Und er sollte andererseits, um einen Titel Kierkegaards hier zu verwenden, in *Furcht und Zittern* (vgl. Kierkegaard, 2016 [1843]) geraten, in Schrecken darüber, was er als Mensch ist, was menschenmöglich ist. Das, was hier als das menschenmögliche gemeint ist, wird mit einem griechischen Ausdruck erfasst, der in die vielzitierten Verse eingegangen ist, mit denen Sophokles den Chor im zweiten Akt der *Antigone* das Folgende mahnend verkünden lässt: »Vieles Gewaltige lebt, doch nichts ist gewaltiger als der Mensch«. Das griechische *deinos*, hier mit »gewaltig« übersetzt, heißt bei Friedrich Hölderlin »ungeheuer«. Jacques Lacan wählt 150 Jahre später die härteste Version: »Vieles ist schrecklich, doch nichts ist schrecklicher als der Mensch«.

Doch hat die Sache noch einen helleren und leichteren Aspekt, der charakteristisch ist für die Rezeption des Tragischen im Zeitalter der Griechen. Denn *eleos* (Rührung, Mitgefühl) und *phobos* (Schrecken, Furcht) sollten nicht um ihrer selbst willen evoziert werden, sondern ihrerseits wieder etwas bewirken, eine *katharsis* nämlich, was so viel wie Reinigung bedeutet. So wollte es zumindest Aristoteles. Man hat lange herumgerätselt, was damit gemeint sein könnte: Reinigung der Gefühle oder Reinigung von den Gefühlen. Die Lösung scheint darin zu liegen, das Wort in seiner Grundbedeutung zu nehmen, die keine moralisch-erzieherische Funktion, sondern eine psycho-hygienische anzeigt (Schadewaldt, 1991, S. 12ff.). Die erregten Emotionen sollten einfach wieder abgeleitet, buchstäblich ausgeschieden werden. Der griechische Zuschauer, der die »Maßlosigkeit« der Tragödie zuweilen beklagte, hatte offensichtlich nicht das geringste Interesse daran, nach der Vorstellung verstört und anhaltend niedergestimmt nach Hause zu gehen. Die Schwere musste wieder aufgehoben werden. Nach den tragischen Stücken, drei pro Tag bei den alljährlichen Feierlichkeiten der Dionysien, folgte deshalb zum Abschluss stets ein mit derben Späßen durchsetztes komödiantisches Satyrspiel.

Es ist doch beeindruckend festzustellen, wie rund zweieinhalb Jahrtausende später eine »kathartische Methode« erfunden und therapeutisch praktiziert wurde, die keinem anderen als dem eben beschriebenen Zweck diente: eine in diesem Fall »eingeklemmte« traumatische Emotion freizusetzen, also bewusst erleb- und aussprechbar zu machen, und sie auf diese Weise sozusagen »neuronal« auszuleiten. Ein psychohygienischer, ein Reinigungsvorgang. Danach »geht es wieder« – ohne unbedingt ein moralisch besserer Mensch geworden zu sein.

Und noch etwas anderes kann man sich im psychotherapeutischen Direktbezug vorstellen: Die PatientInnen nämlich, die, soweit ihre Fähigkeit zur Ich-Spaltung gut genug ausgebildet ist, ihr Inneres als Schauplatz eines tragischen Geschehens erleben, in dem sie agierende Subjekte sind, als welche sie etwas erlitten und/oder getan haben, und zugleich zuschauend reflektierende Subjekte, als welche sie auf das Erlittene und/oder Getane emotional reagieren. *Eleos* entspräche einem Mitgefühl für sich selbst, einer Traurigkeit über erlittenes oder verursachtes Unglück, was in diesem Fall etwas ganz anderes wäre als narzisstisch geprägtes Selbstmitleid. Und *phobos* würde das Moment eines Erschreckens, einer Bestürzung und Erschütterung in Bezug auf sich selbst einführen, dessen therapeutisch transformative Wirkung in unserer Praxis manchmal unterschätzt wird. Dieser innere Dialog, diese innerliche Interaktion von handelndem oder erleidendem Ich und reflektierendem und emotional resonantem Ich würde den Inhalt einer Erfahrung umfassen, die der Wahrheit des tragischen *deinos* entspräche: dass der Mensch in seinem Existieren, sowohl im Tun wie im Erleiden »gewaltig«, »ungeheuer« und wohl auch »schrecklich« ist oder mindestens sein kann. Da ist nicht unbedingt Besserung in Sicht. Und weil das so ist, und weil es aber auch ungesund und dem Leben wenig förderlich wäre, sich ständig dementsprechend fühlen zu müssen, sollte diese Erfahrung immer wieder kathartisch aufgelöst werden, also zu einer Reinigung von ihr selbst führen.

Natürlich kann man sich Mitgefühl und Erschütterung analog zur intrapsychischen Repräsentation aufseiten der PatientInnen auch als Elemente der analytisch-psychotherapeutischen Haltung vorstellen – was ja keine neue Entdeckung wäre. Etwas neuer wäre vielleicht schon die Empfehlung, diese Haltung mehr als dies häufig geschieht, auf das frühe Entwicklungsumfeld der PatientInnen auszudehnen, vorzugsweise auf die Eltern, deren Verhalten ebenfalls einem tragischen Geschehenszusammenhang, dem *deinos*, unterliegt. Damit wäre ein Ausgleich zur oft einseitig akzentuierten Rolle des Verursachungs- und Täterobjekts gefunden, und PsychotherapeutInnen wären besser geschützt gegen die einseitige Identifizierung mit denen, die sich ihrer Obhut anvertraut haben. In diesem Zusammenhang stellt sich des Weiteren die Frage nach den Möglichkeiten der Katharsis der TherapeutInnen nach den Stunden im »Theater der Seele« (McDougall, 1994). Wie befreien sie sich von der affektiven Einwirkung, vom *deinos* der Sitzungen?

## Mechanismen tragischer Schuld: Dämonisches – Irrtum – Verblendung

Wir stehen nun kurz vor der Frage nach den Merkmalen der tragischen Schuld, haben aber, um deren Bestimmung vornehmen zu können, noch einige Bedingungen zu klären, auf deren Boden tragische Schuld erwächst. Da ist als Erstes festzuhalten, dass die tragische Handlung, der tragische Geschehenszusammenhang von der Art dessen ist, was die Griechen das Dämonische nannten (Schadewaldt, 1991, S. 32). Dämonisch bedeutet: In jedem individuellen Schicksal walten Kräfte und Mächte übermenschlicher Art, die den betreffenden Menschen führen, jedenfalls seinen Lebensgang nach bestimmten Richtungen hin beeinflussen oder prädisponieren. Richtungen oder Tendenzen, die der Mensch aber nicht durchschaut, um die er im Allgemeinen nicht weiß. Dämonisch ist das, was außerhalb von ihm ist und doch zu ihm gehört. Das Dämonische erweist sich von zwiespältiger Natur, es kann seinen Einfluss zum Guten und Zuträglichen oder zum Schlechten, Verhängnisvollen, in den Untergang Führende hin entfalten. Die Uneindeutigkeit, die Ambiguität, in der sich das Dämonische gibt, kommt unter anderem in der bekannten Mehrdeutigkeit der Orakelsprüche zum Ausdruck, die der Auslegung, der Interpretation bedürfen. Angesichts solcher Charakterisierungen erscheint es mir nicht unberechtigt und zu weit hergeholt, das Dämonische als ein archaisches Vorläuferkonzept des späteren Unbewussten auszufassen. Die Entsprechungen sind offensichtlich. Wir rechnen zwar nicht unbedingt mehr mit Göttern, aber mit frühen Prägungen, unbewussten Fantasien, archetypischen Konfigurationen oder transgenerationalen Erbschaften, deren antikes Analogon der Fluch ist, der wie auch bei Ödipus, auf einem Geschlecht lastet. Übereinstimmend ist das Merkmal der Ambiguität oder Polyvalenz. Man sagt zwar, die Träume als Botschaften des Unbewussten seien keine Orakel, aber in gewisser Hinsicht sind sie es doch, weil sie, um verstanden zu werden, interpretiert werden müssen. Und dabei kann man sich irren.

Undurchschaubarkeit und Unverfügbarkeit des Schicksalszusammenhanges lassen uns erneut an den daseinsanalytischen Begriff des Geworfenseins denken. Wir haben keine Kontrolle über die initialen Konstituenten unserer Existenz. Dem Unverfügbaren gegenüber findet sich das Subjekt in einer Situation des Ausgesetzt-Seins vor (ebd., S. 30). Das Motiv der Aussetzung des Kindes, das am Beginn der Ödipus-Erzählung wie auch in zahlreichen anderen Mythen eine zentrale Rolle spielt, muss daher auch auf einer allgemein-menschlichen Ebene verstanden werden. Das feindlichen, aber eben auch hilfreichen Mächten – bei Ödipus das mörderische Elternpaar und der menschenfreundliche Hirte – ausgesetzte Kind kennzeichnet einen Grundzug der existenziellen Situation des Menschen.

Wir haben auf der einen Seite also dieses Dämonische im Sinne einer spezifischen Prädisposition oder gar Prädestination. Das reicht aber, jedenfalls nach Aristoteles, nicht zum Zustandekommen einer tragischen Handlung. Was hinzukommen muss, hatte ich bereits angedeutet, als ich von der Möglichkeit des Irrtums sprach. Dieses vom Subjekt herkommende Irren, dieser Fehler, der dem Geschehensablauf den entscheidenden Stoß in Richtung des Tragischen gibt, ist im griechischen Begriff der *hamartia* ausgedrückt, einem Vorläufer des späteren christlich geprägten Schuldbegriffs, um den viel Gelehrtenstreit getobt hat (ebd.). Dieser Fehler, es kann ein kleiner, beiläufiger aber eben entscheidender sein, beruht auf »Nichtwissen, Verkennen, einer bestimmten Blindheit und Dunkelheit« (ebd., S. 27), griechisch *agnoia*. Nehmen wir Ödipus zur Illustration: Da Zweifel hinsichtlich seiner wahren Abstammung gestreut worden sind, befragt er, um Gewissheit zu erlangen, das delphische Orakel. Dort erhält er keine Antwort auf die ihn interessierende Frage, nur die ausnahmsweise einmal eindeutige, aber grauenhafte Auskunft, dass er seinen Vater töten und seine Mutter heiraten werde. Da er aber das korinthische Königspaar nach wie vor für seine Eltern hält, geht er nicht nach Korinth zurück, sondern begibt sich auf den Weg nach Theben, der ihn seinem Vater Laios entgegenführt, der von dort nach Delphi reist, um vom Orakel Gewissheit darüber zu erlangen, dass sein Sohn wirklich tot ist. Das ist der folgenschwere »Fehler«, den Ödipus begeht und der auch nach altgriechischem Verständnis in gewissen Grenzen persönlich zurechenbar ist. Er hätte zum Beispiel skeptisch werden und etwas genauer darüber nachdenken können, wie die Dinge möglicherweise zusammenhängen. Dieses auf einem Irrtum beruhende Handeln hat im Kontext der Ödipus-Tragödie besondere Signifikanz, weil Ödipus später, nachdem er die Sphinx besiegt hat, als rettender Rätsellöser, als Wissender auftritt. Man bezeichnete ihn als »schnellen Denker«, der aber gerade dank dieser Fähigkeit zu voreiligen Schlüssen neigt. Die Blindheit, die ihn eingeholt hat, fügt er sich später auf buchstäbliche Art selbst zu.

Irrtum und Verblendung sind als solche nicht die Schuld, sondern sie bahnen den Weg in die Schuld. Trotz seines Nichtwissens macht sich Ödipus zweimal schuldig: indem er seinen Vater tötet und die Ehe mit seiner Mutter eingeht. Das sind elementare Verstöße gegen eine alte sittliche Ordnung. In Bezug auf die Vatertötung ist das Schwerwiegende nicht so sehr das Faktum des Mordes – es könnte sich auch um Totschlag oder Notwehr gehandelt haben –, sondern die Tatsache, dass es sich um die Auslöschung des eigenen Vaters handelt. Und es macht hier meines Erachtens keinen großen Unterschied, ob man, wie dies in neueren Untersuchungen geschieht, nicht von Verschuldung, sondern vom archaischen Makel einer Befleckung spricht, die gesühnt werden muss (Gerhartz, 2016, S. 150ff.). Richtig ist schon, dass das verzweifelte Wehklagen des Ödipus, nachdem die Wahrheit ans Licht gekommen ist, nicht so sehr einem Schuldgefühl im heutigen Sinne des Wortes entspringt, sondern dem Gefühl der Schande, die er über sich und seine Familie gebracht hat. Also zweifache Blutschuld oder Blutschuld und »Blutschande«.

Es gibt noch einen weiteren wichtigen Aspekt zu betrachten, der gewissermaßen zum Bedingungsgefüge des Tragischen und insbesondere auch der tragischen Schuld gehört. Bei ihm handelt es sich um so etwas wie eine Persönlichkeitseigenschaft, die ein charakteristisches Merkmal der TrägerInnen der tragischen Handlung ausmacht. Die Griechen hatten dafür einen Begriff, der *ate* lautet. Das ist der Name einer Göttin, und er bedeutet so viel wie »Verblendung«. Diese Verblendung, äußert sich in einer leidenschaftlichen, unbeugsamen und auf den Exzess zutreibenden Entschlossenheit, die im typischen Fall durch nichts zu begrenzen ist und die man unter neurosepsychologischen Gesichtspunkten auch als Fixierung oder zwanghafte Verbohrtheit bezeichnen könnte. Ein Beispiel dafür ist die wilde Entschlossenheit, mit der Ödipus Aufklärung in eigener Sache betreibt. Er will wissen, will um jeden Preis herausfinden, was war – will, dass die Wahrheit seiner Geschichte offenbar werde. Der Chor als Repräsentant des »gesunden Menschenverstandes« warnt beständig: »Hör' doch auf damit! Weshalb rührst du an diese alte Sache? Mäßige dich! Du stürzt dich selbst ins Verderben!« Ödipus hätte in seinem unbedingten Wahrheits- und Bewusstwerdungswillen einen vortrefflichen Analyse-Patienten abgegeben. Und darin sieht man nebenbei, dass die Psychoanalyse eben nichts mit dem gesunden Menschenverstand zu tun hat. Deshalb macht er unbeirrt weiter, genauso wie Antigone (vgl. Sophokles, 1979a) unbeirrt weitermacht, obwohl ihr der sichere Tod vor Augen steht. Sie wurde in den humanistischen Lehranstalten stets als die mutige Kämpferin gegen heteronome Staatsgewalt und für sittliche Autonomie vor- und aufgeführt. Sie ist aber auch eine nicht nur stolze, sondern außerordentlich sture Person, besessen von ihrer Pflicht und im Grunde genauso starrsinnig und rücksichtslos wie ihr Gegenspieler

Kreon. Das Schicksal ihrer Schwester Ismene, die mäßigend auf sie einzuwirken versucht, interessiert sie nicht. Opfer ihrer edlen Gesinnung nimmt sie in Kauf. Am Ende sind außer ihr zwei weitere unschuldige Menschen tot. Gedacht werden könnte auch noch des tragischen Helden Aias, der im gleichnamigen Bühnenstück des Sophokles nicht davon abzubringen ist, sich aus Scham und Gesichtsverlust umbringen zu müssen, obgleich seine Frau und Kinder ihm bittflehend zu Füßen fallen und auch andere Mitspieler dies für keine erforderliche Konsequenz halten.

Man kann dieser *ate* gegenüber aber nun eine ganz andere Haltung einnehmen. Das tut mit der von ihm bekannten Entschiedenheit Lacan (1996, S. 293ff.), der sich speziell in Bezug auf Antigone von diesem zwiespältigen Charakterzug förmlich begeistert zeigt. Er sieht in ihr ein Signum von Größe und Würde, eine Auszeichnung des Menschen, der konsequent der Wahrheit seines Begehrens folgt, auch wenn es ihn in den Abgrund führt. Lacans Verständnis von Schuld und Schuldigsein fügt sich nahtlos in diese Sichtweise ein, jedenfalls dort, wo er sagt, »dass es nur eines gibt, dessen man schuldig sein kann, zumindest in analytischer Perspektive, und das ist, abgelassen zu haben von seinem Begehren« (ebd., S. 38). Man kann dieser Auffassung mit guten Gründen widersprechen, und ich glaube auch nicht, dass Lacan damit den Sinngehalt des Tragischen bei den Griechen trifft. Die *ate*, von der hier die Rede ist, stellt als Haltung die psychische Ausdrucksform des Dämonischen dar, das »So muss ich sein« – »So will ich sein«. Das Begehren, das sich unter die Macht und den Anspruch des Daimons stellt, ist aber von vornherein und unausweichlich mit der Schuldfrage belastet. Nur deswegen gibt es überhaupt das Tragische, nur deswegen gibt es tragische Schuld. Gerade indem ich meiner wie auch immer verstandenen Bestimmung, der Wahrheit meines Begehrens folge, gerate ich in schuldhafte Verstrickung – mehr oder weniger. Darum ist Individuation auch heute noch eine Bühne des Tragischen, das, da auch noch andere Mächte beteiligt sind, nicht notwendig ein böses Ende nehmen muss.

## Tragische Schuld: Schuldlos schuldig sein

Wir sehen uns nach diesen reichlich langwierigen Vorarbeiten in der Lage, eine Antwort auf die Frage nach der tragischen Schuld vorzulegen. Diese Antwort erweist sich als einfach und komplex zugleich. Schuldig ist Ödipus zweifellos, weil er zwei schwere Übertretungen der sittlichen Ordnung begangen hat. Unschuldig ist Ödipus, weil alles, was ihn zu diesen Taten gebracht hat, ihm nicht oder nicht in vollem Umfang subjektiv zurechenbar ist: weder das Dämonische des Orakels, noch die Tat des Laios, noch die Unkenntnis der wahren Verhältnisse, noch die Charakterpathologie, die ihm schon die antike Menschenkenntnis bescheinigt hat, indem sie ihn als jähzornig, impulsiv, hochfahrend beschreibt. Allerdings: Erweisen sich die genannten Bedingtheiten nicht als hinreichend, um Ödipus' Taten kausalgesetzlich zu erklären? Danach bliebe er von Anfang bis Ende schuldlos. Und dennoch: Kann man ihn von der Verantwortung für Vatertötung und Mutterinzest freisprechen, ohne dass damit jegliche ethische Ordnung annulliert wäre? Man sieht: Das Wesen der tragischen Schuld liegt in diesem unauflöslichen Verwoben-Sein von Schuld und Unschuld, in einem Schuldlos-schuldig-Sein, womit wir bei einer Formulierung ankommen, die auf J.W.v. Goethe zurückgeht und die sich allen neueren Anfechtungen zum Trotz als die den Sachverhalt treffende erhalten hat. Auch Schadewaldt (1991, S. 31), einer der besten Kenner der Materie, resümiert: »Er ist unschuldig schuldig; in diesem Ineinander liegt das Tragische.« Die logische Binnenstruktur der tragischen Schuld lässt es nicht zu, die Anteile von Schuld und Unschuld säuberlich voneinander zu separieren. Sie enthält offensichtlich etwas Unentscheidbares, Paradoxes, ja Aporetisches. Eine zum gleichen Ergebnis führende Herleitung findet sich in Kierkegaards Schrift *Entweder-Oder* (2003 [1843], S. 165ff.). Es heißt dort sinngemäß: Wenn alles, was ein Mensch tut und erleidet, in seiner Verantwortung läge, von ihm frei gewählt wäre, gäbe es nur Schuld, aber keine Tragik. Wenn umgekehrt alles außerhalb seiner Verantwortung läge, also vollkommen determiniert wäre, gäbe es nur Unschuld und auch keine Tragik. Tragische Schuld konstituiert sich in dem paradoxen Ineinander von subjektiv zurechenbarer Schuld und schuldfreier Determination.

Goethe hat mit seinem Wort vom Unschuldig-schuldig-Sein einen genialen Treffer gelandet, und er tut es noch einmal mit einer einzigen Gedichtzeile, die dem Lied der Mignon in *Wilhelm Meisters Lehrjahre* entstammt: »Ihr führt ins Leben uns hinein,/Ihr lasst den Armen schuldig werden« (Goethe, 1998 [1795], S. 216). Diese zweite Zeile »Ihr lasst den Armen schuldig werden« vereint die Doppelnatur des Tragischen. Der »Arme« – das ist der Mensch in einem unverfügbaren Schicksalszusammenhang, der Mensch in seinem ohnmächtigen Ausgesetzt-Sein. Das eigentlich Tragische besteht aber darin, dass dieser »Arme« auch noch schuldig wird und man ihm am Ende weder das eine noch das andere absprechen kann. Das verlassene und misshandelte Kind wird zum späteren Trieb-Täter. Auch das ist *deinos*: gewaltig, ungeheuer, schrecklich.

Wir verstehen nun auch, dass nicht alles Schlimme tragisch ist, auch wenn es manchmal in der Alltagssprache sogenannt wird. Der sexuelle Missbrauch eines zweijährigen Kindes ist grausam, aber kein tragisches Geschehen, und dieses Kind ist kein tragisches Subjekt. Das Schicksal der Juden im Holocaust ist von unfassbarer Entsetzlichkeit, aber es ist nicht tragisch, was nicht ausschließt, dass Einzelschicksale in diesem Zusammenhang als tragisch zu bezeichnen wären. Es im Ganzen tragisch zu nennen, käme wie im Fall des Kindes sogar einer Verharmlosung gleich, weil damit die Annahme einer notwendig beteiligten Schuldhaftigkeit impliziert wäre. Als in nahezu unvorstellbarer Weise tragisch hätte man hingegen die Situation jener jüdischen Häftlinge zu verstehen, die als Angehörige des »Sonderkommandos Auschwitz« die Aufgabe hatten, die Leichen der in den Gaskammern Getöteten in die Brennöfen zu transportieren und deren Asche hinterher zu »entsorgen« (Polian, 2019). Sie haben sich gezwungenermaßen, aber auch im Dienst ihrer Selbsterhaltung (mit)schuldig gemacht. Sie hätten die Ausführung ihrer Befehle verweigern können – und wären auf der Stelle hingerichtet worden. Wer wollte hier ein Urteil sprechen?

Blicken wir zum Ende dieses Abschnitts noch über den Horizont der altgriechischen Geisteswelt hinaus, dann fällt unser Blick auf eine eminent tragisch zu nennende Figur, die in einem dunklen Zentrum der christlichen Überlieferung steht. Gemeint ist die Gestalt des Judas, des zwölften Jüngers, der Jesus an seine Henker ausliefert. Ruth Ewertowski hat sich in ihrem Buch *Judas – Das Paradox von Schuld und Sinn* (2019) des Schicksals des Verräters angenommen, das in seinem Zenit von einer in den persönlichen Untergang führenden tragischen Konstellation gekennzeichnet ist. Judas lädt unermessliche Schuld auf sich, indem er den Erlöser der Menschen jenen überantwortet, die ihn töten werden. Und mit eben diesem ruchlosen Akt des Verrats leistet er gleichzeitig einen entscheidenden, vielleicht *den* entscheidenden Beitrag zur Erfüllung des göttlichen Heilsplans: Ohne Judas keine Kreuzigung und Auferstehung. Ja die biblische Erzählung vermittelt den Anschein, als sei er, Judas, immer schon dazu bestimmt gewesen, genau dies zu tun. Judas ist determiniert, schuldig zu werden. Und trotzdem muss man ihm sowohl die Last wie die Würde belassen, aus freier Entscheidung gehandelt zu haben. Beide Wahrheiten durchdringen sich in unauflöslicher Komplexität. Judas ist einer der großen schuldlos Schuldigen der christlichen Geistestradition.

## Anwendung I: Tragische Unbewusstheit

Unter den bereits vorgenommenen Kennzeichnungen des Tragischen und tragischer Schuld soll hier noch einmal ein Aspekt aufgegriffen werden, der über seine Stellung innerhalb einer Konzeption des Tragischen hinaus in besonders erhellender Weise ein Licht wirft auf den tragischen Gehalt der Psychoanalyse als Wissenschaft von der Seele. Ich spreche hier vom für den tragischen Geschehensablauf zentralen Aspekt des Irrtums, der Täuschung oder Verblendung, wofür man in moderner psychologischer Terminologie auch den Begriff der Unbewusstheit einsetzen kann. Das Nichtwissen, wofür Ödipus »nichts kann«, konfiguriert als wesentlich mitentscheidender Faktor eine Handlungsabfolge, die gewissermaßen zielgerichtet eine Situation herbeiführt, in der Ödipus sich schuldig macht. Die subjektiv pathogene Wirkung der Ereignisse setzt im Grunde aber erst dort ein, wo diese Täuschung unter Ödipus' energischer Mithilfe aufgehoben wird, die Verblendung von ihm abfällt, er »sehend« wird und erkennt, wer er ist und was er getan hat. Das will heißen, dass nicht nur die unverschuldete Unbewusstheit eine Bedingung des Tragischen darstellt, sondern ebenso die Aufhebung dieser Unbewusstheit, zumindest soweit diese wie bei Ödipus ein von diesem Zeitpunkt an fortdauerndes Unglück und Elend begründet. Die von der Verblendung befreiende Einsicht bahnt den Weg in den Untergang. Die Wahrheit macht also nicht nur frei, sondern sie verlangt mit ihrem Offenbarwerden sofort ihren Preis, der im Schuldbewusstsein, der Verzweiflung und dem heraufziehenden Leiden besteht. Nicht umsonst versucht der von schlimmen Vorahnungen erfasste Chor den ungestümen Erkenntniswillen des Protagonisten zu bremsen – vergeblich, wie man weiß. Dieser Umstand muss uns im Hinblick auf das alte Ideal von Selbsterforschung und Selbsterkenntnis – das trotz zwischenzeitlich erfolgter Umwertungen von Zielsetzungen psychoanalytischer Arbeit immer noch Bestand hat – mehr zu denken geben als es in der Regel geschehen ist. Die immer schon beobachtete und auch heute noch anzutreffende Angst der Menschen vor der Psychoanalyse dürfte ja genau darin ihre Begründung finden. Die psychoanalytische Selbsterkenntnis befreit zwar vom »neurotischen Elend« (Freud), von der Unwahrheit der Verkennungen, Rationalisierungen, Projektionen usw., aber die dahinter hervortretende Wahrheit kann schrecklich sein und das »gewöhnliche Unglück« (Freud) unerträglicher als der Zustand des Nichtwissens. Dabei geht es nicht nur um die eine oder andere Verfehlung, den einen oder anderen Schandfleck auf der Landkarte einer Biografie. Es geht ums Ganze des Selbst und der Person. Ödipus ist derjenige, der zu wissen glaubt, wer er ist. Und darin täuscht er sich – wie jeder von uns. Die von ihm selbst angestrebte Aufhebung der Täuschung zeigt ihm, dass er ein anderer ist. Nicht nur, dass er nahezu unsühnbare Verbrechen begangen hat, sondern dass sein gesamtes Lebensnarrativ auf einer falschen Annahme errichtet war. Der Augenblick, in dem die Wahrheit offenbar wird, ist zugleich der Augenblick, in dem Ödipus sich blendet. Die Desillusionierung muss nicht immer so weit oder tief gehen. Aber die Analyse destruiert narzisstische und ödipale Phantasmen oder dekonstruiert sie zumindest. Der Verlust des Imaginären ist kränkend und schmerzlich, und Freud meinte deshalb, dass man ihn nicht jedem zumuten könne. Am Ende ist man in der einen oder anderen Hinsicht »kleiner« als man sich zuvor gehalten hat. Und in der einen oder anderen Hinsicht schuldig, auch wenn man wie im Falle von Franz Kafkas Josef K. (1983) nicht immer genau weiß, wofür eigentlich.

Das Zusammengehen von notwendiger Verblendung, Wahrheitssuche und enttäuschender Selbsterkenntnis liefert einen Hinweis darauf, dass der Ödipus-Stoff für Freud wohl nicht nur deswegen so attraktiv war, weil er die ubiquitäre Gültigkeit der Theoreme von Vatermord und Mutterinzest zu bestätigen schien. Freuds selektive Fixierung auf den Mythos, den er dazu noch äußerst unvollständig rezipierte, dürfte ebenso sehr damit zu tun haben, dass er in ihm den tragischen Charakter der analytischen Selbsterforschung präfiguriert fand. Psychoanalyse war und blieb für ihn in der Hauptsache Arbeit an der Beseitigung von Illusionen, die das Subjekt über sich selbst ausgebildet hat und für die es den Preis der Neurose zahlt. Psychische Gesundheit schien ihm, soweit überhaupt, nur auf der Basis von Illusionslosigkeit möglich. Dazu musste der Held dem Untergang entgegengehen, auch wenn dieser Untergang sich in seiner Wahrheit als ein heilsamer erweisen sollte (Lesmeister, 1992, S. 167ff.).

## Anwendung II: Identifizierung mit dem Aggressor

Es gibt in den ätiologischen und psychodynamischen Modellen der Psychoanalyse einen Mechanismus, den man vermutlich für universell halten darf und der die Stelle markiert, an der das Unverschuldete und Verschuldete zusammenkommen, zusammenwirken im Sinne des Unschuldig-schuldig-Seins, und der insofern beispielhaft für das Phänomen des Tragischen im menschlichen Schicksal stehen kann. Dieser zentrale Mechanismus der psychischen Ökonomie, den ich für einen tragischen Mechanismus halte, ist die Identifizierung mit dem Aggressor. Diese besagt, dass sich das Subjekt mit dem Objekt, von dem es eine Beschädigung erlitten hat, identifiziert und in der Folge das Erlittene Anderen und sich selbst antut. Objektbeziehungstheoretisch und topologisch kann man es auch so formulieren, dass das negative, das heißt schädigende, traumatisierende Objekt ins Ich inkorporiert und zu einem Bestandteil des Über-Ichs wird, der nun nach innen und außen genau die Wirkung entfaltet, der das Subjekt zu einer früheren Zeit selbst ausgesetzt war. Für die Verbreitung und zentrale Funktion dieser Bewältigungs- und Abwehrform lassen sich verschiedene Gründe angeben. In seiner Arbeit *Die Verdrängung und Wiederkehr schlechter Objekte* vertritt William R. D. Fairbairn (2000b, S. 89ff.) die Auffassung, dass es sich bei der Introjektion des negativen Objektes und dessen Eingliederung ins Ich um den allerersten Abwehrvorgang handelt, der dazu dient, das Realobjekt als gutes zu erhalten und die Beziehung zu ihm zu schützen. Andere Autoren legen mehr Wert auf den Aspekt, dass die Identifizierung mit dem Leidverursacher und die Weitergabe des vom ihm verursachten Leids an andere dem Subjekt das Erleben eigenen seelischen Schmerzes, eigener Ohnmacht usw. erspart. Die Identifizierung wandelt Passivität in Aktivität, passives Erleiden in aktives Können und Bewirken um.

Wie steht es bei der Identifizierung mit dem Aggressor nun aber mit dem Verhältnis von Schuld und Unschuld? Die deterministische Deutung könnte sich hier einschalten und feststellen: Die Identifizierung mit dem Aggressor ist doch auch nur eine notwendige kausale Folge dessen, was zuvor auf das Subjekt eingewirkt hat. Und also ist auch ihr Ergebnis, die nunmehr gegen andere gewendete Aggression, dem Subjekt nicht schuldhaft zuzurechnen. Im Übrigen handele es sich speziell in diesem Fall doch auch gar nicht um eine von der Primärpersönlichkeit ausgehende Aggression, sondern um etwas Fremdes und Eingepflanztes, um die Aggression des Introjektes, in dem sich allermeist die Aggression einer Bezugsperson der Kindheit verbirgt.

Ziehen wir ein einfaches Beispiel heran: Ein Vater ist als Junge regelmäßig und brutal geschlagen worden und schlägt nun selbst seine Kinder oder verspürt zumindest immer wieder den Impuls, sie zu schlagen. Er kommt damit zur Psychotherapie, weil er ein gewisses Problembewusstsein in Bezug auf sein Verhalten hat. Aber er bringt den Impuls zu schlagen nicht unter Kontrolle. Wie würde ein Versuch aussehen, die Problematik, die hier vorliegt, unter dem Gesichtspunkt tragischer Schuld zu interpretieren? Dass der Patient die gesamte Kindheit hindurch vom Vater geschlagen wurde, war nichts, was er hätte verhindern können. Es wäre psychologisch unangemessen und im höchsten Grad ungerecht dem Kind eine Verantwortung für die Misshandlung zuzuschreiben, selbst wenn es eine »Veranlassung« dazu gegeben hätte. Wie steht es nun aber mit dem weiteren Verlauf der Geschichte? Ist der erwachsene Patient verantwortlich dafür, dass sich irgendwann in seinem Unbewussten eine Verarbeitung vollzogen hat, eben die der Identifizierung mit dem Aggressor, durch die eine starke Disposition dafür entstanden ist, seinen späteren Kindern gegenüber unter bestimmten Voraussetzungen gewalttätig zu werden? Unter kausalgesetzlichen Vorzeichen betrachtet, müsste die Antwort auch auf diese Frage »Nein« lauten. Trotzdem haben sich zu diesem Zeitpunkt die konstitutiven Bedingungen des Tragischen bereits formiert. Was da in ihm geschehen ist, gleicht dem im Dienst der Selbsterhaltung stehenden Rettungsversuch, jenem aus kindlicher Unbewusstheit begangenem tragischen »Fehler«, der auf verschlungenen Wegen neues altes Unheil in die Wege leitet. Kommt es nun zur Ausführung der Gewalttätigkeit, könnte auch dies nach wissenschaftlicher Logik als unvermeidlich und zwingend gelten. Trotzdem würden wir es dem Vater – aus psychologischen, moralischen und rechtlichen Gründen – nicht durchgehen lassen, wenn er sich zwecks Rechtfertigung seines Verhaltens auf seine traumatische Kindheit beriefe. Er hatte tatsächlich eine traumatische Kindheit und trotzdem würden wir ihm angesichts seines gegenwärtigen Tuns eine Haltungs- und Verhaltensänderung therapeutisch zumuten. Genauso wie Ödipus sich für Vatermord und Mutterinzest verantworten muss, obgleich wir Verständnis für sein Schicksal – Orakel, Aussetzung, Nichtwissen – aufzubringen vermögen. Dass unser Patient sich irgendwann des gleichen Fehlverhaltens wie sein Vater schuldig machen würde, war unter den jeweils gegebenen lebensgeschichtlichen und psychodynamisch wirksamen Bedingungen offensichtlich nicht zu verhindern. Und doch: Ihn von der Verantwortung für sein gegenwärtiges Verhalten freizusprechen, würde nicht nur seinen Kindern, sondern auch ihm als einem zur Verantwortung fähigen ethischen Subjekt nicht gerecht. Diese kurze und fiktive klinische Veranschaulichung der Identifizierung mit dem Aggressor verdeutlicht noch einmal, wie kausale Determination und moralische Verantwortung gleichrangig »ineinander« gegeben sind und in diesem Ineinander den tragischen Komplex konstituieren. Diese Sichtweise behält natürlich nur so lange ihre Gültigkeit, als man es unterlässt, dem Individuum die, wie G. W. F. Hegel sich ausdrückt, »Würde der tragischen Schuld« abzuerkennen.

## Schlussbemerkung: Psychoanalyse und tragisches Subjekt

Dass der Psychoanalyse, so wie sie von Freud gedacht war, ein tragisches Menschenbild zugrunde liegt, bedarf heute im Grunde nur deswegen noch einer besonderen Hervorhebung, weil dieses genuine Moment des Tragischen den Entwicklungen psychoanalytischer Theorie und Praxis nach Freud zunehmend abhandengekommen ist. Das Subjekt ist in Freuds Verständnis so angelegt, dass es aufgrund seiner Trieb- und Abwehrstruktur einerseits notwendig schuldig werden muss. Und aus einer gleich starken, aber anders begründeten Notwendigkeit heraus, kann man dieses Subjekt, sofern man ihm als autonomem Subjekt gerecht werden will, von der schuldhaften Verantwortung für sein Wollen und Handeln nicht entlasten. Das Tragische liegt darin, der Schuld »ausgesetzt« zu sein, nach christlicher Version »in Schuld geboren« zu sein, und dennoch jedes aus Akten einer Übertretung folgende Schuldigwerden – dies gilt von einer bestimmten Stufe reifer Einsichtsfähigkeit an – personal auf sich nehmen und verantworten zu müssen. Wie am Beispiel der antiken Tragödie aufgezeigt, kann dieses tragisch-paradoxe Wirkungsgeflecht mit logischen Mitteln nicht aufgelöst werden. Es bleibt hier ein aporetisches Moment, dem sich das Subjekt nicht zu entziehen vermag und das man als Signum seiner »Unheilbarkeit« interpretieren darf. Freud kann entgegengehalten werden, dass er der tragischen Kernstruktur seines psychoanalytischen Denkens dort nicht konsequent verpflichtet blieb, wo er aus Furcht davor, gegen Gebote der Wissenschaftlichkeit zu verstoßen, die Thematik realer Schuld und damit das über eine Psychopathologie des Schuldgefühls hinausgehende Problem des Ethischen aus dem Gegenstandsbereich psychoanalytischer Reflexion entfernte. Freuds Nachfolgern aus der Objektbeziehungstheorie, Selbstpsychologie und Traumatherapie gerät das Tragische aus dem Blick, indem sie Verursachungsschuld auf die Entwicklungsbedingungen vorzugsweise der frühen Umwelt des Individuums verschieben und dort, wo sie mit dieser Perspektive nicht mehr weiterkommen, die Karte der freien Selbstverantwortung aus dem Ärmel ziehen, für deren Vorhandensein und Herkommen sich davor keine Hinweise gefunden hatten. Ein Sinn für das Tragische ist unter solchen Voraussetzungen kaum mehr anzutreffen.

Dass es zwar keine Erlösung vom, aber so etwas wie Verwindung des Tragischen, insbesondere der hier untersuchten tragischen Schuld geben kann, ist mit dem Gesagten nicht in Abrede gestellt. Bewältigung von tragischer Schuld unterscheidet sich nicht grundsätzlich von den Modi der Schuldverarbeitung, wie sie aus der Praxis der Psychoanalyse bekannt sind. Schuldverarbeitung setzt Schuldanerkennung voraus. Schuldgefühl kann erst entstehen, wenn Schuld anerkannt worden ist. Was Schuldanerkennung ermöglicht oder fördert, sind meines Erachtens in erster Linie die von Aristoteles für die Wirkung der Tragödie hervorgehobenen Momente des Erschreckens, der Erschütterung und des seelischen Schmerzes angesichts des Schrecklichen und Ungeheuren, was Menschen anzurichten imstande sind. Mit der Übernahme von persönlicher Schuld und Verantwortung vollzieht sich in gewisser Weise ein Ausstieg aus dem Geltungsbereich kausaler Naturgesetzlichkeit, und zwar ohne dessen Geltung außer Kraft zu setzen. Akte moralischer Verantwortung stellen insofern ein *opus contra naturam* dar. Sie bewahren, obwohl sie sich innerhalb eines kausalen Bedingungsgefüges ereignen, etwas von der transzendentalen Freiheit des ethischen Subjektes, die Kant ihnen verliehen hat.

Ein letzter Hinweis mag dieses Kapitel beenden. Die bisher nachvollzogenen Wege der Verwindung von Schuld verlaufen ausschließlich im Raum des Intrapersonalen. Eine interpersonale (intersubjektive) Erweiterung würde durch den spezifischen Beitrag eines Anderen hinzutreten, eines Beitrags, der zwar allgemein vertraut, in den vorherrschenden psychoanalytischen Diskursen meiner Kenntnis nach aber nicht einmal angedacht ist. Gemeint ist die Geste der *Vergebung*. Diese ist in der religiösen Tradition verankert, kann aber leicht in eine säkulare Ethik der Begegnung übertragen werden. Jacques Derrida (2012) hat der komplexen Problematik der Vergebung angesichts der von den Nationalsozialisten aufgetürmten deutschen Schuld eines seiner letzten tief aufwühlenden Bücher gewidmet. Mit diesem Verweis, dessen Ausführung eines neuen Ansetzens bedürfte, ist jedoch die Grenze der vorliegenden Studie erreicht.

# Literatur


Abraham, K. (1982 [1914]). Kritik zu C. G. Jung »Versuch einer Darstellung der Psychoanalytischen Theorie«. *Gesammelte Schriften, Bd. I*. Frankfurt/M.: Fischer.

Agamben, G. (2015 [1995]). *Homo sacer. Die souveräne Macht und das nackte Leben*. Frankfurt/M.: Suhrkamp.

Altmeyer, M. (2016). *Auf der Suche nach Resonanz*. Göttingen: V&R.

Anders, G. (1992 [1956]). *Die Antiquiertheit des Menschen, Bd. I: Über die Seele im Zeitalter der zweiten industriellen Revolution*. München: C. H. Beck.

Anderson, P. W. S. (Regie). (1997). *Event Horizon* [Film].

Aristoteles (M. Fuhrmann). (1982). *Poetik*. Stuttgart: Reclam.

Aristoteles (1995). *Die Nikomachische Ethik*. München: dtv.

Baudrillard, J. (1992). *Transparenz des Bösen. Ein Essay über extreme Phänomene*. Berlin: Merve.

Bauman, Z. (2003). *Flüchtige Moderne*. Frankfurt/M.: Suhrkamp.

Beierwaltes, W. (2001). *Das wahre Selbst. Studien zu Plotins Begriff des Geistes und des Einen*. Frankfurt/M.: Vittorio Klostermann.

Benedetti, G. (1998). *Todeslandschaften der Seele*. Göttingen: V&R.

Bernard, A. (2017). *Komplizen des Erkennungsdienstes. Das Selbst in der digitalen Kultur*. Frankfurt/M.: Fischer.

Bieri, P. (2004). *Das Handwerk der Freiheit. Über die Entdeckung des eigenen Willens*. Frankfurt/M.: Fischer.

Bloch, E. (1968). *Atheismus im Christentum*. Frankfurt/M.: Suhrkamp.

Britton, R. (2001). Ödipus in der depressiven Position. In ders. (Hrsg.), *Glaube, Phantasie und psychische Realität* (S. 21–34). Stuttgart: Klett-Cotta.

Britton, R. (2006). Emancipation from the super-ego: a clinical study of the Book of Job. In D.-M. Black (Hrsg.), *Psychoanalysis and Religion in the 21st Century* (S. 83–96). London: Routledge.

Büchner, G. (1979). Lenz. In ders. (Hrsg.), *Werke und Briefe, 1. Bd.* (S. 83–111). Frankfurt/M.: Insel.

Camus, A. (1983 [1942]). *Der Mythos von Sisyphos*. Hamburg: Rowohlt.

Celan, P. (2003). Atemwende. In B. Wiedemann (Hrsg.), *Die Gedichte. Kommentierte Gesamtausgabe in einem Band* (S. 175–214). Frankfurt/M.: Suhrkamp.

Chasseguet-Smirgel, J. (1986). *Zwei Bäume im Garte. Zur psychischen Bedeutung der Vater- und Mutterbilder*. Wien: Verlag Internationale Psychoanalyse.

Damm, S. (2005). *Vögel, die verkünden Land. Das Leben des Jacob Michael Reinhold Lenz*. Frankfurt/M., Leipzig: Insel.

Derrida, J. (2012). *Vergeben. Das Nichtvergebbare und das Unverjährbare*. Wien: Passagen.

DGPPN (2019). *Zahlen und Fakten der Psychiatrie und Psychotherapie*. https://www.dgppn.de/schwerpunkte/zahlenundfakten.html (14.05.2020).

Döser, J. (2017). »Clouds«/Wolken. Dynamische Instabilität und Unbestimmtheit der Psychoanalyse und in den Phantasmen der Gegenwart. *Forum der Psychoanalyse, 2*(33), 149–162.

Dornes, M. (2012). *Die Modernisierung der Seele. Kind – Familie – Gesellschaft*. Frankfurt/M.: Fischer.

Ehrenberg, A. (2008). *Das erschöpfte Selbst. Depression und Gesellschaft in der Gegenwart*. Frankfurt/M.: Suhrkamp.

Ellenberger, H.F. (1985). *Die Entdeckung des Unbewussten*. Zürich: Diogenes.

Evans, D. (2002). *Wörterbuch der Lacanschen Psychoanalyse*. Wien: Turia+Kant.

Ewertowski, R. (2019). *Judas. Das Paradox von Schuld und Sinn*. Stuttgart: Urachhaus.

Fairbairn, W.R. (2000a). Schizoide Persönlichkeitsfaktoren. In B.F. Hensel & R. Rehberger (Hrsg.), *Das Selbst und die inneren Objektbeziehungen* (S. 31–55). Gießen: Psychosozial-Verlag.

Fairbairn, W.R. (2000b). Die Verdrängung und Wiederkehr schlechter Objekte. In B.F. Hensel & R. Rehberger (Hrsg.), *Das Selbst und die inneren Objektbeziehungen* (S. 89–113). Gießen: Psychosozial-Verlag.

Ferenczi, S. & Rank, O. (1924). *Entwicklungsziele der Psychoanalyse*. Leipzig, Wien, Zürich: IPV.

Feyerabend, P. (1986). *Wider den Methodenzwang*. Frankfurt/M.: Suhrkamp.

Finkelde, D. (2009). *Politische Eschatologie nach Paulus. Badiou – Agamben – Žižek – Santner*. Wien: Turia+Kant.

Freud, S. (1914d). Zur Geschichte der psychoanalytischen Bewegung. *GW X*, 43–113.

Freud, S. (1916–17a [1915–17]). *Vorlesungen zur Einführung in die Psychoanalyse. GW XI*.

Freud, S. (1916–17g [1915]). *Trauer und Melancholie. GW X*, 427–446.

Freud, S. (1920g). *Jenseits des Lustprinzips. GW XIII*, 3–66.

Freud, S. (1923b). *Das Ich und das Es. GW XIII*, 237–289.

Freud, S. (1927c). *Die Zukunft einer Illusion*. GW XIV, 323–380.

Freud, S. (1930a). *Das Unbehagen in der Kultur. GW XIV*, 419–505.

Freud, S. (1933a). *Neue Folge der Vorlesungen zur Einführung in die Psychoanalyse. GW XV*.

Freud, S. (1939a [1934–1938]). *Der Mann Moses und die monotheistische Religion. GW XVI*, 103–246.

Gay, P. (1988). *»Ein gottloser Jude«. Sigmund Freuds Atheismus und die Entwicklung der Psychoanalyse*. Frankfurt/M.: Fischer.

Gerhartz, I.W. (2016). *Tragische Schuld. Philosophische Perspektiven zur Schuldfrage in der griechischen Tragödie*. Freiburg, München: Karl Alber.

Goethe, J.W.v. (1998 [1795]). Wilhelm Meisters Lehrjahre. In F. Apel, H. Birus & D. Borchmeyer (Hrsg.), *Werke in sechs Bänden, Bd. 4* (S. 103–629). Frankfurt/M.: Insel.

Guggenbühl-Craig, A. (1980). *Seelenwüsten. Betrachtungen über Eros und Psychopathie*. Zürich: Schweizer Spiegel.

Harre, K. (1987). *Das Problem der Schuld in der analytischen Psychologie von C.G. Jung*. Aachen: Dissertationsdruck A. Mainz.

Heenen-Wolff, S. (2018). *Gegen die Normativität in der Psychoanalyse*. Gießen: Psychosozial-Verlag.

Hegel, G.W.F. (1987 [1805–06]). *Jenaer Systementwürfe III. Naturphilosophie und Philosophie des Geistes.* Hamburg: Felix Meiner.

Hegel, G.W.F. (1988 [1807]). *Phänomenologie des Geistes.* Hamburg: Felix Meiner.

Hegel, G.W.F. (1999 [1802]). *Glauben und Wissen. Hauptwerke in sechs Bänden, Bd. I* (S. 315–414). Hamburg: Felix Meiner.

Heidegger, M. (1992 [1929–30]). Grundbegriffe der Metaphysik. In F.-W. v. Herrmann (Hrsg.), *Gesammelte Werke, Bd. 29/30.* Frankfurt/M.: Vittorio Klostermann.

Heidegger, M. (1998 [1929]). *Was ist Metaphysik?* Frankfurt/M.: Vittorio Klostermann.

Heidegger, M. (2001 [1927]). *Sein und Zeit.* Tübingen: Max Niemeyer.

Hirsch, M. (2007). *Schuld und Schuldgefühl.* Göttingen: V&R.

Holzhey-Kunz, A. (2001). *Leiden am Dasein. Die Daseinsanalyse und die Aufgabe einer Hermeneutik psychopathologischer Phänomene.* Wien: Passagen.

Homer (o.J.). *Ilias.* Übers. v. J.H. Voss. Gütersloh: Bertelsmann.

Hornung, E. (1992). *Geist der Pharaonenzeit.* München: dtv.

Hultberg, P. (2009). Zentrum und Umkreis. Die Rolle von Jungs Selbstbegriff in der Gegenwart. *Analytische Psychologie, 40*(2), 204–226.

Huxley, A. (2014 [1932]). *Schöne neue Welt.* Frankfurt/M.: Fischer.

Israël, L. (1983). *Die unerhörte Botschaft der Hysterie.* München: Ernst Reinhardt.

Jaeggi, R. (2005). *Entfremdung. Zur Aktualität eines sozialphilosophischen Problems.* Frankfurt/M.: Campus.

Jung, C.G. (1978 [1940]). Zur Psychologie des Kindarchetypus. *Gesammelte Werke, Bd. 9/1* (S. 163–195). Olten: Walter.

Jung, C.G. (1981 [1916]). Anpassung, Individuation, Kollektivität. *Gesammelte Werke, Bd. 18/2* (S. 481–488). Olten: Walter.

Jung, C.G. (1987 [1946]). Theoretische Überlegungen zum Wesen des Psychischen. *Gesammelte Werke, Bd. 8* (S. 183–261). Olten: Walter.

Jung, C.G. (1988 [1952]). Antwort auf Hiob. *Gesammelte Werke, Bd. 11* (S. 363–471). Olten: Walter.

Jung, C.G. & Kerényi, K. (2012 [1941]). *Das göttliche Kind. Einführung in das Wesen der Mythologie.* Düsseldorf: Patmos.

Kafka, F. (1983). *Der Prozeß.* In M. Brod (Hrsg.), *Gesammelte Werke, Bd. I.* Frankfurt/M.: Fischer.

Khan, M.M.R. (1990). Der Mißmut des Hysterikers. In ders. (Hrsg.), *Erfahrungen im Möglichkeitsraum* (S. 77–90). Frankfurt/M.: Suhrkamp.

Kermani, N. (2005). *Der Schrecken Gottes. Attar, Hiob und die metaphysische Revolte.* München: C.H. Beck.

Kernberg, O. (1983 [1975]). *Borderline-Störungen und pathologischer Narzißmus.* Frankfurt/M.: Suhrkamp.

Kierkegaard, S. (1954 [1849]). *Die Krankheit zum Tode.* Düsseldorf: E. Diederichs.

Kierkegaard, S. (2003 [1843]). *Entweder – Oder. Teil I und II.* München: dtv.

Kierkegaard, S. (2016 [1843]). *Furcht und Zittern.* Hamburg: EVA.

Kohut, H. (1991 [1971]). *Die Heilung des Selbst.* Frankfurt/M.: Suhrkamp.

Kreuzer-Haustein, U. (2001). Zur Psychodynamik der Langeweile. *Forum der Psychoanalyse, 17*(2), 99–117.

Kristeva, J. (2018 [1987]). *Schwarze Sonne. Depression und Melancholie.* Frankfurt/M.: Brandes & Apsel.

Krüger, O. (2019). *Virtualität und Unsterblichkeit. Gott, Evolution und die Singularität im Post- und Transhumanismus*. Freiburg, Berlin, Wien: Rombach.

Kuhn, T.S. (1973). *Die Struktur wissenschaftlicher Revolutionen*. Frankfurt/M.: Suhrkamp.

Kurzweil, R. (2014). *Menschheit 2.0. Die Singularität naht*. Berlin: Lola Books GbR.

Lacan, J. (1986). Das Spiegelstadium als Bildner der Ichfunktion. *Werke in drei Bänden, Bd. I* (S. 61–70). Weinheim, Berlin: Quadriga.

Lacan, J. (1996). *Die Ethik der Psychoanalyse. Das Seminar Buch VII*. Weinheim, Berlin: Quadriga.

Lasch, C. (1995 [1977]). *Das Zeitalter des Narzissmus*. Hamburg: Hoffmann & Campe.

Lesmeister, R. (1992). *Der zerrissene Gott. Eine tiefenpsychologische Kritik am Ganzheitsideal*. Zürich: Schweizer Spiegel.

Lesmeister, R. (2009). *Selbst und Individuation. Facetten von Subjektivität und Intersubjektivität in der Psychoanalyse*. Frankfurt/M.: Brandes & Apsel.

Lesmeister, R. (2017). *Begehren, Schuld und Neubeginn*. Gießen: Psychosozial-Verlag.

Lesmeister, R. (2018). Unendlichkeit in der Beziehung zum Anderen – Ein Beitrag zur Ethik der psychoanalytischen Haltung im Anschluss an Emmanuel Lévinas. In B. Unruh, I. Moeslein-Teising & S. Walz-Pawlitta (Hrsg.), *Rebellion gegen die Endlichkeit* (S. 19–32). Gießen: Psychosozial-Verlag.

Lessenich, S. (2020). Das Virus bringt das Verdrängte zurück. *Süddeutsche Zeitung*, 07.03.2020, S. 17.

Levi, P. (1979 [1958]). *Ist das ein Mensch? Erinnerungen an Auschwitz*. Frankfurt/M.: Fischer.

Löwe, A. (2020). Das traumatisierbare Subjekt. Gedanken zum Individuations-Paradigma im Werk von Doris Lessing und Imre Kertész. *Analytische Psychologie, 51*(1), 74–87.

Lütkehaus, L. (1999). *Nichts. Abschied vom Sein. Ende der Angst*. Zürich: Gerd Haffmans bei Zweitausendeins.

Marquard, O. (2013). *Der Einzelne. Vorlesungen zur Existenzphilosophie*. Stuttgart: Reclam.

McDougall, J. (1994). *Theater der Seele. Illusion und Wahrheit auf der Bühne der Psychoanalyse*. Wien: Verlag Internationale Psychoanalyse.

Miller, A. (1982). *Du sollst nicht merken*. Frankfurt/M.: Suhrkamp.

Murnau, F.W. (Regie). (1922). *Nosferatu* [Film].

Nietzsche, F. (1982a). Morgenröte. *Werke in drei Bänden, Bd. I* (S. 1010–1279). Darmstadt: wbg.

Nietzsche, F. (1982b). Die fröhliche Wissenschaft. *Werke in drei Bänden, Bd. II* (S. 7–274). Darmstadt: wbg.

Nietzsche, F. (1982c). Also sprach Zarathustra. *Werke in drei Bänden, Bd. II* (S. 275–561). Darmstadt: wbg.

Nietzsche, F. (1982d). Jenseits von Gut und Böse. *Werke in drei Bänden, Bd. II* (S. 563–759). Darmstadt: wbg.

O'Connell, M. (2017). *Unsterblich sein. Reise in die Zukunft des Menschen*. München: Hanser.

Ogden, T.H. (2006). *Frühe Formen des Erlebens*. Gießen: Psychosozial-Verlag.

Pascal, B. (1978 [1670]). *Pensées*. Heidelberg: Lambert-Schneider.

Paul, J. (1983 [1796]). *Siebenkäs*. Stuttgart: Reclam.

Pieper, A. (1997). *Gut und Böse*. München: C.H. Beck.

Polian, P. (2019). *Briefe aus der Hölle. Die Aufzeichnungen des jüdischen Sonderkommandos Auschwitz*. Darmstadt: wbg Theiss.

Politzer, H. (1972). Ödipus auf Kolonos. Versuch über eine Gemeinsamkeit von Psychoanalyse und Literaturkritik. *Psyche, 26*(07/08), 489–519.
Rank, O. (1988 [1924]). *Das Trauma der Geburt und seine Bedeutung für die Psychoanalyse.* Frankfurt/M.: Fischer.
Rank, O. (2006). *Technik der Psychoanalyse, Bd. I-III (1926–31).* Gießen: Psychosozial-Verlag.
Rank, O. (2015 [1929]). *Wahrheit und Wirklichkeit.* Graz: Ed. Geheimes Wissen.
Reckwitz, A. (2017). *Die Gesellschaft der Singularitäten.* Berlin: Suhrkamp.
Reiche, R. (1991). Haben frühe Störungen zugenommen? *Psyche, 12*(45), 1045–1066.
Romero, G. A. (Regie). (1968). *Die Nacht der lebenden Toten* [Film].
Rosa, H. (2019). *Unverfügbarkeit.* Wien, Salzburg: Residenz-Verlag.
Sartre, J.-P. (2001 [1943]). *Das Sein und das Nichts.* Hamburg: Rowohlt.
Schadewaldt, W. (1991). *Die griechische Tragödie. Tübinger Vorlesungen, Bd. 4.* Frankfurt/M.: Suhrkamp.
Schelling, F. J. W. (1988 [1809]). *Philosophische Untersuchungen über das Wesen der menschlichen Freiheit und die damit zusammenhängenden Gegenstände.* Frankfurt/M.: Suhrkamp.
Schink, N. (2020). *Unfollow! Wie Instagram unser Leben zerstört.* Hamburg: Eden Books.
Schneider, G. (2011). Die erregte Gesellschaft. Veränderungen in der postmodernen Identität? In K. Münch, D. Munz & A. Springer (Hrsg.). *Die Fähigkeit allein zu sein* (S. 51–70). Gießen: Psychosozial-Verlag.
Schopenhauer, A. (1991 [1840]). Preisschrift über die Grundlage der Moral. *Werke in fünf Bänden, Bd. III* (S. 459–631). Zürich: Haffmans.
Scott, R. (Regie). (1979). *Alien* [Film].
Scott, R. (Regie). (2012). *Prometheus – Dunkle Zeichen* [Film].
Scott, R. (Regie). (2017). *Alien: Covenant* [Film].
Sloterdijk, P. (1999). *Regeln für den Menschenpark. Ein Antwortschreiben zu Heideggers Brief über den Humanismus.* Frankfurt/M.: Suhrkamp.
Sophokles (1979a). Antigone. *Gesamtausgabe der griechischen Tragödien, Bd. III* (S. 11–77). Zürich, München: Artemis.
Sophokles (1979b). König Ödipus. *Gesamtausgabe der griechischen Tragödien, Bd. III* (S. 83–164). Zürich, München: Artemis.
Sophokles (1979c). Ödipus auf Kolonos. *Gesamtausgabe der griechischen Tragödien, Bd. III* (S. 169–277). Zürich, München: Artemis.
Staehle, G. (2002). Paranoid-schizoide Position und projektive Identifizierung. In R. Kennel & G. Reerink (Hrsg.), *Klein – Bion. Eine Einführung* (S. 65–84). Tübingen: edition diskord.
Steiner, G. (2014 [1961]). *Der Tod der Tragödie.* Berlin: Suhrkamp.
Steiner, J. (1999). *Orte des seelischen Rückzugs.* Stuttgart: Klett-Cotta.
Steiner, R. (1999 [1917]). *Die spirituellen Hintergründe der äußeren Welt. Gesamtausgabe Nr. 177.* Dornach: Rudolf Steiner.
Stoker, B. (1897). *Dracula.* Westminster: Archibald Constable & Comp.
Strenger, C. (2016). *Die Angst vor der Bedeutungslosigkeit.* Gießen: Psychosozial-Verlag.
Symington, N. (1997). *Narzissmus.* Göttingen: Steidl.
Szondi, P. (1961). *Versuch über das Tragische.* Frankfurt/M.: Insel.
Treu, D. (2018). Was ist ein Bild? – Und was ist ein Gedanke? Über die gebrochene Dialektik der jungianischen Methodologie. *Analytische Psychologie, 49*(2) 256–289.

Türcke, C. (2010 [2002]). *Erregte Gesellschaft. Philosophie der Sensation*. München: C. H. Beck.

Vattimo, G. (1997). *Glauben – Philosophieren*. Stuttgart: Reclam.

Volk, G. (2002). Die depressive Position. In R. Kennel & G. Reerink (Hrsg.), *Klein – Bion. Eine Einführung* (S. 54–64). Tübingen: edition diskord.

Walser, M. (2012). *Über Rechtfertigung. Eine Versuchung*. Reinbek: Rowohlt.

Weil, S. (1954). *Schwerkraft und Gnade*. München: Kösel.

Weischedel, W. (1983). *Der Gott der Philosophen. Grundlegung einer philosophischen Theologie im Zeitalter des Nihilismus*. Darmstadt: wbg.

Winnicott, D.W. (1984 [1960]). Ich-Verzerrungen in Form des wahren und des falschen Selbst. In ders. (Hrsg.), *Reifungsprozesse und fördernde Umwelt* (S. 182–199). Frankfurt/M.: Fischer.

Winnicott, D.W. (1991 [1974]). Die Angst vor dem Zusammenbruch. *Psyche, 45*(12), 1116–1126.

Wurmser, L. (1987). *Flucht vor dem Gewissen. Analyse von Über-Ich und Abwehr bei schweren Neurosen*. Berlin, New York: Springer.

Wurmser, L. (1999). *Magische Verwandlung und tragische Verwandlung*. Göttingen: V&R.

Zeh, J. (2017). *Leere Herzen. Roman*. München: Luchterhand.

Žižek, S. (2014). *Was ist ein Ereignis?* Frankfurt/M.: Fischer.

Zuboff, S. (2018). *Das Zeitalter des Überwachungskapitalismus*. Frankfurt/M.: Campus.

Werner Theobald

# Das verletzbare Selbst

## Trauma und Ethik

*2020 · 206 Seiten · Broschur*
*ISBN 978-3-8379-3024-5*

**Wenn die Existenz auf dem Spiel steht, ist dasjenige berührt, was wirklich wichtig ist.**

**»Ein wichtiges Buch.«**
*Gerald Hüther, Neurobiologe*

Ein Trauma ist eine Extremerfahrung – und gehört doch fast schon zum Alltag. Immer häufiger, so scheint es, wird der Begriff zu einer zentralen politisch-moralischen Kategorie. Was aber ist ein Trauma überhaupt, und was genau bedeutet es in ethischer Hinsicht?

Werner Theobald verknüpft Trauma und Ethik in bislang einzigartiger Weise und erweitert damit entscheidend die philosophisch-ethische Diskussion. Er entwirft ein neues Verständnis einer existenziellen Ethik, das er anhand aktueller gesellschaftlicher Entwicklungen bespricht. Dabei werden auch Grundpositionen der modernen Philosophiegeschichte behandelt (von Descartes und Kierkegaard über Wittgenstein und Camus zu Sartre, Levinas und vielen weiteren), die zeigen, wie sich die Destruktivität erlittener Traumatisierungen auf das Selbst-, Sinn- und Weltverständnis auswirken kann.

Walltorstr. 10 · 35390 Gießen · Tel. 0641-969978-18 · Fax 0641-969978-19
bestellung@psychosozial-verlag.de · www.psychosozial-verlag.de

Jürgen Straub

## Vom Prothesengott zur Psychoprothese

### Über Psychotherapie und Selbstoptimierung

*2020 · 167 Seiten · Broschur*
*ISBN 978-3-8379-3018-4*

**Wir leben in einer Ära der Psychoprothetik.**

Sigmund Freud übersah bei seinem Entwurf eines wissenschaftlich-technisch ausgerüsteten, doch nicht glücklich werdenden Prothesengotts, wie Psychoanalyse, Psychologie und Psychotherapie selbst zur Erweiterung der Prothetik beitragen. Sie verbessern Arbeits-, Leistungs- und Liebesfähigkeit, sie stützen und optimieren das zutiefst verunsicherte Selbst von Menschen, die ihre hypermoderne Existenz ohne solche professionellen Hilfsmittel mitunter kaum mehr bewältigen können.

Lesende dieses hochaktuellen Buchs, das die These vom Prothesengott um die Dimension einer Psychoprothese erweitert, begegnen nicht nur den smarten prothetischen Kunstwelten des 21. Jahrhunderts, sondern auch dem psychotechnisch optimierten Selbst unserer Tage.

Siegfried Zepf, Dietmar Seel

**Psychoanalyse und das gesellschaftlich Unbewusste**

**Eine Entmystifizierung psychoanalytischer Konzepte**

*2020 · 170 Seiten · Broschur*
*ISBN 978-3-8379-3046-7*

Siegfried Zepf und Dietmar Seel sind sich mit Marx und Engels einig, dass das menschliche Wesen im Ensemble der gesellschaftlichen Verhältnisse zu suchen ist. Sie plädieren dafür, das *gesellschaftlich* Unbewusste, das sich nach Marx und Engels auf gesellschaftliche Prozesse bezieht, vom gesellschaftlich*en* Unbewussten, wie es sich bei Freud, Fromm und anderen finden lässt, zu differenzieren.

Die Autoren kritisieren das Verständnis psychoanalytischer Konzepte als Metaphern, das sie Freuds Verwendung der Metapher gegenüberstellen. Sie reflektieren die Positionen Fromms, Devereux', Erdheims, Hoppers und Weinsteins, Bourdieus und Blochs hinsichtlich des gesellschaftlich Noch-Nicht-Bewussten und diskutieren schließlich Konsequenzen, die sich aus dem *gesellschaftlich* Unbewussten, wie es im historischen Materialismus verstanden und von Marx und Engels vertreten wird, für die Psychoanalyse ergeben. In diesem Zusammenhang betonen sie, dass es nur so lange gerechtfertigt ist, psychoanalytische Konzepte als Metaphern zu bezeichnen, wie verborgen bleibt, dass sich in diesen Konzepten die gesellschaftlichen Verhältnisse in mystifizierter Form präsentieren.